La Lune

et ses nœuds en Astrologie Évolutive

Deva Green

Traduit de l'anglais (États-Unis)
par Catherine Deblaye

THE WESSEX ASTROLOGER

L'ouvrage original a été publié sous le titre
The Moon and its nodes in Evolutionnary Astrology
en 2022
par The Wessex Astrologer Ltd
PO Box 9307
Swanage
BH19 9BF

© Deva Green 2022

Deva Green revendique son droit moral à être reconnue comme l'auteur de cette œuvre

ISBN 9781916625167

Conception de couverture Fiona Bowring à Bowring Creative

Avec nos remerciements à Astrolabe Inc (alabe.com) pour nous avoir permis d'utiliser leur logiciel Solar Fire pour générer les cartes du ciel.

Une notice bibliographique de ce livre se trouve à la British Library (Bibliothèque britannique)

Aucune partie de ce livre ne peut être reproduite ou utilisée sous quelque forme ou par quelque procédé que ce soit sans le consentement écrit de l'éditeur hormis de brefs passages qui peuvent être cités par un critique.

Pour une liste complète de nos titres voir notre site internet
www.wessexastrologer.com

Table des matières

Avant-propos   vii

Introduction   xi

Chapitre 1   La Lune natale   1

Chapitre 2   Les Nœuds lunaires en signes et en maisons   71

Chapitre 3   Rassembler le tout – Étude de cas d'une cliente   167

Chapitre 4   Études de cas de personnalités publiques   189

Avant-propos

Kristin Fontana

Oh la Luna ! Que ferions-nous sans la Lune ? Elle est notre phare dans les meilleurs moments comme dans les tournants les plus difficiles. Elle nous immerge dans ces mares de sensibilité afin d'éliminer ce que nous ne voulons plus et qu'ainsi, notre âme puisse évoluer vers des eaux plus fécondes.

La Lune est comme une rivière. Quand vous vous abandonnez librement au courant, votre âme suit la voie de moindre résistance alors que vous trouvez comment aller vers la mer pour rentrer chez vous.

La Lune gouverne le corps émotionnel, et c'est dans ces mondes aquatiques que l'âme fait l'expérience viscérale de ce que signifie être humain ; émotions de joie, de chagrin, d'amour, de perte, de croissance et de douleur. Les émotions nous permettent de savoir à un niveau intime, où nous en sommes dans notre parcours évolutif et comment nous naviguons directement et profondément à travers les courants que nous traversons. En puisant dans notre force émotionnelle intrinsèque nous pouvons être propulsés plus avant sur le chemin orchestré par notre âme et permettre une plus grande manifestation de nos désirs.

En revanche, la peur de l'inconnu peut interrompre ces marées naturelles, car aucune âme ne se réjouit à l'idée de sentir privée de sécurité et la tendance à résister à l'eau et à répéter les leçons clés du voyage peut également être un thème qui entre en jeu.

En Astrologie Évolutive, on enseigne que l'âme ne peut évoluer qu'en passant par la porte émotionnelle, qu'il y a des limites à ce que le mental peut atteindre et qu'en fin de compte, si l'on veut aller de l'avant, il n'est pas possible d'éviter ces eaux.

La Lune gouverne le signe du Cancer, le premier des signes d'eau (Cancer, Scorpion et Poissons). C'est en pénétrant dans le domaine émotionnel que l'âme peut accéder aux profondeurs qui lui permettent de s'accomplir, d'avoir un objectif et une connexion d'un plus haut degré.

La Lune et ses nœuds en Astrologie Évolutive est un ouvrage incroyablement unique dans la mesure où Deva ne se contente pas d'éveiller et d'approfondir la compréhension de la nature de la Lune natale dans le thème de naissance à travers toutes les maisons et tous les signes astrologiques, mais elle traite aussi du pouvoir de la trinité lunaire en tant que facilitateur de l'évolution de l'âme. Cela comprend la position natale de la Lune, ainsi que les nœuds de la Lune. La position natale de la Lune représente le corps émotionnel que la personne a choisi dans cette vie pour promouvoir la croissance de l'âme. Le nœud sud de la Lune manifeste l'ego que l'âme avait choisi dans le passé pour permettre son évolution, et le nœud nord de la Lune indique l'énergie émotionnelle dont elle a besoin pour contribuer à la progression de son âme.

En tant qu'âmes, nous sommes tous situés sur des points différents de la roue pour ainsi dire, ce qui signifie que ces positions lunaires se manifesteront différemment en fonction du stade d'évolution dans lequel on se trouve. Quand l'astrologue interprète un thème, il est essentiel qu'il comprenne comment la Lune et les nœuds opèrent dans une vie donnée afin de pouvoir valider le processus émotionnel du client et lui indiquer les étapes qui permettront à son âme d'émerger plus puissante et plus consciente de la voie tracée.

Deva vous emmène dans le voyage de la Lune à travers les maisons et les signes apportant lumière et compréhension sur les nombreux niveaux du corps émotionnel et sur la façon dont les différents archétypes sont vécus intérieurement et exprimés à l'extérieur. En outre, elle donne des exemples de la façon dont la Lune s'exprime à différents stades de l'évolution, ce qui nous permet de nous rendre compte de la façon dont ces énergies lunaires peuvent se manifester dans leur évolution et de ce que l'on peut ressentir lorsqu'elles sont à l'œuvre. C'est le seul livre existant à ma connaissance qui traite de l'évolution de la Lune avec un tel degré de profondeur.

Avant-propos

Enfin, ce guide lunaire propose des exemples détaillés de cartes du ciel de personnes célèbres qui sont à différents stades d'évolution en utilisant le paradigme de Pluton en Astrologie Évolutive. En plus d'une interprétation minutieuse de la Lune et des positions nodales, Deva répond à la grande question « Pourquoi ».

Pourquoi cette Lune-ci et pourquoi ce cheminement ? Ainsi, le lecteur peut observer en couleurs vivantes et palpitantes comment ces forces lunaires fonctionnent et s'expriment.

Lorsque nous honorons ce que la Lune essaie de nous enseigner, notre âme peut évoluer plus facilement dans le continuum de l'évolution au lieu de succomber à la tendance à rester bloquée dans le même recoin émotionnel encore et encore. Nous apprenons aussi neuf fois sur dix que « si c'est juste, c'est juste », même si cela fait mal, car lorsque nous nous abandonnons à ce courant aquatique, la rivière coule toujours selon son cours.

En tant qu'âmes, nous sommes poussés à exprimer notre moi le plus authentique dans le monde mais nous sommes également en route intérieurement vers notre moi le plus profond, afin d'éprouver un plus grand sentiment de plénitude, et donc de sainteté. Si nous pouvons nous glisser dans ces eaux, dénudés des vêtements gênants, sans ces couches de retenue qui pèsent sur notre énergie et notre force vitale, nous découvrirons que notre plus grande croissance commence lorsque nous avons le courage d'être vulnérables, c'est le secret qui nous mènera ensuite à notre force ultime.

La Lune et ses nœuds en Astrologie Évolutive vous montre le chemin.

Introduction

La transition du passé vers notre futur évolutif est un thème fondamental, un principe essentiel de l'Astrologie évolutive. Nous ressentons tous une tension naturelle et un sentiment d'insécurité face au changement et à la libération des vieux schémas émotionnels qui entravent notre croissance en créant des blocages pour notre évolution. Dans ce chapitre, nous allons voir comment, dans le thème natal, cette transition évolutive du passé vers le futur est représentée par la Lune natale et les nœuds lunaires.

Dans le thème natal, la position de la Lune indique comment nous allons faire face au jour le jour, au stress causé par la libération des schémas et des blocages et comment nous allons intégrer les changements qui traduisent cette transition du passé vers le futur. Au cours de ces changements, l'âme passe progressivement d'une sécurité fondée sur toutes sortes de sources extérieures à un état de sécurité interne ; un état de sécurité en soi. L'image que nous avons de nous-mêmes change au cours de ce processus. En fin de compte, à mesure que nous évoluons ou retournons à la Source de Toutes choses, la force qui nous pousse à nous extraire des schémas du passé reflète la force grandissante qui nous attire vers la restauration de notre essence ou nature originelle. En somme, nous devons tous cultiver un espace intérieur ou un état de sécurité émotionnelle au lieu de rester coincés dans des sources de dépendances extérieures qui sont dépassées. Nous devons faire cette transition de façon à pouvoir suivre le courant naturel des marées évolutives en faveur de la vie à mesure que nous nous unissons à nouveau au Divin et retournons à nos origines.

Dans le thème natal, le nœud sud de la Lune correspond à l'image de soi que l'âme a créé dans le passé, la Lune natale correspond à l'image de soi de l'âme pour cette vie actuelle et le nœud nord correspond à l'image de soi en formation, en cours de développement vers laquelle l'âme se propose d'aller. La loi naturelle de la Trinité : passé, présent et futur, se reflète dans ces symboles. Cette loi naturelle est un principe de base sur lequel se fonde l'astrologie d'évolution. Dans le contexte de la Lune et des nœuds lunaire, le nœud sud représente le passé, la Lune représente le présent et le nœud nord représente le futur. Comme il a déjà été dit, la Lune sert de pont entre le passé et le futur d'évolution.

Jeffrey Wolf Green enseigne que dans chaque vie, l'âme crée un ego qui permet d'intégrer les intentions d'évolution actuelles. L'ego est structuré de façon à soutenir l'évolution en cours de l'âme et sert donc de fonction d'intégration dans la conscience. En d'autres termes, l'âme crée une image particulière d'elle-même ou perception personnelle qui par la suite, lui permet de se connaître et de se voir. C'est notre monde intérieur pour ainsi dire, comment nous vivons intérieurement sur le plan émotionnel. Dans le matériel sur Pluton qui nous est donné, l'ego est comparé à une lentille de vidéo projecteur. Sans la lentille, il y aurait des images lumineuses diffuses. Sans l'ego, on ne pourrait pas prononcer notre propre nom. Le point essentiel à retenir ici c'est que l'on ne peut pas se débarrasser de l'ego comme le suggèrent tant d'enseignements spirituels. Selon moi, l'intention ultime de la vie spirituelle est de réaligner l'ego en fusionnant avec le Divin.

L'archétype de la Lune correspond aux dynamiques avec lesquelles l'âme va s'identifier pour des raisons émotionnelles et de sécurité sur le plan subjectif. Il reflète le milieu de la petite enfance et la mère biologique ou la figure parentale clé qui procure la plus de sécurité et le plus de soutien émotionnel. Un aspect important ici consiste à prendre soin de soi, soi-même. Selon moi, la capacité à prendre soin de soi reflète la transition entre la sécurité extérieure et la sécurité intérieure parce que nous apprenons à nous soutenir émotionnellement nous-mêmes et nous satisfaisons nos propres besoins de l'intérieur au lieu de les satisfaire par le biais de sources externes.

Introduction

Au cours d'une longue période évolutive le centre de gravité de la conscience passe de l'ego à l'âme. L'analogie utilisée pour illustrer ce principe est celle de la vague sur l'océan. Si le centre de gravité de la conscience est centré sur la vague individuelle (l'ego), alors je m'identifie à une entité séparée ; la vague individuelle. Si le centre de gravité dans la conscience est centré sur l'océan, l'âme, l'ego ne s'identifie plus à un être séparé de sa propre âme ou séparé de ses origines ultimes : la Source de Toutes choses.

En bref, l'image de soi et la structure émotionnelle au sein de l'âme subit une métamorphose à mesure que nous fusionnons avec le Divin et nous unissons à nouveau avec lui. Ce processus est reflété dans la trinité naturelle des signes d'eau du zodiaque : Cancer, Scorpion, Poissons. L'archétype du Cancer symbolise l'ego, le Scorpion symbolise la métamorphose et les Poissons symbolisent l'union avec la Source ; **un point important à signaler ici est que l'évolution se fait par l'intermédiaire du corps émotionnel.**

La Lune et les nœuds lunaires représentent les domaines particuliers où nous allons ressentir l'attraction du passé, nœud sud, et la poussée vers le futur, nœud nord, en lien avec le moment présent, la Lune. L'image de soi change naturellement en conséquence.

Ce faisant, l'âme se libère des vieux schémas de sécurité émotionnelle externe grâce à l'union avec la Source universelle et c'est souvent par l'élimination progressive des dépendances externes qu'elle apprend cette leçon essentielle ; la véritable sécurité ne peut être trouvée et cultivée qu'en soi via une connexion avec la Source universelle.

La Lune représente aussi la dynamique de l'anima/ animus. L'âme est intrinsèquement à la fois masculine et féminine, pourtant elle va se manifester prioritairement dans un genre plutôt que dans un autre. Sur une longue période d'évolution, nous devons intégrer le féminin intérieur et le masculin intérieur de façon égale.

Dans le cadre de la correspondance de la Lune avec l'image de soi, il est important de remarquer l'impact des rôles attribués aux genres. Pour clarifier ce point JWG utilise souvent l'exemple d'une femme avec la Lune en Bélier et d'un homme avec la Lune en Poissons. Si on se réfère au conditionnement dominant dans les sociétés patriarcales, les femmes sont censées jouer le rôle traditionnel de femme au foyer et l'homme est censé jouer le rôle de l'homme macho. Cependant, une femme avec la Lune en Bélier ne va pas se voir sous cet éclairage. De même qu'un homme avec la Lune en Poissons ne se verra pas comme un homme macho. Quand les hommes sont considérés comme ayant plus de valeur que les femmes, il faudra que la femme ait un énorme courage pour évoluer dans le monde sur un pied d'égalité avec l'homme et le défier dans un même domaine. De la même façon, il faudra beaucoup de courage à un homme pour être sensible et ouvert dans un monde où on dit aux garçons qu'ils ne doivent pas pleurer. Comme on l'a déjà dit, avant que l'intégration de l'anima/animus ne puisse s'imposer, il faut établir la sécurité en soi.

Le nœud sud représente la perspective particulière et l'image de soi en découlant que l'âme a conçues dans la vie précédente dans le but de manifester les désirs profonds du passé évolutif représenté par le Pluton natal. Il indique la façon dont l'âme s'est nécessairement orientée vers la réalité de manière à intégrer consciemment sur le plan émotionnel les dynamiques profondes du passé (Pluton). Le nœud sud symbolise les dynamiques particulières qui représentent la sécurité émotionnelle à un niveau subjectif et les schémas émotionnels conscients vers lesquels nous retournons souvent par habitude parce qu'on en retire une sécurité.

La Lune correspond à l'image de soi ou perception personnelle et à la structure émotionnelle de l'âme qui en découle. La position natale de la Lune représente la perception personnelle spécifique que l'âme va créer pour surmonter la tension naturelle ressentie entre la force qui éloigne du passé (nœud sud) et celle qui pousse vers l'avenir (nœud nord). En bref, elle fait office de pont dans la transition émotionnelle entre le passé et l'avenir. Elle représente les domaines dans lesquels l'individu va se sentir le plus appelé pour prendre soin de lui-même et se soutenir émotionnellement pour traverser le changement qui demande de s'éloigner des vieux schémas de sécurité émotionnelle externe pour aller vers la sécurité intérieure. Dans cette perspective, la Lune natale correspond aux dynamiques particulières grâce auxquelles l'âme va pouvoir développer une sécurité intérieure et surmonter les sentiments de vulnérabilité et d'insécurité que de tels changements créent souvent. Voilà le parcours ou portail que nous traversons pour déplacer la source de sécurité émotionnelle de l'extérieur vers l'intérieur et embrasser nos origines naturelles.

Le nœud nord représente la vision de soi en formation, en évolution et la structure émotionnelle de l'âme. Tout comme l'âme dans la vie passée a créé une image de soi pour réaliser les intentions d'évolution du passé (Pluton), elle va aussi créer une perception de soi particulière ou image de soi en évolution ou en formation qui va permettre de concrétiser les intentions de la vie actuelle (Point de polarité de Pluton). En d'autres termes, la structure émotionnelle en formation/image de soi de l'âme se met en place afin de faciliter les constants besoins de croissance de l'âme alors qu'elle retourne à la Source. Nous créons progressivement un espace intérieur de sécurité en nous à mesure que nous abandonnons les schémas émotionnels passés, causes de stagnation et d'absence de croissance et que nous nourrissons notre connexion à la Source universelle. Une telle évolution fait que notre perception personnelle ou notre façon de nous connaître et de nous voir subjectivement change naturellement. La position du nœud nord correspond à l'image de soi que l'âme va créer afin de consciemment manifester les intentions évolutives de cette vie-ci, telles qu'indiquées par le point de polarité de Pluton ; il indique l'image de soi en cours de développement qui reflète la fusion progressive avec le Divin et le retour au Divin.

On peut voir au chapitre 3 comment ces points essentiels fonctionnent dans la vie à la lumière de l'étude de cas d'une cliente.

Chapitre 1

La Lune natale

Dans ce chapitre nous allons porter notre attention sur l'archétype majeur qu'est la Lune natale à travers les signes. La Lune natale correspond à l'image de soi et à la structure émotionnelle spécifiques que l'âme a créé pour cette vie-ci. En d'autres termes, elle symbolise la perspective particulière selon laquelle nous nous voyons consciemment nous-mêmes. Elle reflète notre nature émotionnelle, « notre univers intime » et notre espace de vie intérieur ; ce vers quoi nous nous sentons le plus poussés pour nous occuper de nous-mêmes ; pour nourrir la sécurité intérieure, et là où nous sommes le plus vulnérables quand nous rencontrons l'insécurité du changement lié à la disparition des vieux schémas émotionnels qui inhibent la poursuite de notre croissance.

Comme l'enseigne Jeffrey Wolf Green, chaque âme crée une image de soi (ego) qui lui est propre et qui est structurée de façon à favoriser l'intégration des intentions karmiques/évolutives de la vie actuelle. Ceci parce que notre propre image nous aide à évoluer vers le retour à notre essence, à notre origine, à mesure que nous commençons à nous unir consciemment au Divin.

Comme il a déjà été dit, la Lune sert de pont entre le passé (nœud sud) et le futur (nœud nord). C'est elle qui ressent la tension naturelle entre ces deux pôles. L'important à comprendre c'est qu'il nous faut embrasser l'insécurité qui surgit lorsque nous sommes dans des périodes de transition évolutive et que nous devons changer les schémas qui ne permettent plus de continuer à grandir. En résumé, la Lune traduit la façon dont nous allons nous sécuriser et nous soutenir pour traverser ces changements et comment nous allons passer progressivement de la sécurité extérieure à la sécurité intérieure.

Quand nous parlons de la Lune dans chaque signe, veuillez ne pas oublier que nous décrivons les intentions profondes d'évolution de manière générale et que, pour aboutir à une compréhension précise de la Lune dans un thème natal, il faut y ajouter les autres circonstances atténuantes, à savoir : le genre, la classe économique, le conditionnement culturel/religieux et le niveau d'évolution.

La Lune en Bélier : La Lune en Bélier reflète une image de soi et une nature émotionnelle intérieure qui sont principalement ancrées dans le besoin de liberté personnelle et de découverte de soi. Le besoin consiste essentiellement à rompre avec le passé de façon à pouvoir commencer un nouveau cycle d'évolution. De ce fait, ces personnes sont généralement très indépendantes et elles auront besoin de la liberté émotionnelle de se lancer dans toute expérience qu'elles considéreront nécessaire pour mettre ce nouveau cycle en mouvement. Ces âmes incarnent l'esprit du guerrier.

Ceci parce que cette découverte de soi se fait en initiant des actions de façon instinctive. En d'autres termes, on ne peut découvrir qui on est et développer cette identité que par l'expérience. Les personnes dotées de cette Lune natale ont besoin de la liberté de ressentir toute émotion sans restriction ; besoin de ressentir sans limite.

Le signe du Bélier indique qu'un tout nouveau cycle d'évolution est en cours. C'est un archétype cardinal qui traduit le besoin d'initier des changements. Les archétypes cardinaux se caractérisent par « deux pas en avant, un pas en arrière ». L'âme va faire deux pas en avant vers le changement puis ce changement va lui créer de l'insécurité et elle reculera d'un pas. Avec la Lune en Bélier, cela peut se traduire par s'emballer et faire deux pas à toute allure puis faire un pas en arrière. L'intégration émotionnelle se produit par la mise en œuvre d'une action et par le feed-back ou la réponse qui en résulte. Ceci se reflète dans le carré naturel entre le Bélier et le Capricorne.

L'image de soi et la structure émotionnelle profonde sont fondées sur le besoin de maintenir une indépendance et une liberté indispensables. Un sentiment de destinée spéciale est ressenti en rapport avec ce qui est sur le point de venir, un nouveau cycle d'évolution. Le besoin émotionnel qui en découle est un besoin de liberté afin de pouvoir agir conformément à n'importe quelle expérience qui sera jugée nécessaire pour découvrir de quoi il est question dans ce nouveau cycle.

Dans une expression naturelle, on trouve le courage inné de défricher de nouveaux domaines inexplorés, de faire avancer les choses du passé, quasiment sans peur. Ces âmes sont des leaders nés en ce sens qu'elles sont les premières à passer à l'action. Elles n'attendent pas après autrui au contraire, elles prennent de nouvelles orientations sans hésiter. Les personnes qui ont la Lune en Bélier peuvent aussi inspirer les autres à prendre l'initiative d'orienter leur propre vie et à passer à l'action avec courage. Dans une expression négative cela peut se manifester par une disposition à réagir hostilement et par des actions motivées par la vengeance.

Certains peuvent agir par peur et recycler le passé dans le futur. L'archétype Mars, en tant qu'octave inférieur de Pluton, peut correspondre à la peur. Ceci à cause de la peur de l'abandon, de la trahison et de la perte symbolisée par l'archétype du Scorpion. Bien sûr, la peur peut avoir de nombreuses causes ; l'essentiel ici est que ce besoin d'aller de l'avant soit satisfait avec audace plutôt qu'avec peur.

Étant donné que le nouveau cycle d'évolution nécessite l'action, le besoin d'avancer ou d'impulsion constante est primordial. C'est ainsi que l'âme peut briser les schémas du passé qui ne permettent plus de continuer à grandir. La transition du passé au futur se fera grâce au courage d'entreprendre des actions, de se séparer émotionnellement du passé et de développer intérieurement une voix (opinion) indépendante.

Les personnes avec la Lune en Bélier perdent leur stabilité émotionnelle dans des milieux qui répriment leur indépendance et leur liberté personnelle. Ces âmes ne veulent pas être restreintes par qui que ce soit, quoi que ce soit ou de quelque manière que ce soit. Dans une expression altérée, cette Lune natale peut se manifester par une domination émotionnelle car, en donnant le sentiment d'être important d'un point de vue égocentrique, elle apporte une sécurité émotionnelle.

Ces personnes peuvent manquer d'assurance quand elles se trouvent face à quelqu'un qui essaie de faire valoir sa propre opinion et d'affirmer ses besoins personnels car cela menace l'image qu'elles ont d'elles-mêmes et leur identité. Dans une expression naturelle, la personne avec la Lune en Bélier va encourager et soutenir ceux qui cherchent à développer leur propre opinion et à devenir indépendant dans leur vie. Elles vont prendre soin d'elles-mêmes et des autres en cultivant un espace émotionnel d'autonomie d'une part et d'autre part en développant la capacité de poser leurs propres questions et d'y répondre de l'intérieur.

Le Bélier est un archétype qui correspond à nos instincts. Ceci est un point fondamental car l'accent est mis sur la façon de répondre à l'environnement de manière émotionnelle et instinctive. Par exemple, si le besoin de liberté est perçu comme limité ou restreint d'une façon ou d'une autre, la réponse instinctive peut être la colère et la frustration.

Dans une expression altérée, l'insécurité peut conduire à un schéma émotionnel de domination de l'environnement. Ceci est traduit par le carré naturel entre le Bélier et le Capricorne. La clé ici consiste à apprendre à répondre à l'environnement plutôt que d'y réagir instinctivement. Ainsi, les peurs du passé seront éliminées et un nouveau cycle sera mis en mouvement. Le Bélier fait aussi un carré au Cancer. Ceci peut se manifester par une insécurité et une peur du changement qui conduit à reproduire les schémas du passé dans le futur.

Il est important de souligner que tous, nous choisissons les circonstances environnementales dont nous avons besoin pour évoluer. Par exemple, l'âme Lune en Bélier peut avoir l'expérience d'un milieu d'enfance où il va lui falloir développer sa propre voix, poser ses questions et trouver en elle ses propres réponses, ceci afin de promouvoir les leçons nécessaires et le changement émotionnel dont on a parlé plus haut. Un nouvel espace émotionnel et une nouvelle image de soi, libérée des schémas et des limitations du passé seront ainsi mises en œuvre.

Ce signe symbolise le besoin de faire confiance à son instinct compte tenu des nouveaux schémas émotionnels. La clé consiste à renforcer sa sécurité émotionnelle afin de suivre l'impulsion qui, à un niveau instinctif, semble juste et pas celle qui semble erronée. Par exemple, l'âme peut créer des conditions pour sa petite enfance où un des parents ou les deux veulent contrôler ses horaires et/ou entraver sa liberté, déclenchant ainsi la colère du Bélier. La leçon consiste à minimiser la réaction et à apprendre à répondre à l'élément déclencheur de manière équilibrée. De cette façon, l'âme peut avoir confiance en elle surmontant l'insécurité de la transition du passé au futur afin d'accueillir un nouveau commencement. La force émotionnelle et l'esprit du guerrier peuvent se manifester et devenir l'image de soi sous-jacente au fond de l'âme.

Afin d'évoluer, la personne avec la Lune en Bélier doit embrasser le signe opposé, la Balance. En bref, cela consiste à écouter et à répondre plutôt qu'à réagir ; les actions entreprises en mode réactif peuvent conduire au regret. Ceci est traduit par le carré naturel avec le Capricorne. Quand l'âme est en mode de réponse, elle peut devenir un véritable artisan de paix et guérir les conflits relationnels (polarité Balance). Par exemple, en apprenant à répondre de manière adéquate quand la colère est déclenchée, l'art de la diplomatie se manifeste.

La leçon consiste à cultiver un espace intérieur d'équilibre en ce qui concerne le besoin de liberté et d'indépendance en apprenant à écouter les besoins des autres. L'individu peut alors mieux apprendre ce qu'il faut donner et ce qu'il ne faut pas donner. La satisfaction de ses propres besoins sera ainsi décuplée. En donnant aux autres de cette façon, l'âme va attirer des relations qui refléteront cette intention d'évolution qui vise l'égalité et l'équilibre émotionnel. Les deux partenaires encourageront et partageront un espace émotionnel d'indépendance mutuelle dans la relation où donner et recevoir seront dans un rapport d'égalité. Dans une expression évoluée, l'âme répondra à la tension dynamique entre le passé et le futur avec une force et un courage peu ordinaire pour continuer à aller de l'avant peu importe les défis rencontrés.

Le stade du Consensus : Au stade du consensus, la Lune en Bélier s'exprime par une image de soi et une identité basées sur le besoin de développer émotionnellement une voix indépendante, et celui de découvrir ce qu'elle est au sein de la société conventionnelle. L'âme va désirer progresser à travers les différentes couches sociales et aura besoin de liberté et d'indépendance émotionnelles afin de générer toute action qu'elle jugera nécessaire pour découvrir ce qu'elle est. Le sens de l'identité en formation est lié à l'avancement dans la société ; se lancer dans le nouveau sans aucune restriction.

Ces personnes auront la faculté d'initier ou d'ouvrir de nouveaux horizons dans n'importe quel domaine de travail de leur choix au sein de la société traditionnelle. Ce désir traduit le besoin d'être son propre patron et de prendre l'initiative sans attendre que les autres agissent. Cela peut devenir un moyen qui permet de réussir dans le système. Dans une expression positive, l'âme va encourager les autres à grandir en stimulant le courage émotionnel de prendre de nouvelles directions dans le consensus. De cette façon, un sentiment de sécurité est obtenu ainsi qu'une rupture avec le passé. La transition du passé au futur prendra place avec la naissance de ces nouveaux schémas émotionnels. Par contre pour certains individus, à cause d'une insécurité intérieure, ce sont les peurs qui motiveront l'action et le passé sera revécu dans le futur.

Le stade d'individuation : Au stade d'individuation, cela va se manifeste par une image de soi et une identité basées sur le développement émotionnel d'une voix indépendante dans un domaine alternatif et en se lançant dans des actions qui permettent l'individuation. L'image de soi qui est nouvelle ou en déploiement est basée sur la découverte de soi grâce à l'individualisation et à la rupture avec les schémas émotionnels liés au conditionnement socio-culturel.

L'âme va développer un espace intérieur qui lui permet de se sentir en sécurité tout en agissant en fonction de son besoin de découvrir qui elle est en dehors du courant dominant. Elle va avoir besoin de liberté et d'indépendance émotionnelles pour engendrer toute expérience jugée nécessaire à l'évolution. Elle a ainsi accès au courage d'aller de l'avant et de découvrir de nouvelles dimensions ou aspects d'elle-même. A mesure qu'elle agit en fonction de sa différence et de ce qui lui est spécifique et qu'elle se libère des insécurités du passé que lui créait son besoin de se découvrir en dehors de la société conventionnelle, elle devient émotionnellement de plus en plus sûre d'elle -même.

Le plus souvent ces individus ne toléreront aucune restriction de liberté personnelle pour explorer de nouveaux domaines qui sont en dehors du courant dominant. Cette dynamique s'applique aussi à l'assignation des genres en ce qui concerne l'exploration de nouvelles façons d'être en relation qui ne se conforment pas aux normes acceptées par la société.

Ces âmes ont la force émotionnelle d'innover dans un domaine alternatif. Dans la meilleure expression, elles ont le courage de s'affranchir du consensus et peuvent encourager les autres à faire de même. La transition du passé au futur se fera alors à mesure que l'âme développera un espace intérieur de sécurité lié au besoin grandissant de découverte de soi et qu'elle sera capable de développer une voix indépendante au sein des secteurs alternatifs de la société. Le besoin émotionnel profond consiste à adopter de nouvelles directions en lien avec le fait de se libérer sans restriction de la société conventionnelle et à faire ainsi, œuvre de pionnier.

Le stade spirituel : Au stade spirituel cela se manifeste par une image de soi basée sur le besoin émotionnel de développer une voix indépendante en s'unissant avec la Source universelle. Ainsi l'âme aura besoin de liberté et d'indépendance pour générer toute expérience considérée nécessaire pour progresser spirituellement. Un nouveau cycle d'évolution est associé au développement d'un espace émotionnel ancré dans le besoin de liberté pour fusionner avec le Divin de n'importe quelle manière jugée nécessaire.

L'essentiel est que l'expérience directe des lois naturelles universelles devient un moyen de se développer spirituellement et permet que de nouveaux schémas émotionnels voient le jour. Par exemple, l'individu peut se lancer dans une expérience de solitude dans la nature. La nature et ses lois naturelles deviennent son maître principal et un moyen de découvrir de nouveaux aspects émotionnels de lui-même. L'âme va naturellement chercher à aider les autres à se développer spirituellement de la même manière.

En bref, la sécurité émotionnelle est intégrée à mesure que l'individu développe un espace intérieur de courage qui lui permet de se lancer dans n'importe quelle expérience jugée nécessaire pour fusionner avec le Divin ; il se libère ainsi des insécurités du passé qui avaient freiné sa croissance. Puis, il acquiert la faculté d'ouvrir de nouvelles voies grâce à la connaissance des principes naturels universels. Par exemple, l'individu peut choisir d'enseigner ces principes d'une nouvelle manière dans une communauté spirituelle, ce qui reflète la découverte/récupération de sa propre voix et explore de nouvelles directions en matière de croissance.

Ensuite il va encourager les autres à suivre le besoin de se développer spirituellement de la manière qu'ils jugent appropriée et il va stimuler leur courage de rompre avec les insécurités émotionnelles du passé en lien avec le développement d'une voix indépendante. La transition du passé au futur prend place à mesure que l'âme se sécurise des façons décrites plus haut et nourrit le besoin d'une progression spirituelle indépendante.

Célébrités avec la Lune en Bélier :

Bernie Sanders
Cate Blanchett
Virginia Wolfe
Mark Twain

La Lune en Taureau : La Lune en Taureau reflète une image de soi et une nature émotionnelle qui sont principalement ancrées dans le besoin de se sentir autonome et autosuffisant. Dans une expression positive, ces personnes voudront se protéger en étant indépendantes. Elles ont la faculté de prendre soin d'elles-mêmes et de se soutenir émotionnellement sans l'aide des autres.

Se retirer en soi pour minimiser l'impact de l'environnement extérieur engendre une stabilité émotionnelle et un sentiment de préservation de soi. L'image de soi de cette Lune natale peut être illustrée par les racines d'un arbre, ce qui symbolise le besoin de s'ancrer, de s'enraciner en soi-même. Ces âmes sont des survivants nés. L'intention d'évolution est de subvenir à ses propres besoins dans n'importe quelle situation donnée et à ce titre, ces personnes ont appris à multiplier leurs ressources. L'essentiel ici est que tout ce qui aura été considéré comme ayant pour but la survie sera associé à la stabilité et la sécurité émotionnelle.

Vénus est maître du Taureau et de la Balance. Le Taureau correspond à la face interne de Vénus, la relation intérieure que nous entretenons avec nous-même. La Balance représente la nature externe de Vénus, notre relation avec les autres. Notre relation intérieure est en lien direct avec nos valeurs et le sens global que l'on donne à la vie. C'est aussi notre instinct de survie qui est signifié ici lequel comprend l'instinct de procréation, les valeurs sexuelles de l'âme et l'orientation intérieure envers la sexualité. A ce titre, les personnes qui ont la Lune en Taureau associeront leur vie sexuelle à leur besoin de sécurité et de stabilité émotionnelle. L'autonomie sexuelle est un autre aspect important de la sécurité émotionnelle ; apprendre que leurs besoins sexuels ne dépendent pas d'un partenaire.

En principe, l'archétype Taureau se manifeste par le syndrome de « la grenouille dans le puits ». La petite partie du ciel que la grenouille peut voir du fond du puits est devenue la totalité du ciel. Par exemple, ces âmes peuvent garder le même travail pendant longtemps pour de simples raisons de sécurité. La personne peut identifier une compétence de base qu'elle peut utiliser pour subvenir à ses besoins. Cette compétence-là devient « la totalité du ciel » pour ainsi dire. Dans cette optique, la relation intime à soi et à l'image de soi peut devenir fixe et statique. Le Taureau est un signe de terre fixe. Cette dynamique est opérationnelle parce que tout ce que l'âme a associé à la survie prend une grande valeur. De ce fait, l'image de soi de l'âme et le schéma émotionnel interne qui en découle peut devenir « fixe » pour ce qui a été associé à une finalité de survie. Encore une fois, l'important à souligner est que la sécurité émotionnelle est reliée à ces domaines.

Comme il a déjà été dit, cette Lune natale se caractérise par le besoin de se retirer de l'impact de l'environnement extérieur afin de se renforcer. Une stabilité émotionnelle est ainsi acquise car c'est un moyen de permettre une sécurité intérieure en lien avec ses propres ressources internes et de nourrir son besoin d'autonomie. A ce titre, l'isolement ou du temps passé seul est en général un besoin émotionnel essentiel pour les âmes dont la Lune est en Taureau.

La transition du passé vers le futur se fera en cultivant un espace de sécurité d'autonomie et de non dépendance. En bref, il s'agit de prendre soin de soi « en faisant pour soi » sans compter sur les autres. De cette manière, la sécurité émotionnelle passera progressivement de l'extérieur à l'intérieur. Par exemple, l'une des expressions possibles de ce changement émotionnel consiste à faire l'effort d'appliquer des outils thérapeutiques à sa propre situation afin de surmonter des expériences difficiles souvent liées au fait d'être renvoyé à soi-même sans aide d'autrui.

Un grand nombre de ces âmes ont souhaité demeurer principalement seules en raison d'un besoin émotionnel profond de ne dépendre de personne ou de rien et de développer leur besoin d'autonomie. Le plus souvent, pour se sentir en sécurité dans les relations sur le plan émotionnel, ces personnes ont besoin de pouvoir satisfaire leurs propres besoins indépendamment du partenaire.

Le plus souvent, les personnes ayant la Lune en Taureau créent des circonstances dans leur petite enfance dans lesquelles elles sont livrées à elles-mêmes de diverses manières. Ces expériences de la petite enfance servent à favoriser les leçons nécessaires à l'autonomie émotionnelle, l'autosuffisance et l'indépendance. La dynamique de la survie est accentuée.

Par exemple, l'individu peut avoir grandi dans des situations où les ressources étaient limitées, où l'un des parents ou les deux n'étaient pas en mesure de subvenir aux besoins de l'enfant d'une manière ou d'une autre. Cela déclenche le besoin émotionnel de subvenir à ses besoins dès le plus jeune âge et de se sécuriser en matérialisant ses propres ressources. Une autre variante de ce thème consiste à ressentir une marginalisation et donc de s'isoler des valeurs prônées dans l'environnement de la petite enfance.

Par cet isolement, l'âme est renvoyée à elle-même. En cas de réponse positive, elle s'ancre en elle-même ; elle acquiert un sentiment de sécurité en identifiant ses propres valeurs et ressources sans aucune aide extérieure. Il est important de noter que ces âmes auront une résistance intrinsèque à adopter les valeurs des autres qui sont incompatibles avec les leurs.

Ce type d'environnement de la petite enfance a pour effet d'induire un espace intérieur d'autosuffisance dans la mesure où, le plus souvent, l'individu se sent émotionnellement « seul » en raison de la marginalisation et de l'isolement que ces conditions créent souvent. Le carré naturel du Verseau au Taureau reflète la libération des valeurs dépassées et le déconditionnement de la relation intérieure avec soi-même. Dans certains cas, selon le niveau d'évolution, cela se manifestera par une individuation par rapport aux valeurs dominantes.

L'estime de soi et la valeur personnelle est une dynamique centrale de cette position natale de la Lune. Comme mentionné précédemment, l'archétype du Taureau reflète notre relation intime avec nous-même et le côté intérieur de Vénus. Dans une expression naturelle, les personnes qui ont la Lune en Taureau prendront soin d'elles-mêmes en cultivant leur estime de soi et en favorisant une relation intime positive. En bref, il s'agit d'apprendre que nos propres valeurs ne dépendent pas de la valeur que les autres leur accordent (quinconce avec le signe de la Balance). Ces âmes peuvent avoir une capacité innée à se mettre au diapason des ressources intérieures des autres, et préconiser de faire les efforts nécessaires pour actualiser ces ressources. De cette façon, elles prennent soin des autres en les encourageant à être autosuffisants et dynamisent un espace émotionnel similaire pour elles-mêmes.

Comme nous l'avons mentionné plus haut, dans une expression positive, ces personnes auront une capacité innée à identifier les ressources intérieures qui peuvent être utilisées pour parvenir à l'autonomie. Cela se reflète dans le carré naturel entre le Lion et le Taureau. La clé est l'effort personnel et la capacité à se débrouiller seul. Ce faisant, la relation intime avec soi changera à mesure que l'âme apprendra à compter sur elle-même et à créer un style de vie qui reflète ses propres valeurs. Dans une expression négative, l'âme vivra par procuration à travers les autres, ou vice versa. Dans le pire des cas, l'individu considérera les autres comme des possessions et des objets personnels en raison du lien avec sa propre survie et donc sa sécurité émotionnelle.

Pour évoluer, la Lune en Taureau doit embrasser le signe opposé du Scorpion. Le signe du Scorpion correspond à toute la psychologie et à la compréhension du « pourquoi » de toute chose. L'âme doit transmuter les limites de la simple survie par le courage d'accéder à des eaux émotionnelles plus profondes. Comme l'a dit le célèbre psychologue Carl Jung, « Dans la mesure où nous pouvons le discerner, le seul but de l'existence humaine est d'allumer une lumière dans l'obscurité de l'être ». Le Scorpion reflète le principe naturel de l'évolution et le besoin de grandir au-delà des zones de stagnation. L'évolution nécessaire se produit en développant une conscience psychologique de soi, des autres et de la vie en général. Le besoin évolutif consiste à acquérir la conscience psychologique de la raison pour laquelle l'individu est émotionnellement constitué ou construit comme il l'est, et pourquoi les autres sont constitués comme ils le sont. Ce faisant, l'âme transmutera le syndrome de la « grenouille dans le puits » décrit précédemment et atteindra des abysses émotionnels plus vastes et une meilleure compréhension. Pour faciliter ce changement, l'âme crée généralement des situations d'intense confrontation émotionnelle interne et externe. Ces confrontations ont pour effet de montrer à l'âme ses limitations préexistantes et d'évoquer le besoin de se libérer des vieux schémas de sécurité en lien avec la survie. Ce faisant, elle s'ouvre progressivement à des espaces émotionnels plus profonds.

Le stade du consensus : Au stade du consensus, la Lune en Taureau se manifeste par une image de soi et une structure émotionnelle fondées sur le besoin de devenir autonome au sein de la société dominante et de se soutenir émotionnellement en manifestant des ressources intérieures qui peuvent être utilisées pour progresser au sein de la société. Le système de valeurs de l'individu reflète les valeurs de la société dans laquelle il est né. Par exemple, les valeurs couramment prônées en Occident sont le statut social et l'importance accordée à la richesse monétaire. Les relations de l'âme sont alors fondées sur ces valeurs et elle n'aura pas de relation avec ceux qui ne se conforment pas au système de valeurs dominant. Ce sont ces valeurs et cette orientation intérieure qui engendre la sécurité émotionnelle.

Ces âmes auront la capacité de subvenir à leurs besoins grâce à une ressource intérieure ou à une compétence qui est prisée dans la société dominante, et de se sécuriser grâce à la manifestation de ces ressources. Cela peut ensuite servir à nourrir le besoin d'autosuffisance et à progresser dans les couches sociales. Cela reflète le passage progressif d'une sécurité émotionnelle externe à une sécurité émotionnelle interne. Cependant, dans une expression déformée, certains peuvent adopter l'attitude de ne faire qu'un effort minimal, juste assez pour s'en sortir.

Le stade d'individuation : Au stade d'individuation, la Lune en Taureau se manifeste par une image de soi et une structure émotionnelle fondées sur le besoin de se déconditionner des valeurs de la société dominante et de manifester ses ressources intérieures pour assurer son autonomie dans un domaine alternatif. L'âme doit nourrir le besoin d'indépendance en matérialisant des ressources et des compétences uniques qui reflètent son individualité. Elle ne s'identifiera pas aux valeurs dominantes et souhaitera se lier avec des personnes qui partagent les mêmes valeurs. Elle n'aura de relations qu'avec ceux qui cherchent également à se libérer des valeurs du courant dominant et qui apprennent à définir leurs valeurs de l'intérieur. L'essentiel est de ne pas devenir dépendant de ces liens pour se sentir intérieurement valorisé, mais plutôt de dynamiser un espace intérieur d'autonomie à partir de soi-même, de la manière décrite précédemment. L'orientation intérieure devient alors, si besoin, de se présenter comme un groupe d'une seule personne.

Dans une expression positive, cette âme se sécurisera en devenant autonome grâce à son (ses) don(s) spécifique(s) dans un domaine alternatif, en cultivant un espace intérieur d'estime de soi liée au respect de son individualité et en définissant sa valeur indépendamment des critères habituels du courant dominant. Dans la meilleure expression, cela motivera les autres à faire de même. C'est ainsi que s'opère la transition entre le passé et l'avenir. Par essence, la sécurité émotionnelle est intégrée lorsque l'individu apprend à valoriser son individualité, à se présenter comme un groupe d'une seule personne si besoin et à manifester ses ressources uniques en dehors du courant dominant.

Le stade spirituel : Au stade spirituel, la Lune en Taureau se manifeste par une image de soi et une structure émotionnelle fondées sur le besoin de devenir autonome en nourrissant une relation intérieure avec la Source. L'estime de soi et la valeur personnelle sont liées à la relation entretenue avec la divinité intérieure. L'espace émotionnel intérieur de l'âme est enraciné dans une relation primordiale avec la Source universelle et dans les principes naturels et éternels. Cette relation principale avec le Divin permet d'intégrer une sécurité émotionnelle. En conséquence, l'âme peut renoncer à toutes les possessions matérielles et se soutenir en accédant à la richesse intérieure. Seul l'Éternel peut pourvoir. L'important est de faire l'effort d'actualiser ses ressources intérieures qui reflètent la connaissance des principes universels et intemporels afin de devenir autonome. Par exemple, l'âme pourrait aider les autres à devenir autonomes en les encourageant à cultiver une relation essentielle avec la Source, et à devenir émotionnellement autonomes et indépendants dans leurs relations extérieures en général.

Célébrités avec la Lune en Taureau :

Meryl Streep

Carl Jung

Bob Dylan

Pharrell Williams

Elizabeth 1, Reine d'Angleterre

La Lune en Gémeaux : La Lune en Gémeaux correspond à une image de soi et une structure émotionnelle basées sur le besoin de diversité. Dans une expression positive cela va se manifester par un espace personnel ancré dans le principe naturel de l'unité dans la diversité et dans son expression. En d'autres termes il y a de multiples chemins qui mènent à la vérité.

Ceci conduit à quantité d'expériences dans lesquelles la personne rencontre et collecte toute une palette de faits, d'informations et de données provenant de son environnement extérieur. La sécurité émotionnelle est liée au recueil d'informations et à la communication. Ces personnes sont en général très curieuses et ont une forte capacité intellectuelle qui reflète leur besoin d'expansion mentale. Ces âmes sont des messagers.

Les Gémeaux sont un archétype mutable, ce qui se caractérise par une adaptabilité au changement. Avec la Lune en Gémeaux cela se manifeste par la capacité à s'adapter à de nombreux environnements différents et à se connecter à de nombreuses personnes en leur trouvant un fil commun, un même intérêt par exemple. Les âmes qui ont la Lune en Gémeaux créent des liens très facilement, ce qui incite naturellement les autres à s'ouvrir à elles, comme l'indique le trigone avec les signes d'air qui suivent les Gémeaux, à savoir la Balance et le Verseau.

L'archétype Gémeaux correspond au cerveau gauche qui est logique et empirique. Le Gémeaux représentent l'élément de la conscience qui nomme et classe l'environnement, par exemple une chaise, une tasse, une table etc.... une telle classification crée un rapport au monde de type logique et rationnel. De ce fait, il existe en général un besoin de se sécuriser en collectionnant les informations, les faits, les points de vue venus de l'environnement extérieur. Toutefois, ceci peut créer une « porte tournante de perspectives » où les points de vue et les informations ne sont pas assimilés de façon cohérente.

Par exemple, l'âme peut adopter des points de vue venant d'autorités reconnues dans n'importe quel domaine, mais ces points de vue peuvent se contredire. Ceci déclenche l'intention d'évolution qui consiste à apprendre à faire la différence entre une opinion et un fait, et cela conduit progressivement au sentiment de sécurité apporté par sa propre vérité. « Qu'est-ce qui est vrai pour moi ? » Un point de référence stable se révèle à mesure que l'âme commence à se relier à la vérité plus profonde, ou à la source des informations qu'elle recueille. (Polarité Sagittaire)

Le plus souvent, les âmes avec la Lune en Gémeaux vont gérer leurs émotions par la communication. L'intention vise à acquérir suffisamment de sécurité intérieure pour pouvoir parler des problèmes émotionnels plutôt que de ne les traiter que de manière intellectuelle. Il est important de remarquer que la communication peut prendre de nombreuses formes. Par exemple, une âme avec la Lune en Gémeaux peut être portée à s'exprimer de façon verbale ou non-verbale. Elle peut choisir d'écrire, de danser ou de peindre.

La clé réside dans la capacité de ces personnes à canaliser leur énergie émotionnelle en s'harmonisant avec le moyen d'expression qui leur est le plus naturel. Le signe des Gémeaux correspond aux mains et nombreuses de ces âmes s'expriment à travers elles. Le chanteur compositeur Jewel qui a la Lune en Gémeaux illustre l'expression émotionnelle de cette Lune natale dans sa chanson « Les mains » : « Ces mains sont petites, je sais, mais elles ne sont pas les vôtres, ce sont les miennes ».

Dans une expression altérée, la Lune en Gémeaux se manifeste par une communication superficielle, stressée et en parlant sans arrêt pour le simple plaisir de parler. Cette dynamique résulte d'un besoin émotionnel sous-jacent d'éviter ou de contourner la vérité (polarité Sagittaire). Cela peut aussi se manifester par une duplicité, une dynamique Mr Jekyll et Mr Hide. L'âme craint d'être rejetée si elle affronte la vérité et parle vrai. Ceci est traduit dans le carré des Gémeaux à la Vierge. Une autre expression possible est une propension de l'âme aux cancans. La raison à nouveau est d'éviter le sentiment d'insécurité que créerait le fait d'avoir à traiter sa propre histoire émotionnelle.

Les personnes avec la Lune en Gémeaux en général « intellectualisent » les émotions. Dans une expression naturelle, la communication ne se produira que si elle et nécessaire et elle sera centrée dans le corps émotionnel. Ces âmes s'investissent souvent dans un travail qui implique la communication comme l'écriture, la prise de parole publique ou le commerce. Encore une fois, la communication peut prendre de nombreuses formes y compris nonverbales. Cette dynamique s'explique par le fait que ces activités peuvent contribuer à préserver une stabilité émotionnelle intérieure.

La Lune en Gémeaux indique une sensibilité accrue aux mots et à la communication verbale ; ceci parce que, dans une expression positive, la personne peut ressentir les émotions derrière les mots plutôt que les simples mots. Dans une expression naturelle, ces âmes peuvent créer un espace émotionnel où les autres se sentent en confiance pour parler et communiquer avec honnêteté. L'âme permet des silences confortables plutôt que de vouloir les combler par des paroles inutiles Le silence se reflète dans le carré des Gémeaux aux Poissons.

Il est important de comprendre quelle était la nature de la communication dans l'environnement de la petite enfance. Si, par exemple, la personne a été encouragée dès son plus jeune âge à communiquer aussi ouvertement que possible, cela aura un impact significatif sur sa capacité à exprimer ses émotions à l'âge adulte. En revanche, si la communication était source d'insécurité dans la petite enfance, il sera difficile pour la personne d'exprimer ses émotions honnêtement dans sa vie d'adulte. Il est essentiel de cultiver le besoin d'exprimer ses émotions et de communiquer honnêtement, car cela permettra ensuite à l'âme de nourrir les autres de la même façon.

Afin d'évoluer, l'âme doit embrasser la polarité Sagittaire. Le signe du Sagittaire symbolise le développement de l'intuition, l'harmonisation avec les lois naturelles, l'élimination des croyances illusoires et l'honnêteté personnelle. Ceci veut dire qu'au lieu de se laisser distraire par les feuilles et les branches, il faut se centrer sur la vérité ou racine de toute chose. Ces âmes peuvent aider les autres à se relier à la vérité de n'importe quel problème, à devenir émotionnellement honnêtes et à s'exprimer de manière très sincère.

En somme, le Sagittaire, signe de polarité, symbolise le besoin de cultiver un espace intérieur d'honnêteté et de sincérité et de se connecter à sa propre vérité émotionnelle. L'une des leçons les plus profondes de ce signe est d'apprendre à devenir son propre maître intérieur en développant l'intuition. L'essentiel à retenir est que l'intellect en lui-même ne sait pas ce qui est vrai et ce qui est faux ; c'est une fonction de l'intuition.

Le stade du consensus : Au stade du consensus, la Lune en Gémeaux va se manifester par une image de soi et une structure émotionnelle basées sur le besoin de diversité et de récolter une variété d'informations, de faits et de points de vue provenant de la société dominante. Il est important de noter que la personne se sentira vulnérable avec des points de vue et des informations provenant de sources extérieures à la société conventionnelle.

L'espace émotionnel de l'âme repose sur le besoin de rassembler une grande quantité d'informations dans la société dominante. Celui-ci sera façonné par la nature de l'information qui est adoptée dans ces milieux. L'âme peut par exemple être attirée par des milieux trépidants en raison de la multitude d'expériences qu'ils offrent. Elle évolue au sein des différentes couches sociales en apprenant comment la société est structurée et comment elle opère dans ces différents milieux.

Dans une expression positive, toutes les informations absorbées seront intégrées et assimilées, ce qui permettra à l'âme de se centrer et de se sécuriser au sein de sa propre vérité (signe de polarité Sagittaire). La sécurité émotionnelle sera intégrée en nourrissant le besoin d'exprimer sa propre vérité dans le courant dominant. Dans une expression naturelle, la personne utilisera l'information rassemblée pour aider les autres à progresser dans la société conventionnelle et à exprimer leur vérité personnelle grâce à la connaissance qu'ils auront acquis dans différents milieux. Le passage du passé au futur se fera alors.

Le stade d'individuation : Au stade d'individuation, la Lune en Gémeaux se manifestera par une image de soi basée sur le besoin de diversité dans la collecte d'informations et de faits recueillis en dehors de la société dominante. A ce titre, la personne peut vouloir explorer de nombreux milieux alternatifs différents. Son espace émotionnel est façonné par les informations et les points de vue alternatifs qui se distinguent des idées socialement acceptées par le courant dominant.

A mesure que l'âme nourrit le besoin d'exprimer sa propre vérité en dehors de la société conventionnelle, elle intègre la sécurité émotionnelle. Par le biais de moyens tels que l'écriture, la danse ou l'art, elle peut refléter son individualité et sa vérité personnelle et gagner progressivement en assurance intérieure. L'essentiel est que, grâce à l'assimilation de toutes les informations collectées, elle peut exprimer émotionnellement sa propre vérité dans un contexte alternatif (polarité Sagittaire).

Il est important de souligner la possibilité d'avoir intériorisé (Lune en Gémeaux) des messages négatifs envoyés par des personnes qui ont pu se sentir menacées par ces individus.

Pour favoriser la guérison émotionnelle et renforcer la sécurité intérieure face à de tels messages voici quelques affirmations qui peuvent être utiles : « Je suis simplement différent et ma force réside dans ma différence » et « Si je dois me présenter comme un groupe d'un seul, qu'il en soit ainsi » ! La transition du passé au futur se fera alors.

Le stade spirituel : Au stade spirituel, la Lune en Gémeaux se manifestera par une image de soi basée sur la collecte de toutes sortes d'informations, de points de vue et de données qui reflètent les principes universels, intemporels. L'espace émotionnel est façonné par ces informations et est stimulé par le besoin d'explorer de nombreux milieux spirituels différents.

Pour répondre à son besoin émotionnel d'expansion, l'âme peut absorber diverses informations et points de vue venant de différentes autorités spirituelles. Ces âmes auront souvent la capacité naturelle de transmettre les principes universels intemporels de multiples façons, par exemple à travers des allégories ou des paraboles.

Des informations centrées sur le développement de l'intuition ou les moyens naturels de connaître le Divin comme les diverses façons de méditer et de se relier à une énergie supérieure ou éternelle par le biais du monde naturel contribuent à élargir la compréhension de la spiritualité. En essence, la sécurité émotionnelle est intériorisée à mesure que l'âme centre ou enracine en elle sa vérité spirituelle personnelle reflétant la loi naturelle. Ceci permet l'émergence de la capacité à exprimer l'unité dans la diversité, le principe naturel sous tendant les nombreux chemins qui mènent au Divin de la façon qui semble la plus naturelle à l'âme. La transition du passé vers le futur se fait en trouvant une vérité supérieure à toutes les informations collectées et assimilées (polarité Sagittaire).

> **Célébrités avec la Lune en Gémeaux :**
>
> Barack Obama
> Jim Carrey
> Tina Turner
> Jennifer Lawrence
> George Carlin

Lune en Cancer : Les personnes qui ont la Lune en Cancer sont le plus souvent naturellement sensibles à l'état émotionnel des autres, d'où le besoin cyclique de retourner à la sécurité de la carapace pour se stabiliser émotionnellement. L'intention ultime de cet archétype est d'apprendre à se sécuriser soi-même et à prendre soin de soi intérieurement en accédant à la mère intérieure. Lahiri Mahalasya qui a cette position de la Lune dans son thème natal illustre cela par ces paroles : « N'oubliez jamais que vous n'appartenez à personne et que personne ne vous appartient ».

Cette position de la Lune natale met l'accent sur l'impact de l'environnement dans la petite enfance. Il est important de souligner qu'en tant qu'enfant nous nous imprégnons complètement de notre environnement. Une leçon clé de l'évolution de l'archétype Lune en Cancer consiste à apprendre la différence entre la sécurité extérieure et donc dépendante, et la sécurité intérieure. Il est important d'apprendre que la seule véritable sécurité à rechercher réside en soi-même et qu'elle peut être développée en nourrissant notre lien avec la source universelle.

En général, la mère ou la figure féminine clé du début de la vie joue un rôle essentiel dans l'éducation émotionnelle. Dans une expression positive, la mère ou la figure féminine clé encouragera l'âme avec la Lune en Cancer à développer sa propre sécurité et à prendre soin d'elle-même plutôt que de dépendre des autres pour sa sécurité émotionnelle. Ceci est indiqué par le carré naturel entre le Cancer et la Balance.

Par contre, des personnes avec la Lune en Cancer peuvent choisir un environnement dans leur petite enfance où elles ne sont jamais vraiment autorisées à grandir soit parce que la mère ou la figure féminine clé étouffe l'âme émotionnellement ou à cause de certaines formes de manipulation flagrantes ou dissimulées. Par exemple, la mère peut injecter un silence glacial chaque fois que la personne Lune Cancer essaie de mûrir et d'échapper à une dépendance émotionnelle au sein de la relation. Dans une expression altérée, l'âme peut par la suite reproduire le comportement de la mère à l'âge adulte.

Le Cancer est un signe cardinal. L'archétype cardinal se caractérise par deux pas en avant, un pas en arrière. Avec la Lune en Cancer cela se manifeste par sortir de sa carapace puis y revenir. Ceci à cause de la peur de la vulnérabilité. Dans une expression naturelle, l'âme va prendre soin d'elle-même pour incarner de hauts niveaux de sécurité émotionnelle ce qui minimise les attentes émotionnelles à l'égard des autres. Par la suite, ces personnes encourageront la même dynamique chez les autres.

A mesure que la sécurité est progressivement intériorisée, l'image de soi change naturellement pour refléter cette transformation. Dans une expression altérée, la Lune natale s'exprimera par une immaturité émotionnelle et on verra un haut degré de dépendance à l'égard de sources extérieures pour garantir une sécurité émotionnelle. Ceci est à nouveau indiqué par le carré naturel entre la Balance et le Cancer.

Souvent, les personnes avec la Lune en Cancer vont créer des conditions dans leur petite enfance où un des parents ou les deux sont indisponibles émotionnellement et donc incapables de satisfaire leurs besoins. Cette expérience est destinée à favoriser les leçons nécessaires à l'intériorisation de la sécurité émotionnelle et à la diminution de la dépendance à l'égard des sources extérieures. Bien sûr, en tant qu'enfant nous nous attendons naturellement à ce que nos besoins soient satisfaits. Encore une fois, nous absorbons notre environnement sans aucun filtre. En tant qu'enfant nous ne pouvons pas comprendre pourquoi on ne s'occupe pas de nous comme nous en avons besoin et il s'en suit des émotions déplacées qui sont souvent conservées dans la vie d'adulte. La clé dans cette situation est de prendre soin de soi-même et donc de cultiver un espace émotionnel de sécurité pour soi-même. Ce faisant, les émotions déplacées et les dépendances à l'égard de sources extérieures comme apport de sécurité sont débloquées. Ceci traduit le passage de la sécurité extérieure à la sécurité intérieure et comment l'âme va piloter sa transition du passé vers le futur.

Avec cette position de la Lune natale l'accent est mis sur la dynamique anima/animus. Sur une longue période d'évolution nous devons finir par intégrer le masculin comme le féminin intérieur. Cependant, nous nous incarnons principalement dans un genre ou un autre. Naturellement, l'âme est à la fois masculine et féminine et simultanément au-delà des genres (androgyne). A mesure que nous évoluons l'intention devient de manifester de manière égale les deux côtés du genre.

Comme l'enseigne JWG, une femme avec la Lune en Bélier ne s'identifiera pas au rôle socialement prescrit de l'épouse au foyer. De même, un homme avec une Lune en Poissons ne s'identifiera pas à l'image de l'homme macho. Il faut beaucoup de courage et de force à un homme pour faire preuve de vulnérabilité dans une culture qui dit qu'un homme ne doit pas pleurer. De la même façon, il faut le même type de courage à une femme pour prendre les rênes dans une société qui attend de la femme qu'elle soit soumise à l'homme. Dans son expression la plus élevée, la Lune en Cancer se manifeste par une sécurité qui réside en soi et elle exprime simultanément la vulnérabilité et la force (masculin intérieur et féminin intérieur). En bref, l'âme acquiert la sécurité intérieure et la force d'exprimer l'autre côté du genre.

Selon moi, l'un des plus grands enseignements de l'axe Cancer/Capricorne est cette force ultime qui réside dans la vulnérabilité ; dans ce contexte, la vulnérabilité ne signifie pas faiblesse. La force vient du courage d'exprimer sans crainte l'émotion pure.

Pour grandir, l'âme Lune en Cancer doit incorporer le signe opposé du Capricorne. Le signe du Capricorne correspond au besoin d'établir son autorité au sein de la société, de parvenir à un mûrissement émotionnel et de développer la faculté de décider par soi-même. C'est l'évolution du monde intérieur vers le monde extérieur. Le besoin d'accepter la responsabilité de nos propres actions est un aspect essentiel de ce signe. Une maturation incontournable s'opère alors naturellement.

Un rôle social ou une profession est souvent le moyen par lequel l'autorité est exprimée. Les buts sont ensuite satisfaits par la faculté de décider par soi-même. A mesure que l'âme mûrit, les sources extérieures de dépendance émotionnelle sont rejetées. L'âme encouragera ensuite les autres à mûrir de la même façon et à instaurer leur propre rôle dans le monde. Dans la meilleure expression la personne agira comme modèle d'accompagnement pour les autres.

Le stade du consensus : Au stade du consensus cela va se manifester par un point de vue personnel et une image de soi fondés sur l'empreinte de l'environnement de la petite enfance. En règle générale, la famille biologique reflète l'empreinte culturelle exprimée par le grand public de la société d'origine. Ceci inclut les rôles associés aux genres. Tous ces facteurs servent à modeler et à conditionner l'image de soi de l'âme et sont reliés à sa sécurité émotionnelle.

Par exemple, dans la plupart des cas, les femmes sont censées être la première source de nourriture émotionnelle au sein de la famille et du cadre familial. Les hommes sont censés être le soutien de la famille et la première source de discipline.

La transition du passé au futur prendra place en prenant soin de soi par soi-même et en créant un espace de sécurité intérieur indépendant de l'environnement familial pour établir son rôle dans le monde (polarité signe du Capricorne) et évoluer dans les différentes couches sociales. Ce faisant, la sécurité émotionnelle passe des sources extérieures à des sources intérieures et la transition du passé au futur a lieu.

Le stade d'individuation : Au stade d'individuation, la Lune en Cancer va se manifester par un regard personnel et une image de soi basés sur le besoin de développer une sécurité émotionnelle qui viendra en se libérant du courant dominant. L'intention est d'incarner la sécurité en soi-même en rapport avec sa propre individualité et son individuation.

Dans cette phase évolutive, la clé consiste à accueillir les sentiments grandissants d'aliénation à l'égard de la société conventionnelle et à se sentir de plus en plus en sécurité quant au caractère unique de l'image qu'on a de soi-même. Ceci inclut la libération des rôles attribués traditionnellement aux genres. Ce faisant, les dépendances externes à l'égard d'un groupe social ou de l'environnement familial seront éliminées. Les individus se sentiront plus enclins à prendre soin d'eux-mêmes et des autres favorisant une sécurité intérieure provenant de leur individualité unique. Par exemple, l'âme peut choisir de travailler avec des enfants ou des jeunes exclus d'une façon ou d'une autre. Elle incarnera une énergie qui encouragera les autres à trouver la sécurité en eux-mêmes et à s'affranchir de tout groupe social et de l'environnement familial. Ce faisant, elle fera la transition du passé au futur et la sécurité émotionnelle passera progressivement de l'extérieur à l'intérieur.

Le stade spirituel : Au stade spirituel, la Lune en Cancer va se manifester par une vision et une image de soi basées sur le besoin d'incarner de plus hauts niveaux de sécurité émotionnelle fondée sur l'union avec la Source. Un espace émotionnel de sécurité intérieure est cultivé en nourrissant le développement spirituel et une relation prioritaire avec la Source. La relation avec le Divin ouvre la voie émotionnelle qui permet à la mère intérieure de s'exprimer. Ces âmes sont par nature connectées aux états émotionnels des autres.

Dans une expression positive, une intégration de l'anima/animus va s'installer. L'âme va progressivement se sentir à l'aise avec le masculin tout comme avec le féminin, de telle façon que les deux s'exprimeront de la même manière. Jouer le rôle de la mère et du père en même temps est en quelque sorte une façon dont cela peut s'exprimer. Le monde intérieur de l'âme et sa vision d'elle-même reflétera sa relation prioritaire avec la Source. Elle prendra

La Lune natale

soin d'elle-même et d'autrui par le bais de cette relation et encouragera les autres à renforcer leur sécurité émotionnelle intérieure en se développant spirituellement. En bref, l'individu motivera les autres à retourner à leurs racines et à leurs origines en s'unissant avec le Divin. La transition évolutive du passé au futur s'en suivra alors.

**Célébrités avec
la Lune en Cancer :**

Kurt Cobain
Gwen Stefani
Jimi Hendrix
Courtney Love
Sean Penn

Lune en Lion : La Lune en Lion se caractérise par une vision et une image de soi basées sur le sentiment d'avoir une destinée spéciale et sur le besoin émotionnel de se manifester de manière créative et de prendre sa destinée en main par la force de la volonté. La musique, le théâtre ou l'art peuvent être des formes d'expression ; ces âmes sont des créateurs nés. Dans une expression naturelle, ceci se manifeste par le courage de suivre le cœur. Les paroles de Rûmî qui avait la Lune en Lion révèlent cette qualité émotionnelle : « Pourquoi devrais-je être malheureux ? Chaque parcelle de mon être est en pleine floraison. »

Le signe du Lion nous fait prendre conscience que nous avons quelque chose de spécial à faire dans le monde et nous inspire pour manifester le talent ou le don unique qui est le nôtre. L'image de soi est fondée sur les capacités innées de l'âme et sur le sentiment de destinée spéciale. Une fleur épanouie symbolise l'expression émotionnelle de cette Lune natale. Les personnes avec la Lune en Lion se sentiront plus poussées à prendre soin d'elles-mêmes et des autres en s'exprimant personnellement ; le plus souvent, ce sont des esprits créatifs qui ont la capacité de voir la force innée chez les autres. En raison du besoin émotionnel sous-jacent de prendre sa destinée en main, ces individus sont en général dotés d'une forte volonté. Dans une expression positive, l'âme rayonnera une confiance en soi naturelle.

L'âme peut avoir créé pour sa petite enfance des conditions où un des parents ou les deux essayent de diriger le processus de son accomplissement personnel. En substance, un des parents ou les deux ont projeté une image subjective sur elle et ont ensuite désiré modeler son chemin de vie ou sa destinée spéciale selon cette image subjective. Ces conditions reflètent l'intention de prendre en charge l'énergie créative et de la manifester par la force de sa volonté. Ce faisant, l'âme cultive un espace intérieur de sécurité en respectant le besoin de s'accomplir elle-même et stimule l'autonomisation au lieu de rechercher la sécurité par une validation extérieure.

Dans une expression négative, ceci peut être expérimenté comme un amour très conditionnel. « Je t'aimerai si et seulement si... » L'individu peut ensuite reproduire ce comportement dans sa vie d'adulte. Dans une expression naturelle, les parents nourrissent l'individu en lui donnant des retours positifs en quelque sorte. Cela peut se faire en lui envoyant le message qu'il est spécial, et en renforçant son intention de se valider lui-même au lieu de rechercher la reconnaissance des autres. L'âme transférera cette leçon dans sa vie d'adulte.

Dans une expression altérée, l'âme peut devenir imbue d'elle-même d'un point de vue égocentrique. Le plus souvent, une structure de réalité pyramidale est créée dans laquelle ses besoins sont placés au sommet et où tous les autres facteurs de vie sont censés satisfaire ces besoins. Cela peut se manifester par une folie des grandeurs ; un complexe de la reine ou du roi. L'individu veut surtout être au centre de tout afin de se sentir émotionnellement en sécurité. L'émancipation peut se manifester en prenant le contrôle de sa destinée spéciale grâce à la force de sa volonté.

Le signe du Lion correspond au besoin de reconnaissance et de feed-back provenant de l'environnement extérieur. Cette dynamique est due à l'insécurité du signe précédent, le Cancer. Dans une expression naturelle, l'âme sera en sécurité avec ses dons et ses talents innés et les utilisera pour manifester le but de sa vie. A l'inverse, certains se réaliseront par une folie des grandeurs en raison d'une insécurité émotionnelle. La clé ici est d'intérioriser le besoin de validation. De cette façon, les dépendances extérieures à l'égard de l'environnement pour être reconnu seront éliminées.

Dans la meilleure expression, ces personnes donneront aux autres le pouvoir de valider et d'actualiser leurs propres talents et potentiels innés et de suivre l'appel de leur cœur. L'âme acquerra la capacité de reconnaître les dons particuliers des autres sans se sentir menacée. La véritable générosité de la Lune en Lion pourra alors resplendir. Cela permettra à la transition du passé vers le futur de se produire car la source de la sécurité émotionnelle passera de l'extérieur à l'intérieur.

Pour que l'évolution se poursuive, l'âme doit embrasser le signe opposé, le Verseau. Le Verseau correspond à l'objectivité, au détachement émotionnel, à la libération et au déconditionnement. Il se caractérise par le principe d'affinité d'esprit. En essence, l'intention est d'associer la destinée spéciale et l'actualisation de soi avec un besoin socialement pertinent. La libération de la réalité pyramidale suivra.

Les paroles du Mahatma Gandhi qui partage cette signature lunaire illustrent cette capacité à induire des changements spectaculaires grâce à l'ampleur du cœur. « On peut ébranler le monde en douceur. » Positivement, l'âme va acquérir la capacité à s'intégrer émotionnellement dans un groupe ou une communauté en tant que membre plutôt que d'avoir besoin d'en être la vedette. Un détachement émotionnel et un dégagement d'une concentration excessive sur soi va créer l'objectivité nécessaire pour considérer la façon dont les capacités intrinsèques de l'âme peuvent aider la société dans son ensemble. Le Lion est gouverné par le soleil. Tout comme le soleil procure l'énergie vitale, la lumière en ces individus peut avoir un impact considérable.

Le stade du consensus : Au stade du consensus cela se manifeste par un regard personnel et une image de soi basés sur le besoin émotionnel de prendre le contrôle de l'idée de destinée spéciale et de se réaliser dans la société dominante. Le sentiment de destinée spéciale est en lien avec les talents et les capacités créatives que l'âme va désirer utiliser pour avancer dans le système. C'est un moyen par lequel elle prend en charge le but de sa vie. A mesure que cela se produit elle devient plus autonome et plus indépendante et elle se libère de sa dépendance à l'égard des réactions extérieures et de la validation de ceux qui appartiennent au courant dominant pour se sentir en sécurité. La transition du passé vers le futur s'en suivra. Cependant l'âme peut choisir de se réaliser d'une façon qui reflète une folie de grandeur personnelle.

Le stade d'individuation : Au stade d'individuation, cela se manifestera par un regard personnel et une image de soi basés sur le besoin de prendre en charge son but créatif et sa destinée dans un domaine alternatif. Le sentiment de destinée spéciale est relié à la manifestation des capacités innées qui reflètent l'essence unique de l'âme. A ce stade d'évolution, se libérer du courant conventionnel conduira à l'autonomisation.

Par exemple, l'âme peut être dotée d'un talent créatif pour la musique, l'écriture ou le théâtre qu'elle exprime dans un groupe ou une communauté alternative. Ce don spécial devient donc un moyen de prendre sa destinée en main et de cultiver un sentiment de sécurité en dehors de la société traditionnelle. Dans la meilleure expression, ceci a pour effet d'encourager les autres à accueillir leurs propres dons innés, ce qui en retour leur apportera la responsabilisation émotionnelle. Ainsi, l'âme peut se libérer du besoin de validation extérieure et la transition du passé vers le futur se met en place à mesure que la sécurité émotionnelle passe progressivement de l'extérieur à l'intérieur.

Le stade spirituel : Au stade spirituel cela se manifestera par un regard personnel et une image de soi basés sur le besoin de prendre en charge sa destinée, de s'autonomiser et de se réaliser en s'"unissant à la Source. Le sentiment de destinée spéciale est relié à la manifestation des capacités créatives innées qui reflètent la connaissance des lois naturelles et intemporelles. Ceci devient un moyen de nourrir le besoin d'émancipation et d'expression personnelle dans un contexte spirituel.

A ce stade d'évolution, l'âme se relie ou se voit émotionnellement comme co-créateur du Divin et agit comme canal par lequel le principe créatif s'écoule. Ses dons innés seront utilisés pour servir la Source et donc par extension les autres. Ces âmes peuvent être vues sous un jour particulier par autrui en raison de leur connaissance des principes naturels universels. Elles encourageront les autres à prendre leur destinée en main en fusionnant avec le Créateur et à manifester les capacités spéciales qui reflètent cette union. La transition du passé vers le futur s'en suivra.

Célébrités avec le Lune en Lion :

Julia Roberts
Mahatma Gandhi
David Bowie
Tom Hanks
Rûmî
Paramahansa Yogananda

La Lune en Vierge : La Lune en Vierge symbolise une vision et une image de soi basées sur le besoin d'être au service du tout, de se purifier, de s'améliorer et d'apprendre l'humilité. Ces âmes sont naturellement au service et elles s'efforcent d'améliorer ou de rectifier les choses. Le plus souvent le service envers les moins favorisés est au cœur de cette Lune natale.

Dans sa meilleure expression, cela se manifeste par la capacité à améliorer ses conditions de vie ainsi que celle des autres. Par exemple, Robert Redford qui a cette signature lunaire, illustre cela selon moi par son travail en tant que conservateur et environnementaliste. Il a remédié à des questions environnementales urgentes dans des reportages depuis plus de 30 ans.

Essentiellement, c'est par le signe de la Vierge que l'on expérimente la pyramide inversée et que l'on prend conscience de tous nos manques et de nos imperfections ; de ce que nous ne sommes pas. Le ballon de l'inflation du moi reflétée dans le signe précédent du Lion est percé. Une bonne image serait celle de la proverbiale spécification du sable sur la plage. Par conséquent, une vibration d'humilité personnelle émane souvent du corps émotionnel de ceux qui ont cette position natale de la Lune.

Il arrive souvent que les imperfections et les lacunes soient un point d'attention privilégié. Cette importante focalisation intérieure peut être projetée sur les autres et sur l'environnement extérieur en général. L'âme va porter son attention sur ce qui fait défaut et ce qui manque plutôt que sur ce qui marche ; de ce fait, ces âmes ont tendance à voir le verre à moitié vide plutôt qu'à moitié plein.

Dans une expression altérée, cela se manifeste par une critique perpétuelle et une attitude négative globale. Rien n'est jamais assez bien ou parfait. La psychologie de la victimisation se développe alors. Par ailleurs, l'âme peut aussi devenir perfectionniste intérieurement, voyant toujours la faille peu importe la qualité de son travail. Ainsi un espace intérieur de vide et de manque est créé et il en résulte une crise exagérée.

Ces individus peuvent créer des conditions dans leur petite enfance où un des parents ou les deux sont hypercritiques. L'âme se sent alors rejetée, renforçant l'attention intérieure et le regard personnel sur le manque, la faille, et l'insuffisance. Cette expérience est censée induire des leçons qui visent à créer un espace émotionnel d'amélioration et de correction de soi, et de guérison remplaçant donc le schéma émotionnel d'humiliation, de rejet et d'auto-sabotage. L'âme a le potentiel de se rendre compte que cette focalisation intérieure sur le négatif est la cause de ces conditions. Dans une expression naturelle, elle va choisir un milieu familial où les parents favorisent une focalisation sur l'amélioration de soi et le désir d'être au service d'une certaine façon. Au lieu de se concentrer sur ce qui manque, il est nécessaire de faire passer l'attention sur l'amélioration de soi.

La Vierge est un archétype de transition entre le développement subjectif et la conscience objective. Les signes qui vont du Bélier au Lion symbolisent le développement et la focalisation subjective. Ceux qui vont de la Balance aux Poissons représentent le développement et la focalisation objective. Toute dynamique en lien avec l'orientation de vie Bélier/Lion va avoir l'impression de ne pas être « bien » ou d'être incorrecte. Ainsi, beaucoup de ces âmes sont se sentir en résonance naturelle avec le service et les pratiques orientées vers le soin parce que cela reflète le passage émotionnel décrit plus haut.

Trop souvent, un sentiment de vide intérieur émane du corps émotionnel des âmes avec la Lune en Vierge, ce qui crée des activités orientées vers l'évitement ou le déni. Le syndrome de « l'abeille occupée » par exemple, se manifeste généralement. L'individu est excessivement absorbé par diverses activités extérieures et n'a jamais le temps de s'occuper de ses véritables et légitimes besoins émotionnels. Le déni de cette attitude aboutit à la création de rationalisations qui visent à la défendre.

Dans toute situation donnée, l'âme a tendance à n'identifier que l'apparente réalité au lieu de la réalité des faits. Par exemple, l'apparente réalité c'est de n'avoir jamais assez de temps pour faire ce que l'âme sait qu'elle doit faire, ce qui aboutit à des crises constantes. La réalité des faits est le besoin de nier et d'éviter un vide et un néant intérieur. L'intention d'évolution est de remplir ce vide en fusionnant avec une énergie éternelle et en s'alignant avec son juste travail.

Le signe de la Vierge correspond potentiellement à la psychologie de sadomasochisme et à des schémas émotionnels qui prennent racine dans le mythe du Jardin d'Eden. Dans ce mythe les femmes sont présentées comme responsables de la chute spirituelle de l'homme. Il en découle une culpabilité en lien avec l'infériorité qui crée la psychologie du masochisme et une culpabilité en lien avec la supériorité qui crée la psychologie du sadisme. En règle générale, les femmes manifestent le masochisme et les hommes le sadisme bien que l'inverse puisse être vrai ; les deux aspects peuvent aussi se manifester simultanément chez un même individu.

Ainsi les personnes avec le Lune en Vierge ressentiront le besoin de rectifier ces dynamiques au sein de leur corps émotionnel. Comme dit plus haut, dans une expression positive, l'amélioration de soi corrigeant cet aspect et le service envers les personnes défavorisées sont une dynamique fondamentale qui va permettre de purifier les émotions et d'aller vers l'humilité. Ceci traduit la transition du passé vers le futur évolutif.

Pour que l'évolution ait lieu, l'individu doit embrasser le signe opposé, les Poissons. Le signe des Poissons symbolise le besoin de fusionner avec une Énergie éternelle, de s'aligner avec les lois universelles et intemporelles, de cultiver une relation avec la Source et de définir de l'intérieur un sens ultime grâce à une spiritualisation globale de la vie.

Il correspond à la dynamique d'achèvement et signifie qu'un cycle complet d'évolution arrive à son terme. Ainsi le sentiment de vide intérieur et de solitude peut être guéri en fusionnant intérieurement avec Énergie éternelle, le seul endroit où un véritable amour inconditionnel peut être accessible et trouvé. Les schémas de victimisation doivent aussi être éliminés. La compassion envers soi-même et le pardon remplacera l'image de soi négative et critique du passé. Yogananda dit : « Essaie d'être un peu mieux chaque jour, et si tu n'y arrives pas, résiste et essaie à nouveau. »

Le stade du consensus : Au stade du consensus, la Lune en Vierge va se manifester comme une vision de soi et une structure émotionnelle basées sur le besoin de servir le Tout, de s'améliorer et de faire preuve d'humilité au sein de la société traditionnelle. Dans une expression naturelle, ces âmes ont la faculté innée d'améliorer tout environnement de travail et de promouvoir une attitude visant à faire évoluer les choses quand c'est possible au lieu de se concentrer sur le manque, les failles et les lacunes en général. Elles vont désirer avancer dans le système et les différentes couches sociales, et pour ce faire, le service aux autres au sein du courant dominant peut être un moyen. Par exemple, elles peuvent aider les personnes défavorisées à améliorer leurs conditions de vie. Ainsi, elles intègrent progressivement en elles une sécurité émotionnelle à mesure que leur besoin de se corriger et de s'améliorer est satisfait de l'intérieur au lieu d'être projeté à l'extérieur. La transition du passé vers le futur s'en suivra alors.

En revanche, l'individu peut saboter cette intention en se concentrant sur lui-même et sur les autres d'une manière critique, maintenant l'état émotionnel de manque et de vide intérieur qui en découle. Cela peut se traduire par exemple en insistant sur les aspects négatifs de l'environnement si bien qu'un espace intérieur et une vibration de victimisation est entretenue, ceci pour garantir sa sécurité émotionnelle.

Le stade d'individuation : Au stade d'individuation, la Lune en Vierge va se manifester par une image de soi et une structure émotionnelle basées sur le besoin de servir le Tout et de s'améliorer dans un domaine alternatif. A ce stade d'évolution, l'âme va désirer se perfectionner en se libérant des formes de service conventionnelles et en actualisant une forme de travail qui reflète son individualité unique.

Cependant l'âme peut saboter ou nier le besoin de s'individualiser. Le plus souvent cette dynamique est due à des expériences antérieures où elle a été rejetée par des personnes appartenant au courant dominant. Des crises se produiront donc pour qu'elle puisse se corriger en se libérant des schémas émotionnels de sacrifice de soi et d'auto-sabotage.

Dans la meilleure expression, l'âme voudra naturellement servir ceux qui ont été persécutés de façon similaire, les défavorisés et les laissés pour contre. Servir ceux qui ont été marginalisés par des personnes appartenant à la société traditionnelle peut devenir un moyen de s'individualiser, de s'améliorer émotionnellement et de se corriger en actualisant une forme de travail qui reflète sa contribution unique. Ce faisant, le besoin émotionnel de purification est assimilé et le passage à la sécurité cultivée en soi se fait. La transition du passé d'évolution vers le futur a alors lieu.

Le stade spirituel : Au stade spirituel la Lune en Vierge va se manifester par une image de soi et une structure émotionnelle basées sur le besoin de servir le Tout, de s'améliorer et de faire preuve d'humilité grâce à la fusion avec la Source. L'espace émotionnel est enraciné dans le besoin d'être au service du Tout selon les souhaits du Créateur ; en substance, aider toute personne qui en a un besoin véritable et légitime dans le contexte de son « juste travail ».

A ce stade évolutif, l'âme va souhaiter servir les autres comme une réflexion de son service à la Source. Ce service devient un moyen de s'améliorer émotionnellement, de se corriger et de combler le vide intérieur et le néant de la solitude. Le plus souvent, l'âme va inventer des excuses pour justifier les raisons pour lesquelles elle n'est pas prête à accomplir les tâches inspirées par un appel supérieur. Elle s'accroche aux imperfections, aux manques et aux doutes d'une façon telle qu'elle sabote l'actualisation du travail juste tel que dirigé par le Divin, et renforce ainsi le sentiment intérieur de manque, de faille et d'imperfection. Il est important de souligner qu'une humilité naturelle est une indication d'une véritable évolution. Les maîtres illuminés de notre temps ne se sont jamais sentis à la hauteur de la tâche. Ceci est indiqué par les paroles de Jésus : « Père éloigne de moi cette coupe. »

Le service gravitera autour de l'amélioration de soi et de l'aide à ceux qui sont alignés sur leur travail juste en se fondant dans l'appel supérieur. Ainsi les blessures émotionnelles du passé qui se rattachent au rejet, à l'infériorité et au déni de soi seront guéries et ainsi l'âme réalisera que la perfection s'atteint petit à petit. Les centres de soin et l'utilisation de certaines techniques spécifiques de méditation sont des exemples d'aide via le développement spirituel. L'alignement avec son travail juste tel qu'inspiré par la Source reflète le passage de la sécurité extérieure à la sécurité intérieure à mesure que les schémas émotionnels de manque, doutes et rejet sont libérés. La transition du passé vers le futur prend alors place.

Célébrités avec la Lune en Vierge :

Jodie Foster
Robert Redford
John Travolta
Eddie Vedder
Amy Adams

La Lune en Balance : La Lune en Balance correspond à une vision et une image de soi fondées sur le besoin d'équilibre émotionnel, d'égalité, d'interchangeabilité des rôles et de loyauté. Le corps émotionnel est ancré dans le besoin de donner, de partager et d'inclure, et de « faire aux autres ce que vous auriez fait à vous-même ».

Ces âmes sont des donneurs nés et sont très sensibles aux besoins émotionnels d'autrui. L'accent est mis sur la dynamique de l'écoute. L'intention est d'écouter l'autre à partir de la réalité qui lui est propre afin de savoir ce qu'il faut donner et ce qu'il ne faut pas donner. L'image d'un diapason illustre le besoin d'égalité et d'équilibre reflété par cette Lune natale. Ces personnes cherchent à harmoniser tous les aspects discordants en elles-mêmes, ce qu'illustrent fort bien les paroles du Mahatma Gandhi : « Le bonheur, c'est quand vos pensées, vos paroles et vos actes sont en harmonie. »

Le signe de la Balance symbolise le fait qu'une situation extrême a été atteinte et qu'il est nécessaire de revenir à un meilleur équilibre émotionnel. La dynamique de la justice et du fair-play est représentée ici. La Balance correspond à l'initiation des relations avec les autres. C'est par la comparaison et le contraste que nous apprenons à connaître notre propre identité, ce que nous sommes et ce que nous ne sommes pas. Le signe représente aussi les attentes et les besoins projetés dans les relations. C'est en nouant des relations que nous prenons conscience de la diversité des besoins, croyances et valeurs etc. propres à chacun.

Il s'agit d'apprendre à savoir quand donner et quand ne pas donner, à qui donner et à qui ne pas donner, et quoi donner quand on donne. S'abstenir de donner dans certaines circonstances peut être une forme suprême de don qui aide l'autre à s'aider lui-même. Cette approche est conseillée lorsque le même problème continue à se présenter dans les relations et que l'âme permet une dépendance en raison de son besoin perpétuel de donner aux autres. Cette leçon, une fois apprise, permet d'atteindre un équilibre entre donner et recevoir.

Le plus souvent, cette Lune natale indique que la personne trouve sa sécurité émotionnelle en répondant aux attentes et aux besoins émotionnels des autres, à l'exclusion des siens propres. La dynamique au cœur de cette situation extrême est le besoin d'être nécessaire. En général, les âmes qui ont la Lune en Balance fonctionnent à travers de tels extrêmes émotionnels. Trop souvent, un déséquilibre se produit lorsque l'individu, en répondant aux besoins émotionnels des autres, perd le contact avec les siens et sa propre identité. Le retrait social aide l'âme à se stabiliser émotionnellement et à renouer avec ses propres besoins. Encore une fois, il est essentiel de trouver un équilibre entre le besoin de donner et celui de prendre soin de soi ; en accordant une attention équilibrée et égale à la relation et à soi-même.

En ce qui concerne le besoin d'être nécessaire, ces âmes attirent généralement des partenaires qui attendent d'elles qu'elles s'adaptent à leur réalité comme elles le souhaitent. En donnant de cette manière, la personne avec la Lune en Balance sent qu'on a besoin d'elle et se sent valorisée ; elle a ainsi l'impression que ses propres besoins sont également satisfaits. Bien sûr, cette personne peut manifester l'extrême opposé, et/ou les rôles peuvent s'inter-changer au sein d'une même relation. Cela peut se traduire par une relation de type conseiller/client, élève/professeur, dominant/soumis.

Ces âmes peuvent créer pour leur petite enfance un environnement qui reflète ces dynamiques fondamentales. Par exemple, l'un des parents ou les deux peuvent avoir renforcé leurs propres besoins et attentes quant à ce que l'individu devrait être. C'est ce qu'indique le carré du Capricorne à la Balance. Cette situation déclenche la leçon qui consiste à apprendre à se débrouiller seul en dehors de toute relation et à favoriser le développement d'une voix indépendante symbolisé par le Bélier, signe de polarité. Dans une expression positive, l'âme avec la Lune en Balance aura un parent qui est aussi un donneur né et favorise des relations basées sur l'égalité et l'harmonie et où donner et recevoir sont en équilibre.

Si l'âme donne de manière excessive et sans discernement, il est nécessaire, à un certain moment de contrecarrer ce déséquilibre. L'âme peut ressentir une accumulation progressive de colère parce que ses propres besoins ne sont pas satisfaits, ce qui va à l'encontre du besoin d'égalité, d'interchangeabilité des rôles et d'équilibre. Il est alors essentiel que l'individu exprime ses propres besoins et sa réalité à son partenaire et aux autres en général.

Ces âmes ne devraient entretenir des relations qu'avec des personnes qui sont capables d'écouter la réalité telle qu'elle existe pour elles et de donner en fonction de celle-ci, tout en favorisant l'indépendance mutuelle au sein des relations. Le plus souvent, le partenaire se sentira menacé ou sur la défensive lorsque l'âme affirmera ses besoins au sein de la relation et cherchera à établir une réalité d'égalité. Cela s'explique par le fait que l'âme a été investie dans l'autre en mettant tout de côté pour lui. Cependant, lorsque ce changement est effectué, elle ne court plus le risque de se perdre dans les besoins des autres, et peut maintenir un état d'équilibre émotionnel et de centrage intérieur quel que soit l'environnement. La sécurité émotionnelle est progressivement intériorisée au fur et à mesure que l'âme apprend à équilibrer ses besoins de relations et ses propres besoins au lieu d'être dans les situations extrêmes déjà décrites. La transition du passé vers l'avenir suivra.

L'évolution se produit pour les personnes avec la Lune en Balance à travers le signe opposé du Bélier. Le Bélier symbolise le besoin de liberté et d'indépendance pour pouvoir se découvrir soi-même. **L'intention de l'âme est de prendre les rênes de sa propre vie.** Afin d'honorer leur propre rythme, ces âmes doivent apprendre à écouter d'abord leurs propres instincts au lieu de toujours écouter les voix des autres. Elles développent ainsi leur capacité à poser leurs propres questions et à y répondre. Cela comprend le respect de son instinct qui dit quand être seul et quand être avec les autres. Ce faisant, un véritable équilibre émotionnel peut être atteint. Un nouveau cycle d'évolution dans des relations fondées sur l'égalité et l'indépendance mutuelle sera alors mis en œuvre.

Le stade du consensus : Au stade du consensus, cela se manifeste par un regard personnel et une image de soi basés sur l'initiation de relations au sein de la société dominante, et sur la conformité aux attentes du statu quo de ladite société. L'âme désirera progresser dans le système et pour ce faire, pourrait initier des relations dans le but de connaître comment la société fonctionne et comment elle est structurée. La sécurité émotionnelle est alors liée à ces relations.

La nécessité de collaborer avec les autres est mise en exergue ici. Nous devons tous apprendre à travailler en équipe pour que la société puisse progresser. Dans son expression naturelle, l'individu jouera un rôle de mentor et défendra la justice, le fair-play et l'égalité au sein de la société dominante. C'est ainsi qu'il prendra soin de lui-même. Les âmes avec la Lune en Balance seront en général exposées à une diversité d'environnements sociaux dans lesquels elles apprendront à connaître les différentes attentes et les besoins de ces environnements. Par exemple, au sein de la société, il existe différents lieux de travail, différents services sociaux, etc. qui ont leur propre ensemble d'attentes, de normes et de besoins. Il en va de même pour les relations personnelles. L'âme développe une conscience de cette dynamique par la comparaison et le contraste au sein de ces différents milieux et de ces relations. La sécurité émotionnelle est progressivement intériorisée au fur et à mesure qu'elle apprend, par le biais de ces comparaisons et de ces contrastes, quelles relations et quels milieux sociaux reflètent ses propres besoins et son identité et quels sont ceux qui ne les reflètent pas (signe de polarité du Bélier). La transition du passé vers l'avenir suivra.

Le stade d'individuation : Au stade d'individuation, cela se manifestera par une vision et une image de soi basées sur l'initiation de relations avec des personnes partageant les mêmes idées dans des secteurs alternatifs de la société, et d'une libération à l'égard des attentes du courant dominant. Des codépendances et des déséquilibres relationnels ont souvent été créés et sont devenus une source de sécurité émotionnelle externe.

A ce stade d'évolution, l'âme souhaitera s'individualiser en nouant des relations qui sortent de la société traditionnelle, comme des relations non conventionnelles dans lesquelles les rôles sont interchangeables et ne dépendent pas des attributions de genre prescrites par la société. Le plus souvent, l'âme a un désir émotionnel de partager le besoin de s'individualiser avec le partenaire, d'établir une égalité mutuelle et un équilibre entre le donner et le recevoir. Ces âmes prendront conscience de la diversité des besoins, des valeurs et des croyances des autres en général. En fait, elles apprennent à « entendre » les besoins individuels des autres. Elles détermineront ensuite quelles réalités reflètent leurs propres besoins et lesquelles ne les reflètent pas. La clé ici consiste à agir de manière indépendante en fonction du besoin de libération plutôt que de le projeter sur les autres dans le cadre des relations, ou d'attendre que les autres agissent (signe de polarité du Bélier). De cette façon, l'âme développe un espace émotionnel d'équilibre et de centrage intérieur au sein de toute interaction sociale au lieu de tirer sa sécurité des codépendances et des schémas émotionnels extrêmes au sein des relations. Ce faisant, la transition du passé vers l'avenir s'opère.

Le stade spirituel : Au stade spirituel, cela se manifester par une vision et une image de soi qui sont basés sur l'initiation de relations avec des personnes qui cherchent également à se développer au niveau spirituel, et à s'aligner sur des principes naturels et intemporels. En général, ces relations sont déséquilibrées, mutuellement dépendantes et liées à une sécurité émotionnelle externe.

Exposée à une diversité de réalités spirituelles, de besoins, de valeurs, etc. l'âme va déterminer par comparaison et contraste quelles réalités reflètent les siennes et lesquelles ne les reflètent pas (signe de polarité du Bélier). L'alignement sur des principes intemporels et universels créera un équilibre émotionnel. L'image de soi est fondée sur la loi naturelle du don, du partage et de l'inclusion.

Dans une expression naturelle, ces individus encourageront les autres à initier des relations fondées sur un développement spirituel mutuel. Par essence, la sécurité émotionnelle est intériorisée au fur et à mesure que l'âme apprend à écouter sa voix intérieure et ses instincts en ce qui concerne le meilleur chemin spirituel à suivre au lieu de toujours écouter la voix des autres. Ce faisant, la transition du passé vers l'avenir s'opère.

**Célébrités avec
la Lune en Balance :**

Tori Amos

Claire Danes

Matthew Broderick

Loreena Mckennit

Julia Child

La Lune en Scorpion : La Lune en Scorpion reflète une image de soi basée sur le besoin de pénétrer au cœur de son monde émotionnel afin de pouvoir grandir en dépassant ses limitations actuelles. L'âme désirera pénétrer émotionnellement et comprendre les autres de la même manière. En substance, cela signifie qu'elle voudra savoir pourquoi elle est émotionnellement construite comme elle l'est, pourquoi les autres sont construits comme ils le sont, comprendre les causes profondes, ou le « pourquoi » de la vie en général. Ces âmes sont des psychologues nés.

En général, elles ressentent chaque émotion très intensément, et du plus profond d'elles-mêmes. Les paroles de l'auteur-compositeur-interprète Bjork, qui a cette signature lunaire, traduisent son expression émotionnelle : « Je pense que chaque année apporte des imprévus auxquels il faut faire face, qu'il faut gérer, affronter et embrasser. » L'image d'un plongeur en haute mer illustre cette Lune natale.

Inconsciemment, ces âmes peuvent projeter sur les autres leur besoin de pénétration émotionnelle, et inversement, les autres peuvent projeter ce même besoin sur la personne ayant la Lune en Scorpion.

Le plus souvent, ces personnes ont connu un degré intense d'abandon émotionnel, de trahison, de perte ou de violation de leur confiance. L'intention est d'apprendre à qui faire confiance et à qui ne pas faire confiance. La dynamique du pouvoir et de l'impuissance est également symbolisée par ce signe. Il en résulte une sensibilité accrue à cette blessure chez les autres. Ceci est lié à la loi naturelle du karma qui veut que nous récoltions ce que nous avons semé. Il est important de noter que le karma peut être 100 % positif ou 100 % négatif puisque le terme en lui-même signifie une action qui en entraîne une autre. Les âmes Lune en Scorpion apprennent la leçon de l'usage approprié ou non du pouvoir.

Le plus souvent, la tendance scorpionique essaye de dissimuler cette blessure aux autres et, par conséquent, de cacher son jeu. Cela peut se manifester en jouant un rôle plus ou moins psychologique dans les relations, l'âme tentant de guérir émotionnellement des personnes souffrant de la même blessure qu'elle. Cependant, ses véritables besoins ne sont pas satisfaits car elle doit elle aussi guérir de ses blessures au sein d'une relation intime dans laquelle la confiance totale est essentielle. Si le partenaire s'en va après que l'âme ait répondu à ses besoins, la blessure peut être récréée. La peur de l'engagement peut en résulter. Une leçon clé est de faire confiance au corps émotionnel pour savoir qui a les meilleures intentions à cœur et qui ne les a pas ; qui est digne de confiance et qui ne l'est pas.

Ces âmes peuvent choisir pour leur petite enfance des conditions dans lesquelles elles ont fait l'expérience de la perte, de la violation de la confiance, de l'abandon et/ou de la trahison. Par exemple, l'un des parents peut avoir quitté la maison, ce qui a eu pour effet de donner à l'individu un sentiment d'abandon. Dans le pire des cas, l'individu peut avoir été abusé émotionnellement ou physiquement d'une manière ou d'une autre. Dans cette situation, des formes manifestes ou cachées de manipulation sont utilisées par ceux en qui l'âme avait confiance. Cela déclenche l'intention d'apprendre à qui faire confiance et à qui ne pas faire confiance, et de purger les schémas de sécurité émotionnelle du passé qui entravent la poursuite de l'évolution. Dans une expression naturelle, les parents encouragent l'individu à prendre conscience de la nature de ses limites et de leurs raisons d'être. Cela favorise le développement émotionnel/psychologique et la croissance positive.

Le signe du Scorpion traduit le besoin de métamorphoser les limitations préexistantes afin de poursuivre la croissance et l'évolution. Le besoin devient alors de se concentrer intensément sur tous les schémas émotionnels actuels et de les analyser intérieurement afin de comprendre leur raison d'être.

Le point essentiel à retenir est que l'âme doit affronter et transmuter les schémas émotionnels habituels qui sont à l'origine de ses blocages et de la stagnation. Ceux-ci sont souvent liés à des sources de pouvoir extérieures auxquelles l'âme s'est identifiée à des fins de sécurité émotionnelle. La nécessité de se détacher émotionnellement de cette dynamique devient alors cruciale. Ce faisant, un espace émotionnel de sécurité intérieure est créé en entretenant son pouvoir intérieur au lieu de s'appuyer sur des sources de pouvoir extérieures.

On trouve ici la psychologie de la coopération et de la résistance. Bien sûr, nous pouvons choisir de coopérer ou de résister à la croissance et aux changements nécessaires. En d'autres termes, nous pouvons choisir de maintenir les schémas émotionnels négatifs du passé car ceux-ci apportent la sécurité émotionnelle. Dans sa meilleure expression, l'âme ayant la Lune en Scorpion aura la capacité de découvrir ses zones de résistance et ses limites les plus profondes et de les dépasser. Cela peut motiver les autres à faire de même. Dans le pire des cas, cela peut se manifester par des comportements compulsifs de manipulation ou des tentatives de limiter la croissance des autres dans l'environnement global. Par exemple, l'âme peut manipuler les autres en connaissant leur point émotionnel le plus faible.

Les schémas émotionnels tels que la jalousie, la possessivité et le scepticisme reflètent la peur de se voir retirer le tapis émotionnel sous les pieds mais créent des blocages évidents du point de vue de l'évolution. Cette dynamique émotionnelle/psychologique crée ensuite les confrontations qui sont nécessaires pour adopter l'évolution et aller potentiellement vers de plus hauts sommets.

Le signe du Scorpion symbolise le besoin de s'unir émotionnellement à une source de pouvoir supérieure. Cela peut se manifester par une attirance pour ce qui est considéré comme des domaines tabous, tels que l'occultisme, la divination et/ou des pratiques/rituels sexuels. Le besoin de s'unir à une source ou à un pouvoir supérieur traduit le besoin émotionnel de transformation et de régénération personnelle dépassant les points de stagnation actuels. Ces âmes peuvent ressentir une attirance naturelle pour ces domaines car ils représentent une source de renouvellement émotionnel et d'émancipation. Dans une expression naturelle, les rituels sexuels centrés sur l'expansion de la conscience et l'union avec le Divin sont utilisés pour stimuler l'évolution. Dans une expression déformée, on trouve une focalisation compulsive sur la sexualité à des fins profanes.

Pour que l'évolution se poursuive, la Lune en Scorpion doit embrasser le signe opposé du Taureau, qui correspond au besoin d'autonomie, d'autosuffisance et de simplification. Essentiellement, l'âme doit regarder en elle-même pour identifier les ressources intérieures qui peuvent être utilisées pour dynamiser un espace émotionnel d'autosuffisance et d'indépendance. Souvent, l'individu est renvoyé à ses propres ressources d'une manière ou d'une autre pour induire les changements nécessaires. A mesure que l'âme se dégage des sources extérieures de pouvoir et de sécurité émotionnelle, les vieux schémas émotionnels qui bloquent l'évolution sont éliminés. Lorsque l'âme affronte et élimine ces schémas, elle ressent une renaissance émotionnelle/psychologique.

Le stade du consensus : Au stade du consensus, cela va se manifester par une image de soi et une structure émotionnelle basées sur le besoin de transmutation, de libération des limitations existantes et de fusion avec les sources de pouvoir social au sein du courant dominant.

Dans cet état évolutif, l'âme désirera progresser dans le système en s'alignant sur les sources de pouvoir social ; par exemple, les entreprises, les institutions et les organisations sont toutes des sources de pouvoir social qui peuvent être utilisées pour acquérir des connaissances psychologiques sur le fonctionnement de la société. Ce savoir peut ensuite être utilisé pour progresser dans la société et permettre à l'âme de surmonter ses vieux blocages émotionnels.

Dans une expression naturelle, l'âme utilisera le pouvoir social de manière non manipulatrice, et s'opposera à ceux qui en font un mauvais usage. Cela reflète l'intériorisation de la sécurité émotionnelle, car l'individu recherche le pouvoir à l'intérieur de lui-même plutôt que dans des sources extérieures (signe de polarité du Taureau). La transition du passé vers l'avenir s'ensuit. Inversement, certains individus utiliseront le pouvoir social de manière manipulatrice à des fins égocentriques en raison de la sécurité émotionnelle qu'il procure.

Le stade d'individuation : Au stade d'individuation, la Lune en Scorpion se manifeste par une image de soi et une structure émotionnelle basées sur le besoin émotionnel de transmutation, d'élimination des vieux schémas et de fusion avec les sources de pouvoir qui symbolisent son individualité unique. A ce stade d'évolution, l'âme désirera cultiver un espace intérieur de sécurité en rapport avec le besoin de se libérer de la psychologie du courant dominant. Par exemple, l'astrologie, la régression dans les vies antérieures et la psychologie jungienne sont des domaines alternatifs vers lesquels la

Lune en Scorpion pourrait se sentir attirée pour dynamiser ce changement émotionnel et cette croissance. L'attirance pour ce qui est tabou est un autre domaine qui peut offrir une telle transmutation car il reflète l'inconnu et une source supérieure de pouvoir.

Ces âmes s'individualiseront en se connectant émotionnellement à des connaissances psychologiques alternatives, et favoriseront leur émancipation en se dégageant de la psychologie dominante. Dans sa meilleure expression, l'âme absorbe cette connaissance dans son corps émotionnel de telle sorte qu'elle peut transmuter les schémas émotionnels du passé. Cela peut ensuite motiver les autres à faire de même. La sécurité émotionnelle passe progressivement de l'extérieur à l'intérieur à mesure que l'individu se libère des sources extérieures de pouvoir et applique les connaissances acquises à sa manière (signe de polarité du Taureau). La transition du passé vers un avenir évolutif s'installe alors.

Le stade spirituel : Au stade spirituel, la Lune en Scorpion se manifestera sous la forme d'une vision et d'une image de soi fondées sur le besoin de croissance et de métamorphose émotionnelle via l'élimination des domaines de stagnation grâce à l'union avec le Créateur. A ce stade d'évolution, l'âme désirera retrouver du pouvoir psychologiquement et se renouveler en fusionnant avec le Divin.

La connaissance psychologique des lois naturelles et intemporelles, telles qu'elles se manifestent dans la création, peut être utilisée pour effectuer une métamorphose et se développer spirituellement. Elle peut aussi servir aux autres pour dépasser leurs blocages émotionnels et approfondir leur relation avec le Créateur. L'âme s'unira à des personnes qui désirent également se développer, de telle sorte que les deux individus se débarrassent des schémas du passé qui inhibent leur croissance et s'engagent émotionnellement l'un envers l'autre dans le contexte d'une spiritualisation mutuelle. La sécurité émotionnelle est progressivement intériorisée au fur et à mesure que l'âme se libère des sources externes de pouvoir liées aux enseignants spirituels, aux communautés, etc., et applique sa propre connaissance des lois naturelles intemporelles de manière à sortir des limitations du passé et à dynamiser un espace intérieur d'indépendance (signe de polarité du Taureau). Les rituels qui mettent l'accent sur la perception directe et la fusion émotionnelle avec la source universelle sont essentiels. La transition du passé vers le futur s'en suivra.

> **Célébrités avec la Lune en Scorpion :**
>
> Lady Gaga
>
> Jennifer Lopez
>
> Bjork
>
> Ben Affleck

La Lune en Sagittaire : La Lune en Sagittaire correspond à une perception et une image de soi ancrées dans le besoin de se libérer des croyances illusoires, de devenir plus honnête et de se relier émotionnellement à sa propre vérité pour développer son intuition. Elle symbolise l'expansion en embrassant une partie de plus en plus grande de la vérité absolue qui réside dans le signe des Poissons. Ces âmes incarnent le gitan ou le nomade toujours prêt à découvrir de nouveaux horizons. Dans les meilleures expressions ce sont des enseignants nés.

De ce fait, comme pour tous les signes de feu, ces personnes auront besoin de liberté et d'indépendance pour découvrir leur vérité personnelle. Ceci est reflété par le trigone naturel entre le Bélier, autre signe de feu, et le Sagittaire. En général, ces personnes ont un espace intérieur empreint de légèreté émotionnelle. Elles sont naturellement optimistes, ce qui prête à un plus grand magnétisme et ont la capacité à voir la lumière au bout du tunnel. L'humour est souvent utilisé comme moyen de guérison tant pour eux-mêmes que pour les autres.

Le signe du Sagittaire correspond au besoin de comprendre la vie sur un plan métaphysique, cosmologique ou philosophique et de stimuler le développement de l'intuition. En général, les personnes nées sous cette influence lunaire ont une compréhension innée de leur connexion à quelque chose de beaucoup plus vaste qu'eux-mêmes. Leur âme semble intuitivement percevoir l'existence d'une création manifestée et de lois naturelles et universelles régissant son fonctionnement. Il est primordial de souligner que ce sont nos croyances qui déterminent la façon dont nous interprétons la vie elle-même. Il y a une énorme différence entre la « croyance » et la connaissance réelle qui reflète les lois naturelles. Par conséquent, la nature des croyances de l'âme deviendra le fondement du corps émotionnel et sera reliée à la sécurité émotionnelle.

Certaines de ces personnes ont une sensibilité émotionnelle accrue à l'égard de l'univers naturel. Dans ces cas, la Nature devient un maître principal et le moyen de renforcer leur sécurité émotionnelle en lien avec leur propre vérité intérieure. Dans sa meilleure expression, cet archétype se manifestera sous la forme d'une âme démon. L'âme démon est très proche du monde des plantes et des animaux et se sentira plus à l'aise dans cet environnement qu'en tout autre lieu.

L'âme démon a la capacité de fusionner sa conscience avec la nature, devenant ainsi un messager du Créateur. Cette qualité est exprimée par les paroles de la célèbre naturaliste Jane Goodall, qui a dit : « Les chimpanzés, les gorilles et les orangs outans vivent depuis des centaines de milliers d'années dans la forêt, menant une vie fantastique, sans jamais la sur-peupler ni la détruire. Je dirais qu'ils ont, d'une certaine manière, mieux réussi que nous en matière d'harmonie avec l'environnement. » Son étude des chimpanzés sauvages en Afrique a révolutionné le domaine de la primatologie.

Le signe du Sagittaire correspond à la dimension intuitive de la conscience. L'intuition sait simplement ce qu'elle sait sans savoir comment elle le sait. L'une des principales leçons à en tirer est d'apprendre à devenir son propre maître intérieur. En général, les âmes dont la Lune est en

Sagittaire manifestent une sagesse émotionnelle très profonde qui sert à déclencher le développement intuitif chez les autres. Elles ont une capacité innée à ressentir la vérité sous-jacente dans chaque situation.

Les âmes ayant la Lune en Sagittaire peuvent avoir choisi des environnements d'enfance dans lesquels l'un des parents ou les deux souhaitaient qu'elles se conforment aux croyances familiales. Cela peut avoir restreint leur besoin de découvrir leur propre vérité indépendamment de l'environnement familial, ce qui a déclenché leur intention d'évolution consistant à définir la vérité à partir de leur propre être et de fusionner avec les lois naturelles. Dans une expression positive, les parents encourageront l'individu à exprimer et à développer sa vérité personnelle même si elle diffère de la leur. En somme, la devise de l'âme devient « notre plus grand maître est notre cœur ».

Un problème inhérent à cet archétype est la tendance à généraliser la vérité. Cela se produit quand l'âme estime que sa vérité personnelle, quelle qu'elle soit, devrait être la vérité pour tous. Par conséquent, cela peut conduire à une dynamique dans laquelle l'individu tente de convaincre et de convertir les autres à sa propre vérité, ou à la vérité telle qu'elle est reflétée par son système de croyance philosophique ou religieuse.

En général, l'âme interprétera les autres à travers le filtre de ses propres émotions. Trop souvent, elle tentera de persuader les autres en raison d'une insécurité profonde. Sa sécurité émotionnelle est liée à son système de croyance spécifique. Si quelqu'un remet en question ces opinions ou ces croyances ou s'il n'est pas d'accord avec elles, c'est tout son sentiment de sécurité et sa stabilité émotionnelle qui sont remis en question. C'est pourquoi elle ressent la nécessité de défendre ces croyances devant des autres.

On trouve ici la dynamique de l'honnêteté. Le signe du Sagittaire correspond aux embellissements, aux exagérations et, dans le pire des cas, aux mensonges purs et simples. Cela est dû à un sentiment émotionnel d'inadéquation et de manque illustré par le carré entre le Sagittaire et la Vierge. Avec la Lune en Sagittaire, cela peut se traduire par des réactions émotionnelles exagérées. L'individu réagira de manière excessive à l'environnement d'une manière ou d'une autre et amplifiera son état émotionnel aux yeux des autres.

Ce signe se caractérise également par le principe de croissance et d'expansion perpétuelles. Cette Lune natale symbolise une expansion continue de la conscience de l'âme et du corps émotionnel à mesure que l'individu découvre en lui-même une plus grande partie des lois naturelles et de la vérité absolue et qu'il s'y aligne. La distinction entre les croyances illusoires et la vérité ou les lois naturelles devient alors évidente, et l'insécurité liée au besoin de défendre sa propre vérité pour se sécuriser sera surmontée, ce qui est illustré par le carré entre les Poissons et le Sagittaire.

Le besoin de découvrir ou de s'aligner sur sa propre connaissance de quelque chose doit être satisfait en se basant sur soi-même plutôt que sur des sources extérieures comme un enseignant, une organisation religieuse ou un système philosophique. En d'autres termes, la personne dont la Lune est en Sagittaire doit se connecter émotionnellement à sa propre vérité à partir de son être profond plutôt que de la chercher à l'extérieur comme décrit précédemment.

La transition du passé vers l'avenir se fera en nourrissant un espace intérieur de sécurité avec la vérité émotionnelle de l'âme et sa vision personnelle de la vie, ceci reflétant que la source de sécurité émotionnelle passe progressivement de l'extérieur à l'intérieur. Ces âmes peuvent devenir des enseignants naturels pour les autres, les encourageant à développer leur intuition. De plus, une vibration émotionnelle de sincérité et d'honnêteté devient l'assise du corps émotionnel.

Pour que l'évolution se poursuive, ces âmes doivent embrasser le signe opposé des Gémeaux. Ceci symbolise l'intention évolutive d'apprendre que le point de vue particulier, la croyance ou la vérité, n'est que relatif et n'est pas la vérité unique et absolue. En somme, il s'agit d'apprendre que la « vérité » elle-même est relative. La loi naturelle de l'unité dans la diversité est traduite par le signe de polarité des Gémeaux. Il existe de nombreux chemins qui mènent à la vérité.

Une fois cette leçon intégrée, le besoin de convertir ou de convaincre disparaît et la personne est également ouverte à recevoir des enseignements de la part des autres. Ceci montre que l'âme a acquis une sécurité intérieure par rapport à sa propre vérité. Cette évolution se produit en général en rassemblant diverses informations, idées et données provenant de l'environnement extérieur. Communiquer avec des personnes dont les croyances et les points de vue sont aussi forts que ceux de l'âme peut induire cette leçon essentielle.

Le stade du consensus : Au stade du consensus cela se traduira par une perception et une image de soi fondées sur les croyances dominantes de sa société ou de sa culture d'origine. La vérité propre à l'âme et l'espace personnel qui en résulte traduiront les croyances dominantes de la société d'origine. Cette façon de voir devient le filtre par lequel l'âme interprète les autres et la vie en général et elle est habituellement un reflet de l'environnement familial. En d'autres termes, l'environnement
familial précoce et son empreinte ont le plus souvent servi à façonner les croyances et la vérité personnelle de l'individu en relation avec la « vérité » enseignée dans la société dominante où il est né.

Ces âmes ne se sentiront émotionnellement en sécurité qu'avec ceux qui ont des croyances et des points de vue socialement acceptés. A ce stade d'évolution, elles aspireront à progresser au sein du système social. L'enseignement supérieur peut être un moyen d'atteindre cet objectif. La clé réside dans le fait que la sécurité émotionnelle passe de l'extérieur à l'intérieur à mesure que l'âme s'aligne sur sa propre vérité au sein de l'environnement conventionnel.

Par exemple, l'âme peut choisir une organisation religieuse particulière plutôt qu'une autre pour refléter sa vérité intérieure. L'enseignement supérieur dans ce domaine spécifique devient un moyen de progresser dans les couches sociales. La transition du passé vers l'avenir suivra alors et l'âme deviendra suffisamment sûre d'elle-même intérieurement pour exprimer sa vérité personnelle sans avoir besoin de défendre ses points de vue et ses croyances auprès des autres.

Le stade d'individuation : Au stade d'individuation, cela se manifestera par une perception et une structure émotionnelle qui reposent sur le besoin émotionnel de se déconditionner de la vérité telle qu'elle est définie par les croyances de la société dominante. En tant que telles, ces âmes auront besoin de beaucoup de liberté et d'indépendance pour découvrir cette vérité à l'intérieur d'elles-mêmes sans restriction.

L'intention est de créer un espace émotionnel façonné par le système métaphysique ou philosophique qui résonne le plus intuitivement avec l'âme. Ce système symbolise l'individualité de l'âme et reflète sa vérité personnelle unique et intérieure. L'âme doit découvrir à un niveau émotionnel ce qu'est la « vérité ». Elle rejettera les croyances religieuses dominantes et revendiquera le droit d'explorer elle-même la vérité. Dans la meilleure expression, cela peut motiver d'autres personnes à faire de même.

Le plus souvent, elle se sent fortement marginalisée dans son pays ou sa société d'origine. L'âme peut rechercher des groupes qui partagent son sentiment d'aliénation et son besoin de découvrir sa vérité personnelle. Cependant, la sécurité émotionnelle ne peut pas être recherchée uniquement auprès de personnes ou de groupes partageant les mêmes idées.

La clé est de se développer émotionnellement en se libérant des croyances dominantes. Cela crée un espace émotionnel de sécurité personnelle qui permet de définir la vérité en fonction de soi-même. Cela donne lieu à la capacité de communiquer la vérité naturelle qui exprime qu'il n'y a pas une seule voie « juste » pour tous et permet d'encourager les autres à se libérer également de la vérité et des croyances dominantes. La transition du passé vers l'avenir aura alors lieu.

Le stade spirituel : Au stade spirituel, cela se manifestera par une perception et une structure émotionnelle ancrées dans les lois naturelles universelles. L'image de soi est enracinée dans ces principes. Le plus souvent, ces âmes se sentent plus à l'aise dans la nature et/ou dans des environnements ruraux.

L'intention est d'acquérir une sécurité émotionnelle basée sur une connaissance réelle des principes naturels et intemporels au lieu de s'appuyer sur des enseignants ou des communautés spirituelles extérieures. Beaucoup de ces âmes sont des enseignants nés grâce à cette connaissance et elles encourageront les autres à devenir leur propre maître intérieur en s'alignant sur les lois naturelles et universelles. En somme, l'âme apprend qu'une

La Lune natale

véritable sagesse ne vient pas de la croyance mais de la véritable connaissance de ces principes. La devise qui la guide devient avant tout : « Notre cœur est notre plus grand maître », ce qui devient le fondement de la sécurité émotionnelle. Ce faisant, la transition du passé évolutif vers l'avenir se met en place.

> **Célébrités avec la Lune en Sagittaire :**
>
> Mozart
> Albert Einstein
> Adele
> John Mayer
> Jane Goodall

La Lune en Capricorne : La Lune en Capricorne correspond à une perception et une image de soi enracinées dans le besoin de s'établir dans la société avec maturité et authenticité en tant qu'autorité personnelle et responsable. Sur le plan émotionnel, ces personnes ressentiront intensément le poids de la responsabilité et auront un besoin émotionnel de paraître autoritaire, ce qu'elles manifesteront le plus souvent au moyen d'un rôle social ou d'une profession. Ces âmes sont des instructeurs nés.

En général, ces personnes ont pu créer des expériences dans lesquelles de nombreuses responsabilités leur ont été données et elles ont été forcées de grandir vite. Dans certains cas, cela conduit *de facto* à une dynamique parentale dans laquelle elles deviennent le parent. Ainsi, ces âmes se sentent plus âgées qu'elles ne le sont en fait. L'image d'un adulte chez l'enfant illustre la perception qu'elles ont d'elles-mêmes. Positivement, les parents vont soutenir l'âme en stimulant l'exercice de son autorité et en l'aidant à devenir responsable et motivée.

Le signe du Capricorne symbolise le besoin d'apprendre comment la société est structurée afin de s'y intégrer. Toute culture a accepté des normes comportementales et escompte une conformité à ces normes, règles et lois. Le Capricorne représente le conformisme au sein de toute société. Ce signe correspond à la psychologie de la réflexion. Dans son expression optimale, ces âmes réfléchiront aux divers facteurs externes de l'environnement qui conditionnent ou influencent l'image qu'elles ont d'elles-mêmes et la structure émotionnelle qui en découle.

Par exemple. l'impact du milieu durant la petite enfance, la nature des normes, règles, coutumes et attentes sociales, et l'influence de ceux qui sont en position d'autorité tant au niveau personnel que social sont des facteurs externes qui façonnent la façon dont l'âme se perçoit elle-même. Le besoin de manifester sa propre autorité est souvent satisfait par l'exercice d'un rôle social extérieur ou d'une profession, ce qui a pour effet de développer sa maturation émotionnelle et la responsabilité personnelle. L'âme Lune en Capricorne associe sa sécurité émotionnelle et son identité à sa position sociale dans la société.

En règle générale, ces personnes sont issues d'un milieu familial dont elles ont absorbé toute la structure ; les choses à faire et à ne pas faire et les façons selon lesquelles on est censé se conduire. Le critère de bonne conduite est le plus souvent relié au conformisme ou au courant dominant de leur société d'origine. Cette dynamique vaut aussi pour l'attribution des genres en ce qui concerne les rôles masculin et féminin socialement acceptables. Le facteur fondamental à considérer ici est que l'âme s'est imprégnée émotionnellement de ces normes à travers la dynamique parentale.

Le Capricorne correspond aux problèmes de culpabilité et de jugement. Le jugement se forme en fonction de ce que nous estimons être vrai ou faux, acceptable, inacceptable etc. ... une estimation de ce type peut être basée ou bien sur les normes sociétales en vigueur créées par l'homme ou sur les lois naturelles qui reflètent ce qui est intrinsèquement vrai ou faux. Il y a deux sortes de culpabilité. La première est la culpabilité apprise qui est basée sur les normes, les morales et les éthiques créées par l'homme. Celle-ci doit être éliminée de l'âme car elle entrave toute croissance ultérieure. La seconde est la culpabilité naturelle basée sur notre propre comportement et nos actions lorsqu'elles ne sont pas alignées avec les lois naturelles.

Ces âmes doivent réfléchir à la culpabilité qu'elles ont intériorisée, qu'elle soit naturelle ou apprise. La culpabilité naturelle peut devenir un moyen d'apprendre des erreurs du passé et de se résoudre intérieurement à ne jamais les répéter. L'essentiel ici est que, le plus souvent, ces personnes ont intégré en elles des jugements négatifs et erronés provenant d'autrui lorsqu'elles ont exprimé leurs propres besoins émotionnels. L'expression de leur propre autorité peut avoir été opprimée ou bien jugée négativement par les autres. Ceci révèle une source de culpabilité apprise qui doit être éliminée de leur corps émotionnel afin de continuer à évoluer.

Le Capricorne se caractérise par une dynamique de contrôle. Ces âmes peuvent essayer de contrôler les autres ou l'environnement en général en raison de la sécurité émotionnelle que cela leur apporte. Ceci parce que le contrôle contrecarre ou compense les sentiments de vulnérabilité. Elles donnent l'apparence extérieure d'être stoïques ou de toujours contrôler leurs émotions. Pourtant, beaucoup de ces âmes ont un corps émotionnel tendre et sensible. Tout au fond d'elles-mêmes, se tapit un *besoin* émotionnel de perdre le contrôle. Ceci traduit le désir profond d'accéder à la vulnérabilité, reflétée par la polarité Cancer.

La leçon ici consiste à apprendre que la force ultime réside dans la vulnérabilité. Il est important de comprendre que la vulnérabilité n'est pas une faiblesse mais qu'au contraire, on peut lui attribuer la force émotionnelle de surmonter le jugement négatif des autres. Mais par-dessus tout, quand les barrières tombent, l'âme peut mieux accéder au pouvoir de sa propre tendresse, permettant à la Lune Capricorne de puiser dans l'élément eau éternel. C'est dans ces eaux qu'elle peut trouver l'amour inconditionnel de soi et des autres. Ceci symbolise que l'âme a trouvé sa sécurité en elle-même et que sa source de sécurité émotionnelle est passée de l'extérieur à l'intérieur.

En général, dans la petite enfance, un parent ou les deux ont déployé une attitude extrêmement autoritaire envers l'enfant et imposé des règles de conduite rigides. L'âme a alors intégré ce critère de conduite imposé comme étant la norme. S'écarter de ces règles rigides engendre un sentiment de culpabilité intérieure. Ainsi, l'âme a réprimé ses propres besoins émotionnels authentiques et légitimes afin de se conformer aux normes censées être respectées et imposées par les parents. Ces âmes ont en effet appris à réprimer leurs propres besoins émotionnels afin de répondre à leurs obligations, devoirs et responsabilités actuels. Il est important de souligner que tout ce qui est réprimé devient déformé.

En général, ce schéma se reproduit à l'âge adulte. Par conséquent, beaucoup de ces personnes éprouvent des émotions déplacées venant de leur enfance durant laquelle leurs besoins légitimes n'ont pas été satisfaits. L'intention devient alors de permettre à ces besoins refoulés de faire surface d'une façon telle que l'âme ne ressente ni culpabilité ni jugement négatif à leur égard.

Dans ce processus, accéder à la vulnérabilité d'une façon sûre et sécurisée est un facteur clé qui va permettre de stimuler un sentiment de sécurité intérieure et la capacité de se libérer des schémas émotionnels de répression/suppression qui entravent la croissance. La personne doit se pousser à réfléchir aux raisons de ce déplacement émotionnel et à assumer la responsabilité des conditions de sa vie en lien avec ce déplacement. Une maturation naturelle s'en suit alors. Un « enfant intérieur adulte » sain est alors accessible intérieurement à mesure que l'âme apprend à s'occuper d'elle-même de ces façons.

En bref, l'âme est devenue dépendante de diverses sources externes mentionnées précédemment pour satisfaire son besoin d'autorité personnelle et pour juger si un comportement ou une conduite est approprié (e) ou non. L'intention est de se sentir en sécurité avec son jugement intérieur en regard de ce qui est vrai ou faux, acceptable ou inacceptable etc. Encore une fois, ceci et basé sur ce qui est intrinsèquement vrai ou faux tel que reflété dans les lois naturelles. La transition du passé au futur se matérialisera à mesure que l'âme cultivera sa propre autorité, brisera le schéma de répression émotionnelle, assumera la responsabilité de ses propres actions et jouera le rôle social qui traduira ses capacités innées.

Pour que l'évolution se produise la personne avec la Lune en Capricorne doit embrasser le signe opposé du Cancer. Le signe du Cancer correspond au besoin de se sentir en sécurité intérieurement, de prendre soin de soi, soi-même et d'accéder à son corps émotionnel en toute sécurité. Nous apprenons alors la différence entre la sécurité procurée par des moyens extérieurs qui engendre donc une dépendance et la sécurité intérieure. C'est une évolution du monde extérieur vers le monde intérieur.

L'âme pourra exprimer ses émotions de façon authentique à mesure qu'elle trouvera la sécurité intérieure, accédera à sa vulnérabilité et renforcera une autorité personnelle venant de l'intérieur plutôt que de dépendre de personnes de l'environnement extérieur. Elle deviendra de plus en plus consciente de sa nature émotionnelle et de l'image qu'elle a d'elle-même. Le corps émotionnel guérira à mesure que l'âme se libérera de la répression émotionnelle et de la vieille culpabilité acquise. Au mieux de son expression, elle pourra motiver les autres pour se libérer des mêmes contraintes émotionnelles et devenir authentiques. Ces âmes peuvent devenir ainsi des modèles positifs pour les autres.

Le stade du consensus : Au stade du consensus cela se manifestera par une perception de soi et une structure émotionnelle basées sur la culture d'une autorité personnelle au sein de la société conventionnelle. L'âme aspire à progresser dans le système en occupant un rôle social ou professionnel, ce qui implique d'apprendre les normes, coutumes et règlements de la société en question. Par exemple, pour devenir professeur ou psychologue etc. ... il faut être diplômé. Cela demande pour ce faire, que la personne apprenne les méthodes prescrites par la société. L'image que l'âme a d'elle-même est façonnée par ces normes culturelles et ces concepts sociétaux de bien et de mal.

Dans une expression naturelle, les individus favoriseront un espace intérieur de sécurité grâce à leur autorité pour avancer dans les différentes couches sociales et utiliseront leur position sociale de manière éthique et responsable. Ils tiendront responsables de leurs actes ceux qui abusent de leur autorité. A mesure que l'âme manifeste le besoin d'exprimer son autorité au sein de la société et mûrit de cette façon, la sécurité émotionnelle passe progressivement de l'extérieur à l'intérieur. La transition du passé au futur s'en suit. En revanche, l'autorité pourra être utilisée de manière manipulatrice pour réaliser des ambitions et des objectifs personnels à cause de la sécurité émotionnelle que cela procure.

Le stade d'individuation : Au stade d'individuation, cela se manifestera par une perception de soi et une structure émotionnelle basées sur le développement d'une autorité personnelle dans un domaine alternatif. La personne va vouloir se libérer émotionnellement des standards de conduite acceptés par la société et jouer un rôle social qui reflète son individualité. L'image de soi au sein de l'âme est fondée sur cette individuation à l'égard du courant dominant, manifestant une autorité personnelle dans un domaine alternatif.

Dans une expression positive, la culpabilité intériorisée liée au besoin de s'individualiser est éliminée de l'âme. Le facteur essentiel est que l'individu commence à définir par l'intérieur ce qui est bon et mauvais, ce qu'est la réalité et ce qu'elle n'est pas. Ceci inclut l'assignation des genres. L'âme va avoir besoin de se conformer aux rôles attribués aux genres par la société afin de se sentir en sécurité intérieurement tout en désirant une expression émotionnelle authentique. Cela peut inspirer les autres à faire la même chose. A mesure que l'âme nourrit le besoin de développer son autorité personnelle en dehors du courant dominant, la sécurité émotionnelle est intériorisée. La transition du passé au futur s'en suit. Par contre l'âme peut réprimer le besoin de s'individualiser et créer une apparence de normalité à cause de la sécurité émotionnelle que celle-ci procure.

Le stade spirituel : Au stade spirituel, cela se manifestera par une perception de soi et une structure émotionnelle qui prennent racine dans le besoin d'établir une autorité personnelle fondée sur la fusion avec le Créateur et qui s'exprime au sein d'une communauté, d'un groupe ou d'une organisation spirituelle. Le facteur principal est que l'âme doit nourrir le développement de son autorité intérieure via la relation avec le Divin et ne s'attacher à aucun rôle extérieur dans la communauté d'un point de vue égocentrique. De la même façon, elle ne doit pas dépendre d'une autorité extérieure pour déterminer comment se développer spirituellement au mieux, mais elle doit le faire de l'intérieur.

Dans la meilleure expression, les jugements seront fondés sur les lois universelles et intemporelles plutôt que sur les notions de bien et de mal prescrites par la société. Ces principes modèleront aussi l'espace émotionnel de ces âmes et guideront l'expression de leur rôle extérieur dans le monde. Elles désireront aider les autres spirituellement par l'intermédiaire de leur rôle social, réflexion de leur désir de servir la Source. Ceci devient un moyen de se nourrir soi-même, de nourrir les autres et de graduellement passer d'une sécurité émotionnelle externe à une sécurité interne. La transition du passé au futur s'en suivra. Ces âmes peuvent être perçues comme une autorité spirituelle en raison de leur connaissance des lois naturelles intemporelles. Dans une expression négative, l'âme peut tenter de se sécuriser en suivant des autorités spirituelles reconnues ou en assumant un rôle au sein d'une organisation ou d'une communauté spirituelle.

**Personnalités avec
la Lune en Capricorne :**

Brad Pitt
Johnny Depp
Reese Witherspoon
Kate Hudson

Lune en Verseau : La Lune en Verseau correspond à une perception et une image de soi fondées sur le besoin de se libérer, de s'individualiser et de devenir objectif émotionnellement en développant un espace intérieur de non-attachement. Ce signe gouverne le rebelle et son instinct émotionnel est la non-conformité.

Généralement, les personnes de ce signe ressentent qu'elles vibrent autrement que la plupart des gens, si bien qu'une rébellion intérieure peut s'éveiller quand elles sont placées dans un milieu traditionnel ou si elles sont forcées de suivre un modèle conventionnel. Elles ont tendance à penser de manière innovante, hors des sentiers battus et peuvent avoir un système nerveux et un esprit d'entreprise très rapides. Ces âmes sont des catalyseurs.

Se sentant uniques et différentes, elles vont par conséquent chercher à se relier à des personnes qui partagent les mêmes valeurs, puisque leur nature vibratoire unique peut les empêcher de se sentir à leur place, ce qui stimule leur sentiment d'être sans cesse en marge de la société. Souvent, les âmes qui ont cette position de la Lune natale seront toujours en quête des « leurs » et ces connections perdues peuvent sembler difficiles à retrouver. Une fois qu'elles ont un lien avec des personnes qui semblent être faites du même bois qu'elles, elles peuvent ressentir envers elles des liens plus familiaux que ceux qu'elles ont avec leur propre famille biologique. On peut les entendre dire que leurs amis sont leur famille.

Beaucoup de ces personnes ont le sentiment d'être émotionnellement déconnectés de leur parents/famille biologique (s). C'est comme si elles étaient toujours à l'extérieur regardant dedans. Elles peuvent aussi avoir subi un choc dans leur petite enfance. Les parents peuvent avoir divorcé ou avoir été émotionnellement séparés d'une manière ou d'une autre. Ceci traduit l'intention de se libérer, se déconditionner et se détacher sur le plan émotionnel. Dans une expression positive, les parents encourageront la manifestation des talents uniques de l'âme pour valider son individualité.

Ce signe correspond à la psychologie de l'objectivité et du détachement émotionnel. En conséquence ces âmes vont sembler distantes et dépourvues d'émotions. C'est comme si elles ne peuvent jamais sortir de leur tête. Ce signe correspond aussi au trauma. Se détacher et se désengager des expériences traumatiques conduira à l'objectivité nécessaire à l'égard des causes du traumatisme. Autrement dit, il faut souvent du détachement pour traiter des événements traumatiques ou cataclysmiques qui ont pu se produire dans des vies récentes ou dans cette vie même.

De nombreuses personnes avec cette position de la Lune au natal naissent avec un trauma non résolu. C'est pour cela qu'elles auront besoin cycliquement de se retirer du monde extérieur et de leur corps émotionnel. Dans certains cas, ce désengagement peut être un mécanisme de survie car des éléments déclencheurs ont pu réactiver des mémoires de vies passées trop difficiles à intégrer. Comme mentionné plus haut, en se détachant elles peuvent se libérer de l'impact du trauma non résolu. A ce titre, ceux qui ont cette position de la Lune ont une capacité innée à prendre du recul par rapport à leurs émotions et à leurs expériences subjectives ainsi qu'à manifester une objectivité naturelle. Dans sa meilleure expression, ceci peut avoir pour effet d'inspirer les autres à se guérir d'événements traumatiques par le biais d'une libération émotionnelle.

Le signe du Verseau correspond aux groupes sociaux et au besoin de créer des liens avec des personnes qui partagent les mêmes valeurs. JWG a enseigné que dans toute société il existe trois catégories distinctes de groupes ou mouvements sociaux. Le premier sous-groupe est le courant dominant de la société composé de ceux qui valident le consensus en vigueur dans cette société. Le second est constitué des groupes alternatifs ou marginaux qui évoluent en marge ou en dehors de la société traditionnelle. Le troisième type est composé des dinosaures sociaux qui est un groupe de la société défendant l'idée qu'une vision du passé culturel devrait servir de modèle pour notre époque. Aux USA par exemple, on observe cette dynamique courante chez ceux qui expriment le désir de retourner aux ségrégations raciales, religieuses et sexuelles du passé. Le groupe spécifique qui reflète les affinités d'esprit est déterminé par le stade d'évolution de l'âme.

Le groupe social, quel qu'il soit, avec lequel l'âme se sent en affinité et avec lequel elle s'est identifiée, devient un moyen de libération. Trop souvent, il s'est créée une dépendance à l'égard du groupe et d'anciens liens émotionnels ainsi que des attachements qui entravent l'évolution. L'âme doit apprendre à se libérer des schémas de sécurité émotionnelle en lien avec les groupes sociaux, ce qui lui permettra de promouvoir un espace de sécurité intérieure et d'acquérir la capacité de se présenter comme un groupe d'un seul être, si nécessaire.

En bref, l'intention consiste à nourrir sa propre individualité de l'intérieur et ce besoin d'individuation engendrera un sentiment de sécurité. La transition du passé vers le futur se fera à mesure que l'âme accueillera son essence unique et s'ouvrera à elle. Par exemple, l'âme peut « déprogrammer » son corps émotionnel en entretenant la pensée que sa force réside dans sa différence. Elle prendra soin d'elle-même en cultivant ses capacités uniques tout en encourageant les autres à faire de même. De cette façon la sécurité émotionnelle passera de l'extérieur à l'intérieur.

Le signe du Verseau représente la rébellion. Afin de se libérer du courant dominant, l'âme doit se rebeller contre les valeurs, la façon de vivre et les attentes de celui-ci et s'en débarrasser. Bien que cela s'avère nécessaire, cela peut aussi conduire à des situations où l'âme trouve sa sécurité émotionnelle dans l'acte de rébellion lui-même. En d'autres termes, elle se sécurise en définissant ce qu'elle n'est pas ou ce à quoi elle s'oppose sans avoir conscience de ce qu'elle défend ou de qui elle est en tant qu'individu. La libération a lieu alors lorsqu'elle rejette l'acte de rébellion lui-même et se rebelle contre lui. Une prise de conscience progressive de ses propres valeurs et de ses croyances individuelles va créer un espace intérieur de sécurité en elle. De cette façon, l'âme dynamise ce qu'elle défend et valorise intérieurement.

Pour que l'évolution se poursuive, l'âme avec le Lune en Verseau doit intégrer le signe du Lion qui lui est opposé. L'intention d'évolution consiste à prendre en main son sentiment de destinée spéciale et de se manifester de façon créative grâce à la force de sa volonté. En bref, la polarité Lion traduit le besoin d'agir conformément aux idées et aux pensées qui favorisent l'évolution de la société dans son ensemble sans le soutien d'un groupe social.

Ces âmes ont une capacité innée à innover, laquelle doit être matérialisée par le signe du Lion. Elles peuvent alors mettre en avant leurs compétences et leurs talents naturels au lieu d'observer éternellement ou de rester à l'écart. Les paroles de Diana, la regrettée princesse de Galles dont la Lune natale était dans ce signe, illustrent cette croissance émotionnelle : « Je ne suis pas une adepte des règles, je dirige avec le cœur et non avec la tête. »

Stade du Consensus : Au stade du Consensus, cela se manifestera comme une perception et une image de soi basées sur le besoin d'être en lien avec des personnes qui partagent les mêmes valeurs et de se libérer du monde conventionnel. Le consensus comprend de nombreux groupes et sous-groupes comme les libéraux, les conservateurs, les religieux. En général, ces personnes vont avoir le sentiment de vibrer d'une façon différente de la plupart des autres, bien que beaucoup d'entre elles ressentiront de l'insécurité à être différentes, ce qui conduit à la suppression de l'impulsion d'individuation (signe du Capricorne précédent).

A ce stade d'évolution, l'âme va désirer progresser au sein de la société. En général, elle se lie avec les personnes qui partagent les mêmes valeurs qu'elle au sein de la société dominante afin de savoir comment progresser dans les couches de la société. Dans une expression naturelle, elle va s'intégrer à une communauté conventionnelle dont les membres partagent les mêmes valeurs de façon à pouvoir manifester ses capacités d'innovation et pouvoir avancer dans la société. La sécurité émotionnelle est intégrée car l'âme manifeste ses capacités uniques et créatives dans un environnement conventionnel indépendamment du soutien d'un groupe ou d'une communauté. La transition du passé vers le futur s'en suit alors.

Le stade d'individuation : Dans le stade d'individuation cela se manifestera par une perception et une image de soi basées sur un sentiment croissant de distanciation de la société conventionnelle et un besoin de s'individualiser en accédant à son individualité singulière. A ce stade d'évolution, l'âme va vouloir se relier à d'autres personnes de même sensibilité avec qui elle partagera son besoin émotionnel de se libérer du statu quo. Le plus souvent ces personnes se sentiront comme des étrangers en terre inconnue. Elles peuvent avoir vécu un isolement social pour ne pas s'être conformées au courant dominant.

Le plus souvent elles sont dépendantes d'autres personnes partageant les mêmes valeurs ou d'un groupe social, ce qui entrave leur croissance.

Un traumatisme peut se manifester pour provoquer la rupture nécessaire avec les attachements émotionnels dépassés. Par exemple, beaucoup de ces personnes ont vécu un isolement social pour ne pas se conformer au courant dominant.

La libération a lieu lorsque l'âme nourrit intérieurement le besoin de s'individualiser et qu'elle acquiert la faculté d'agir seule quand c'est nécessaire ; le trauma du passé est alors potentiellement guéri. Dans la meilleure expression, l'âme intégrera ses dons uniques dans la société d'une telle façon qu'elle manifestera sa créativité dans un domaine alternatif (polarité Lion).

Ce qui importe ici, c'est que ces capacités créatives et singulières se manifestent Indépendamment d'autres personnes partageant les mêmes valeurs ou d'une communauté ou d'un groupe social. Ceci peut inspirer d'autres personnes à faire la même chose. La sécurité émotionnelle passe progressivement de l'extérieur vers l'intérieur car l'individu nourrit son individualité en dehors de tout groupe ou communauté et réalise sa propre essence selon les voies décrites plus haut. La transition du passé vers le futur s'en suivra alors.

Le stade spirituel : Au stade spirituel cela se manifestera par une perception et une structure émotionnelle basées sur le besoin de se libérer émotionnellement et de s'individualiser en s'unissant au Divin et en s'alignant sur les lois universelles intemporelles telles qu'elles se manifestent dans la création. Dans cette condition d'évolution, l'âme désirera créer des relations avec des personnes qui suivent des vérités naturelles similaires au sein d'organisation et de communautés spirituelles. Le point commun de telles communautés est l'alignement avec les lois universelles intemporelles et leur aspiration à se développer au niveau spirituel.

Le plus souvent la communauté spirituelle est devenue une source de sécurité externe. L'âme doit se libérer de tout attachement émotionnel à un groupe ou à une amitié au sein du groupe et se déconditionner en privilégiant une connexion avec la Source.

L'intention est de matérialiser ses compétences particulières sans l'aide d'un groupe. L'âme manifestera ensuite un don naturel pour aider les autres à se libérer de toutes les formes de sécurité émotionnelle extérieure et de leurs attachements en se fondant avec le Divin. Elle offrira des approches spirituelles novatrices qui reflètent son individualité profonde. Nous avons tous une manière naturelle qui est en accord avec notre nature innée pour donner une dimension spirituelle à la vie. Dans sa meilleure expression, ceci peut avoir pour effet de motiver les autres à guérir de leurs traumatismes par la vibration émotionnelle de transformation. La transition du passé vers le futur s'ensuivra alors.

Célébrités avec la Lune en Verseau :

Diana, princesse de Galle
John Lennon
Sandra Bullock
Neil Young

La Lune en Poissons : La Lune en Poissons représente une perception et une image de soi fondées sur un besoin d'accomplissement, de trouver un sens ultime à travers une cause supérieure, et de donner une dimension spirituelle à chaque aspect de la vie grâce à une fusion émotionnelle avec le Divin ou l'énergie éternelle.

Le signe des Poissons traduit l'intention d'embrasser une réalité transcendante basée sur les principes universels et intemporels qui restent vrais indépendamment du temps qui passe. Ces âmes sont des visionnaires. Les paroles de l'ancienne première dame Michelle Obama qui a cette Lune natale illustrent cette qualité : « Il y a encore de nombreuses causes qui méritent notre sacrifice, tant d'histoire à écrire. »

Ce signe se caractérise aussi par l'empathie et un corps émotionnel hypersensible. De ce fait, ces âmes ont un haut degré de sensibilité envers tout l'environnement, absorbant tout en bloc sans protection ni filtre. Parfois, elles ont donc du mal à de distinguer leurs propres émotions et celles des autres.

Soulignons un fait important, l'intention de se connecter émotionnellement à une réalité intemporelle n'est en général pas reconnue consciemment, ni réalisée. Tant que l'âme n'aura pas pris conscience de cette intention, son image d'elle-même et son espace intérieur seront nébuleux et informes. Ces âmes se sentiront souvent déçues par les valeurs et les systèmes de croyances transitoires, ce qui leur permettre de devenir conscientes de cette intention. Les sentiments d'absence de sens et de vide associés aux valeurs temporaires et à la vie en général sont censés déclencher l'intention de fusionner le corps émotionnel avec l'extérieur ou la source universelle.

Comme l'enseigne JWG, le désenchantement est l'une des expériences les plus douloureuses et pourtant, en fin de compte, elle sert à nous harmoniser avec la véritable réalité. Les cycles de déception persisteront jusqu'à ce que la personne fasse l'effort constant de spiritualiser sa vie et d'embrasser une cause supérieure. La perte de sens personnel peut entraîner une instabilité psychique.

Ces âmes peuvent choisir pour leur petite enfance des conditions où un des parents ou les deux tirent leur sens ultime de valeurs temporaires, lesquelles deviennent toute leur réalité. Ceci peut aussi se manifester par différentes formes d'évasion. Par exemple, un des parents ou les deux peuvent faire usage de drogue ou d'alcool comme moyen d'échapper au désarroi et à l'absence de sens de la réalité. Ceci conduit au désenchantement et facilite l'intention de créer un espace intérieur défini par ce qui est sans âge et infini et de s'harmoniser avec les lois intemporelles et universelles.

Ce faisant, l'âme apprend à cultiver un sens ultime depuis l'intérieur d'elle-même en fusionnant avec le Divin. Dans une expression positive, les parents cultiveront le développement du sens intérieur en encourageant une vocation ou une relation avec le Créateur. Le point essentiel ici est que le sens est défini à partir de l'intérieur au lieu de l'être extérieurement. Par exemple, les parents peuvent envoyer le message que le rôle en soi, petit ou grand n'a pas d'importance. Ce qui importe c'est le sens trouvé dans le travail accompli.

Une autre variante de ce thème consiste à créer une situation dans laquelle l'illusion devient réalité. Cela se produit lorsque l'individu n'a pas encore réalisé le besoin de nourrir un espace émotionnel d'harmonisation avec les lois universelles et intemporelles. Pour compenser le vide intérieur et l'absence de sens, l'âme donne un sens ultime à un style de vie transitoire et à des valeurs temporaires. Ce faisant, elle crée une image d'elle-même illusoire d'une façon telle que l'illusion devient réalité. En somme, elle échappe à l'absence de sens de la réalité et des valeurs transitoires en créant des fantaisies et des illusions. A un certain moment, l'âme sera déçue, ce qui servira à l'harmoniser avec la véritable réalité. Le besoin d'embrasser des valeurs spirituelles et une réalité transcendante se ressentira profondément.

Ces individus peuvent aussi manifester une réalité dans laquelle ils ont le sentiment d'être comme des acteurs/ actrices de nombreux films différents. Par l'imagination, l'âme peut prétendre ou imaginer être cette personne-ci ou cette personne-là, si bien qu'elle crée une perception ou image d'elle-même qui est fausse et illusoire et ne fait que traduire la réalité qu'elle symbolise. La fantaisie comme réalité est aussi traduite par cette dynamique. En substance, l'âme peut offrir cette fausse image d'elle-même comme si elle était réelle. Ceci est dû au besoin émotionnel de s'évader.

Dans une expression altérée, cela peut se matérialiser par la déception. Bien sûr l'âme peut aussi être déçue par les autres. Il est important de noter qu'il y a une certaine innocence chez ces individus qui veulent toujours voir le potentiel chez les autres. Cela conduit donc à une énorme déception quand l'autre personne n'est pas à la hauteur de l'image que la Lune en Poissons a projetée.

Il y a en cela le besoin/la nécessité de voir les autres avec clarté. Trop souvent, l'âme perçoit la réalité à travers des lunettes roses et ne voit pas la vraie réalité d'une autre personne ou d'une situation en général ; la déception s'en suit alors. Ce qui rend cela très douloureux émotionnellement c'est qu'elle ne peut pas s'imaginer faire à l'autre ce qui lui a été fait. Chaque fois que cette expérience se présente c'est comme si c'était la première fois. Pourtant, en raison de sa nature indulgente, elle recrée sans cesse cette situation. Pour certaines âmes l'attitude devient « Je peux pardonner mais je ne peux pas oublier. »

Comme il a été dit plus haut, s'engager dans une cause ou un but élevé est un moyen par lequel un sens ultime peut être établi. Parmi les exemples de causes élevées on peut trouver les organisations à but non lucratif, les œuvres de bienfaisance et une multitude de causes mondiales. La cause élevée de l'âme devient un moyen de s'unir au Créateur et de se développer spirituellement. Ceci parce que les principes naturels et intemporels sont exprimés dans la cause élevée. Accéder à l'Énergie éternelle nourrit une sécurité et une stabilité émotionnelle interne. Au mieux, cela peut inspirer les autres à faire de même et à s'harmoniser avec une vision de la vie qui a vraiment du sens.

Pour que l'évolution puisse se produire l'âme doit embrasser le signe opposé de la Vierge. L'essentiel consiste à apprendre à distinguer la vraie réalité de l'illusion, ses propres émotions de celles des autres et à savoir faire la différence entre ce qui est limité et transitoire par nature et ce qui est transcendant et universel. Le travail juste peut devenir un moyen de canaliser l'Énergie éternelle. Des priorités adéquates doivent être établies. L'intention est de n'agir qu'en fonction de l'objectif de vie plus élevé ou du sens supérieur et de cette façon de libérer l'âme des illusions et des déceptions.

Une fois que l'âme fait l'effort conscient d'unir le corps émotionnel à l'intemporel et à l'universel, elle ne court plus le risque de créer de fausses images basées sur des fantasmes et des illusions. La différence entre la réalité et l'illusion sera mise en évidence en cultivant une approche très introspective basée sur l'analyse de soi. L'âme sera en mesure de distinguer sa réalité émotionnelle irréfutable de la réalité apparente. La méditation, quelle qu'en soit la forme, peut être un excellent moyen pour effectuer ce changement et cette évolution.

Le stade du consensus : Au stade du consensus cela se manifestera par une perception de soi et une structure émotionnelle basées sur le besoin de sens ultime et celui d'embrasser une cause élevée au sein de la société traditionnelle. Par exemple, l'âme peut se rapprocher d'organisations religieuses ou de causes humanitaires. Le sens ultime est donc tiré de ces sources.

A ce stade évolutif, l'individu désire progresser dans le système par la dynamique du travail juste. Dans une expression naturelle il va s'engager dans une cause élevée au sein de la société conventionnelle d'une façon telle que l'avancement se produira. En substance, le besoin de sens ultime sera intégré à mesure que l'âme nourrira ce besoin à partir de l'intérieur de manière à acquérir la faculté de manifester le travail juste dans un contexte classique, au lieu de le nourrir à partir de sources extérieures mentionnées précédemment (polarité Vierge). La transition du passé au futur s'en suivra. Dans une expression altérée, l'individu va vivre via des valeurs temporaires dont le courant dominant fait souvent la promotion et va résister au besoin de se fondre dans un but ou une cause élevée.

Le stade d'individuation : Au stade d'individuation cela va se manifester par une perception et une image de soi basées sur le besoin de sens ultime et le besoin émotionnel de se relier à un but supérieur dans un domaine alternatif. A ce stade évolutif, l'âme désire s'individualiser en créant un espace émotionnel qui s'harmonise avec les lois universelles intemporelles en dehors du courant dominant. Le plus souvent, les valeurs transitoires représentées dans la société traditionnelle apporteront à l'âme l'expérience de la déception et de la perte de sens.

L'intention est de cultiver un sens ultime à partir de l'intérieur au lieu de le nourrir extérieurement par les façons décrites précédemment. L'individu peut ainsi matérialiser le travail juste dans un contexte alternatif (polarité Vierge). Par exemple les pratiques de soins alternatifs sont des expressions possibles de cause supérieure qui reflètent ces principes et peuvent devenir un moyen pour le corps émotionnel de fusionner avec l'éternel et d'actualiser le travail juste. Dans la meilleure expression, ces personnes auront la faculté innée d'inspirer les autres à découvrir leur individualité en adoptant une cause élevée. La transition du passé évolutif au futur s'en suivra alors.

Le stade spirituel : Au stade spirituel cela va se manifester par une perception de soi et une structure émotionnelle basées sur le besoin de sens ultime et celui de matérialiser une vocation en s'unissant avec le Créateur. A ce stade évolutif, l'âme voudra spiritualiser le corps émotionnel en s'harmonisant avec les lois naturelles intemporelles qui sont universellement ressenties et expérimentées. L'image de soi et l'espace intérieur qui en résulte prennent alors racine dans ces principes universels cultivant ainsi une relation avec le Divin.

Le plus souvent, le sens ultime est projeté à l'extérieur sur un maître spirituel, un groupe ou une communauté. Des enseignements erronés, des enseignants fallacieux qui ne reflètent pas les lois naturelles et des personnes qui ne sont pas celles qu'elles semblaient être a priori entraînent la déception. L'intention est de satisfaire le besoin de sens ultime depuis l'intérieur en nourrissant en soi la connexion avec l'extérieur et en manifestant un but supérieur en dehors d'une communauté, d'un groupe ou d'un maître spirituel.

Ce faisant, l'âme va naturellement inspirer les autres à nourrir leur espace émotionnel en s'harmonisant avec les lois naturelles et intemporelles et en fusionnant avec le Divin. Le travail juste qui reflète cette connexion et est inspiré par la Source se matérialise (polarité Vierge). La transition du passé vers le futur se produit de cette façon.

Dans certains cas, ces personnes peuvent transmettre un message qui sera reçu dans le monde entier et résistera à l'épreuve du temps. Les paroles de Yogananda, maître remarquable, illustrent cela : « L'humanité est engagée dans une quête éternelle de ce « quelque chose d'autre » qui, espère-t-elle, lui apportera un bonheur total et éternel. Pour ceux qui ont recherché et trouvé Dieu, la quête est terminée. Dieu est ce quelque chose d'autre. »

Célébrités avec la Lune en Poissons :

Michael Jackson
Michelle Obama
Martin Luther King
Hillary Clinton

Chapitre 2

Les nœuds lunaires par signes et par maisons

Nous allons traiter dans ce chapitre des intentions évolutives fondamentales des nœuds sud et nord de la Lune à travers les maisons et les signes d'un point de vue évolutif et en correspondance avec le stade d'évolution de l'âme. Comme il a déjà été mentionné, le nœud sud correspond à l'image de soi de la vie antérieure/à la façon dont l'âme se perçoit. Sa position par maison et signe traduit les dynamiques du passé qui représentent la sécurité émotionnelle consciente et la familiarité. Le plus souvent, nous sommes attirés par ces zones parce qu'elles sont reliées à la sécurité. Maintenir ces dynamiques engendre des limitations évidentes puisque cela entretient des schémas habituels. Le nœud nord correspond au développement ou à la formation de la vision de soi ou de la structure émotionnelle de l'âme. Sa position en maison et en signe indique la dynamique qui représente l'avenir et la distance prise par rapport au passé.

Il est important de noter qu'il s'agit de descriptions générales des intentions/significations profondes des nœuds lunaires. Des circonstances atténuantes dans la carte du ciel comme le sexe, le conditionnement culturel/religieux et le niveau économique modifieront la façon dont les archétypes de base des nœuds vont se manifester, de sorte que pour comprendre avec précision l'axe nodal nous devons l'analyser dans le contexte du paradigme de l'évolution.

Nœud sud en Bélier/1ère maison,
Nœud nord en Balance/7ème maison

Afin de discuter des intentions évolutives générales du nœud sud en Bélier/1ère maison et du nœud nord en Balance/7èm maison, nous devons d'abord revoir les signes du Bélier et de la Balance.

Le signe du Bélier correspond au début d'un tout nouveau cycle d'évolution. En tant que tel, il requiert liberté et indépendance afin de découvrir de quoi il est question dans ce nouveau cycle. C'est un signe masculin correspondant à l'énergie qui s'extériorise à partir centre ; un signe de feu qui indique le sentiment d'avoir une destinée spéciale. C'est un archétype cardinal se caractérisant par le besoin d'initier des changements. Le Bélier représente la découverte de soi par la mise en œuvre d'actions. Il apprend par la dynamique de l'action/réaction. En d'autres termes, c'est la réaction à l'action générée qui permet d'acquérir la connaissance. Pour illustrer ce point, JWG nous donne l'analogie du bébé qui touche un poêle chaud. Le bébé touche le poêle et découvre qu'il est chaud, c'est une connaissance implicite. C'est par l'action mise en œuvre que la connaissance arrive.

Le signe du Bélier représente nos instincts. Par exemple, on peut être instinctivement attiré par une nouvelle expérience, une personne, une opportunité etc. En revanche, on peut être instinctivement rebuté par n'importe quel événement de la vie. L'idée principale est qu'en honorant nos instincts dans les deux situations la découverte de soi se produit après le fait.

Ce signe nous met en contact avec nos peurs. Les peurs peuvent avoir de nombreuses causes et peuvent nous empêcher de mettre en œuvre les expériences qui sont nécessaires pour enclencher un nouveau cycle d'évolution. Souvenez-vous qu'une des intentions fondamentales du Bélier est de s'affranchir de tout ce qui symbolise le passé afin qu'un tout nouveau début ou chapitre d'évolution puisse s'ouvrir. Si nous faisons des choix motivés par la peur et n'agissons qu'en fonction de ce qui nous est familier et connu, le passé se reproduit dans l'avenir.

Le quinconce naturel entre le Bélier et le Scorpion reflète la peur de devenir excessivement imbriqué dans les besoins des autres et par conséquent de voir sa liberté restreinte. L'axe nodal nœud sud en Bélier/1ère maison et nœud nord en Balance/ 7ème maison symbolise le paradoxe émotionnel associé aux relations. D'un côté, il y a le besoin de liberté et d'indépendance pour que la découverte de soi puisse se faire (Bélier/1ere maison) et de l'autre côté, il y a un besoin de se compléter par la relation (Balance/7ème maison). L'intention est d'équilibrer le besoin de liberté et d'indépendance et le besoin de relation. La leçon à en tirer est qu'en donnant d'abord aux autres, nos propres besoins seront satisfaits au centuple. En somme, il s'agit d'apprendre à ne pas créer une situation basée sur le besoin de liberté personnelle tout en étant dans une relation, mais plutôt de créer une situation dans laquelle les deux besoins sont satisfaits.

Le signe de polarité du Bélier est la Balance. Le signe de la Balance correspond au besoin de se compléter à travers les relations. Au sens large, ce signe traduit les extrêmes et les déséquilibres psychologiques ainsi que le besoin de les équilibrer. Il représente l'entrée dans la sphère sociale. En somme, nous devons apprendre à devenir égaux aux autres c'est pourquoi le besoin d'initier des relations avec une diversité de personnes est mis en valeur. La justice, le fair-play et l'égalité sont également symbolisés par ce signe.

Nous apprenons qui nous sommes et qui nous ne sommes pas en nous comparant et en nous différenciant des autres dans ces relations ; quelles sont les valeurs, les besoins et les réalités en général qui manifestent les nôtres et qu'est-ce qui ne les manifeste pas. Les déséquilibres et les inégalités dans les relations se produisent dès que nous perdons le contact avec nos propres besoins et notre identité. Les codépendances naissent du besoin d'être nécessaire.

C'est ainsi que nous savons comment et quoi donner aux autres car nous devons identifier la réalité telle qu'elle existe pour l'autre et donner en fonction de cette réalité-là. L'une des clés ici consiste à apprendre quand donner et quand ne pas donner. Parfois, lorsqu'on semble ne pas donner, on pratique en fait une forme suprême de don.

Les rôles de soumission et de domination représentent des extrêmes qui peuvent se jouer dans les relations. Dans le premier cas, l'un des partenaires est dominé par l'autre de telle sorte qu'il devient une extension indirecte des valeurs, des besoins et de la réalité globale du partenaire dominant. Dans ce scénario, il répondra constamment aux besoins de son partenaire et s'adaptera à sa réalité, à l'exclusion de la sienne propre. Dans l'extrême opposé, il jouera le rôle dominant dans la relation. Il s'attendra à ce que ses besoins soient constamment satisfaits et à ce que l'autre s'adapte à sa réalité. Le partenaire dominant peut tenter de guider le développement de l'identité de l'autre. Ces deux rôles peuvent être fixes ou alternés au sein de la relation. Encore une fois, la dynamique de base qui crée ces deux déséquilibres est le besoin d'être nécessaire.

Maintenant que nous avons examiné les signes du Bélier et de la Balance, nous pouvons décrire les intentions évolutives générales du nœud sud en Bélier/1ère maison et du nœud nord en Balance/7ème maison. Quelle est l'image de soi et la structure émotionnelle du passé, symbolisées par le nœud Sud en Bélier/1ère maison ? Quelles dynamiques spécifiques constituaient la sécurité émotionnelle consciente de l'âme ?

Nœud sud en Bélier/1ère maison

Le nœud sud en Bélier/1ère maison indique que l'image de soi du passé était fondée sur le besoin de liberté et d'indépendance afin de permettre la découverte de soi et le développement d'une opinion indépendante, ainsi que la capacité de poser ses propres questions et d'y répondre. Il y a un sentiment de destinée spéciale lié au nouveau cycle d'évolution et à ce qui est à venir.

Dans sa vie antérieure, l'âme a créé une image d'elle-même qui souhaitait rester essentiellement libre de toute relation afin de pouvoir générer les expériences que nécessitait son besoin de se découvrir. Le sentiment d'avoir une destinée spéciale et la structure émotionnelle s'ancraient dans le besoin de rompre avec le passé pour qu'un nouveau cycle puisse commencer et dans le besoin de développer le courage de prendre les devants sans attendre que les autres agissent en premier.

En arrivant dans cette vie, l'âme gravitera naturellement vers la liberté et l'indépendance et sera peut-être un solitaire naturel. L'instinct et le besoin émotionnel d'explorer de nouvelles directions de vie et de nouvelles expériences est mis en exergue ; sentir la vie se dérouler de telle manière que la découverte de soi se fait au quotidien. Dans une expression positive, ces personnes incarnent l'esprit du guerrier. Elles ont une capacité innée à innover, quel que soit le domaine de la vie vers lequel elles sont attirées.

Le plus souvent, une colère non résolue en lien avec une restriction de sa liberté personnelle qui a eu lieu dans le passé est reconduite dans la vie actuelle. Dans une expression non évoluée, la personne n'acceptera aucune restriction d'action, quelle qu'elle soit et projettera sa colère non résolue sur autrui. Ces personnes tirent leur sécurité émotionnelle en restant essentiellement libres et indépendantes de toute relation afin de ne pas se laisser entraîner par les besoins des autres. En somme, il s'agit de trouver un équilibre entre le besoin de liberté et le besoin de relation. Ce faisant, on cultive une réalité globale d'indépendance mutuelle.

Le stade du consensus : Au stade du consensus le nœud sud en Bélier/1ere maison indique que la structure émotionnelle de la vie antérieure était basée sur le besoin de faire entendre une voix indépendante au sein de la société dominante et de mettre en œuvre des actions permettant de progresser dans le système. Dans le passé, un besoin émotionnel de liberté et d'indépendance s'est orienté vers l'apprentissage de la structure et du fonctionnement de la société, c'est pourquoi la personne gravite naturellement vers cela en entrant dans cette vie. Son désir instinctif d'avancer dans le courant conventionnel en apprenant les normes sociales dominantes, les coutumes, les lois, etc.... se perpétue aujourd'hui. Ce faisant, l'âme progresse dans les couches sociales et un nouveau cycle d'évolution se met en place.

Elle associe son sens de l'identité et la découverte d'elle-même à l'avancement au sein de la société. Ces âmes auront la capacité d'innover dans n'importe quel domaine de leur choix et peuvent motiver les autres à faire de même. Cependant, certains individus peuvent adopter une attitude de vanité et tenter de dominer autrui dans le domaine social à cause de la sécurité émotionnelle que cela leur procure.

Le stade individuation : Au stade d'individuation, cela indique que la vision de soi de la vie antérieure était basée sur le développement d'une voix indépendante en dehors de la société conventionnelle. La personne est instinctivement attirée par de nouvelles expériences qui lui permettent de se développer. Dans le passé, le besoin émotionnel de liberté et d'indépendance consistait à pouvoir agir en fonction des expériences jugées nécessaires pour s'affranchir du courant dominant et c'est un point de gravitation naturel dans la vie actuelle. En agissant ainsi, l'âme favorise le développement de sa voix indépendante en dehors du consensus.

Dans la meilleure expression, ces âmes encourageront les autres à faire ce qu'il faut pour se libérer de la même manière et, ce faisant, à se « découvrir ». Cependant, certains peuvent contrecarrer cette croissance en agissant en fonction de ce qui est connu et familier et en recyclant le passé dans l'avenir en raison de la sécurité émotionnelle qu'il apporte.

Le stade spirituel : Au stade spirituel, cela se manifeste par une image de soi et une structure émotionnelle ancrées dans la culture d'une voix indépendante qui sera acquise par la progression spirituelle et la mise en œuvre d'actions visant à fusionner avec la Source, de toute manière vers laquelle l'âme se sent instinctivement attirée. Avant la vie actuelle, elle a appris à poser ses propres questions et à y répondre par des actions indépendantes motivées par le besoin émotionnel de fusionner avec la Source Universelle. L'âme est instinctivement attirée vers de nouvelles expériences qui permettent le développement spirituel et donc la découverte de soi. Dans le passé, elle avait besoin de liberté et d'indépendance pour se spiritualiser de toutes les manières qu'elle a jugé nécessaires et un besoin émotionnel naturel la fera gravitera autour de cela en arrivant dans cette vie.

L'âme ressent un sentiment de destinée spéciale en lien avec un nouveau cycle d'évolution basé sur le besoin de redécouvrir ou de retrouver sa voix indépendante via l'union avec le Divin. Avant cette vie-ci, l'âme a agi pour s'aligner sur les principes naturels et intemporels grâce à l'expérience indépendante de ces principes. En d'autres termes, la spiritualisation a eu lieu en dehors de l'influence d'une communauté, d'un groupe ou d'une organisation spirituelle.

De cette manière, elle a nourri sa propre voix et acquis la connaissance des lois universelles et intemporelles grâce à son expérience réelle de ces principes. Dans une expression positive, elle utilisera cette connaissance pour aider les autres à découvrir leur propre voix, manifestant ainsi le désir de servir le Créateur d'une manière ou d'une autre.

Les nœuds lunaires par signes et par maisons

Nœud nord en Balance/7ème maison

Quelle image de soi et quelle structure émotionnelle en formation ou en développement l'âme va-t-elle créer afin de concrétiser ses intentions d'évolution pour la vie actuelle. Quelle dynamique spécifique représentera le mouvement gravitationnel du passé vers le futur ?

Le nœud nord en Balance/7ème maison symbolise que l'image de soi en formation au sein de l'âme sera fondée sur une intégration avec les autres sur un mode égalitaire, sur l'écoute de la réalité des autres telle qu'elle existe pour eux, et sur l'équilibre entre le besoin de liberté et le besoin de relation. Ce faisant, la réalité globale de la coégalité sera dynamisée.

En somme, il s'agit d'apprendre que les réalités et les besoins des autres sont égaux aux nôtres et apprendre aussi à donner aux autres d'abord plutôt qu'à prendre. De cette manière, l'équilibre émotionnel et l'égalité avec les autres sont favorisés. Le paradoxe émotionnel au sein des relations est résolu lorsque l'âme initie des relations fondées sur l'indépendance mutuelle et la coégalité. En d'autres termes, il s'agit de créer un climat de « à la fois/et » au lieu d'un climat de « soit/ou » en matière d'équilibre entre le besoin de liberté et le désir de relation.

Au fil de la vie, l'âme ressent le besoin d'établir des relations avec d'autres personnes afin de sortir des limitations émotionnelles du passé manifestées par le nœud sud en Bélier/1ère maison. Cet éloignement du passé se manifeste par la capacité croissante d'écouter les autres de façon à savoir ce qu'il faut donner et ce qu'il ne faut pas donner. La capacité à utiliser un langage qui manifeste la réalité de l'autre et qui peut être facilement reçu se développe également. L'intention sous-jacente est d'apprendre à délivrer le message de manière à ce qu'il puisse être reçu par les autres.

La personne cultivera progressivement la sécurité intérieure nécessaire pour soutenir une relation dans laquelle chacun peut être lui-même indépendamment de l'autre au lieu de rester essentiellement détaché des autres. L'une des clés de ce processus est de créer des compromis si nécessaire et d'équilibrer les besoins de l'individu avec ceux du partenaire ou des autres dans les relations plus générales. De cette façon l'âme nourrira un espace intérieur d'équilibre et d'égalité avec autrui. Dans le meilleur des cas, elle devient alors un donateur naturel.

Le stade du consensus : Au stade du consensus, cela se manifestera par une vision de soi et une structure émotionnelle en formation basées sur l'initiation de relations dans lesquelles il faut travailler de manière coopérative et coégale au sein de la société dominante. En d'autres termes l'individu devra forcément apprendre à travailler avec d'autres afin de progresser dans le système. Par exemple, l'âme peut créer des situations où elle doit travailler en collaboration afin de réaliser un but commun comme, par exemple, satisfaire les besoins et les attentes d'une entreprise.

Le besoin d'équilibrer ses propres besoins avec ceux des autres concernant le désir d'avancer dans la société et les besoins du partenaire est essentiel. Ce faisant, l'indépendance mutuelle et la coégalité seront établies entre les relations personnelles et les relations sociales au sein la société conventionnelle. Dans une expression naturelle, l'âme développera la capacité de comprendre objectivement les besoins des autres afin de les aider à progresser dans les couches sociales. L'attraction vers le futur évolutif sera ressentie comme le besoin de s'intégrer à la société dominante sur un pied d'égalité.

Dans une expression positive, l'individu va aussi encourager les autres à travailler en coopération aussi bien dans les relations personnelles que dans les relations sociales. Dans une expression négative, au lieu de créer l'équilibre, l'individu va créer des situations extrêmes en essayant de dominer l'environnement et en poussant à la compétition plutôt qu'à la coopération. Ceci est dû à la sécurité émotionnelle qui provient de ces schémas émotionnels en lien avec le passé (nœud sud en Bélier).

Le stade d'individuation : Au stade d'individuation, cela se traduira par une structure émotionnelle en évolution basée sur l'initiation de relations avec des personnes qui veulent elles aussi se libérer du courant dominant. L'âme va désirer continuer le processus d'individuation dans le domaine relationnel.

L'important ici est d'équilibrer le besoin de réalisation indépendante et de libération avec les besoins du partenaire. Ce faisant, se développent des relations dans lesquelles les deux partenaires se soutiennent mutuellement dans leur individuation. Les rôles au sein de la relation seront égaux et interchangeables et ne seront pas définis par les attentes de la société conventionnelle.

L'attraction vers le futur se reflétera dans le besoin d'équilibrer le désir de liberté et d'indépendance par rapport au courant dominant et les besoins du partenaire. Ce faisant l'âme gagnera l'habilité à soutenir ceux qui veulent aussi s'individualiser.

En somme, la coégalité est dynamisée dans des relations où les deux partenaires agissent indépendamment en fonction de leur besoin de s'individualiser par rapport au courant dominant.

Dans une expression négative, l'individu essaiera de dominer l'environnement en affirmant son propre besoin d'individualisation sans vraiment écouter la réalité de l'autre. Ceci arrive à cause de la sécurité émotionnelle qui provient des schémas émotionnels en lien avec le passé (nœud sud en Bélier).

Le stade spirituel : Au stade spirituel l'image de soi en formation sera fondée sur l'initiation de relation avec d'autres personnes qui désirent aussi fusionner avec la Source. L'âme cultivera une stabilité émotionnelle en équilibrant le besoin de développement spirituel indépendant avec le désir de développement spirituel dans la relation.

Il s'agit ici d'apprendre à partager la connaissance des principes universels intemporels avec les autres d'une manière ou d'une autre et dans le contexte de la relation. Les deux personnes vont mutuellement soutenir le développement spirituel indépendant de leur partenaire et sauront comment donner en fonction de sa réalité.

L'individu donnera aux autres de manière à les aider à « donner en retour » dans le domaine de la connaissance des lois naturelles universelles. Le plus souvent, il apprendra à identifier la réalité telle qu'elle existe pour presque tout le monde et utilisera un langage qui reflète cette réalité. A ce titre, des capacités naturelles pour conseiller psychologiquement peuvent devenir un moyen par lequel l'âme sert les autres comme un reflet de son désir de servir le Divin. Ceci est dû à la sécurité émotionnelle qui provient de ces schémas émotionnels en lien avec le passé (nœud sud en Bélier). Ce faisant, le besoin de croissance spirituelle indépendante et le besoin des autres sont en équilibre et une réalité globale de coégalité est nourrie.

La capacité de redonner aux autres d'une façon qui traduit les capacités spirituelles de l'âme s'en suit.

> **Célébrités avec
> le nœud sud en Bélier/1ère maison
> et le nœud nord en Balance/7ème maison :**
>
> Michael Jackson
> John Lennon
> John Mayer
> Kevin Spacey

Nœud sud en Taureau/2ème maison,
Nœud nord en Scorpion/8ème maison

Afin de traiter des intentions profondes d'évolution du nœud sud en Taureau et du nœud nord en Scorpion, il nous faut d'abord revisiter les signes du Taureau et du Scorpion.

Le signe du Taureau correspond à l'autonomie, à l'autosuffisance et à l'instinct de survie en chacun de nous, ce qui comprend l'instinct sexuel, de procréer pour assurer la survie de l'espèce. C'est grâce à ce signe que nous identifions les ressources intérieures que nous pouvons utiliser pour assurer notre indépendance et notre survie au niveau physique et émotionnel. En somme, alors que le signe précédent du Bélier se caractérisait par la découverte de soi, ici nous nous retirons en nous-mêmes pour consolider ou enraciner notre identité à partir de notre être intérieur.

Ce signe représente aussi nos valeurs et le sens que nous donnons à la vie en général. Le Taureau en tant qu'archétype est féminin (l'énergie va vers le centre), fixe (statique) et signe de terre. Vénus est maître du Taureau et de la Balance ; le Taureau correspond au côté intérieur de Vénus qui représente notre relation intérieure avec nous-mêmes alors que la Balance représente la nature extérieure de Vénus qui symbolise nos relations avec les autres. Il est important de noter que c'est notre relation intérieure avec nous-mêmes, notre vibration, qui détermine qui nous attirons dans notre vie et les relations que nous établissons avec les autres.

Pour illustrer cet archétype, JWG donne l'analogie de « la grenouille dans le puits ». Du fond du puits la grenouille ne peut voir qu'une petite partie du ciel, pourtant elle pense que cette petite partie constitue l'univers tout entier. Ceci crée nettement des limitations. En général, cette approche engendre une vie très orientée sur les détails pratiques où on se concentre uniquement sur ce qui est nécessaire au maintien de la survie. Dans une expression négative, le Taureau manifestera de l'inertie et de la paresse. La clé ici consistera à générer un effort personnel pour manifester nos ressources intérieures innées. En général, on est renvoyé à soi-même d'une façon ou d'une autre de manière à provoquer l'autonomie nécessaire et la prise de conscience des ressources intérieures qui peuvent être utilisées pour assurer notre survie ; pour apprendre que l'on peut « faire pour nous-mêmes » pour ainsi dire.

La polarité du Taureau est le signe du Scorpion. Le signe du Scorpion correspond au principe naturel d'évolution et il symbolise le désir de se fondre dans une source de pouvoir supérieur. Le pouvoir peut être utilisé positivement pour s'émanciper ou émanciper les autres ou négativement à des fins égocentriques et manipulatrices. A ce titre, l'apprentissage du bon usage du pouvoir est une leçon essentielle de ce signe. C'est par le Scorpion que nous devenons conscients de nos limites et apprenons à nous métamorphoser pour les dépasser. Cet archétype se caractérise aussi par le développement psychologique ; par le besoin de connaître comment et pourquoi nous fonctionnons comme nous le faisons et comment et pourquoi les autres fonctionnent comme ils le font. On peut grandir en développant la connaissance psychologique de ce qui cause nos limites et de la raison pour laquelle nous sommes constitués comme nous le sommes ; la grenouille est forcée de sortir du puits.

Le signe du Scorpion correspond à la dynamique psychologique de la coopération et de la résistance. Nous pouvons soit coopérer avec nos besoins actuels de croissance et purger les vieux schémas de comportement qui inhibent la poursuite de notre évolution, ou nous pouvons résister aux changements nécessaires en maintenant ces schémas limités en raison de la sécurité qui leur est liée. Les peurs de l'abandon, de la trahison et de la perte sont symbolisées par ce signe. Ces expériences peuvent avoir engendré une peur de l'intimité. Il est donc crucial d'apprendre à qui faire confiance et à qui ne pas faire confiance.

En général, le tapis de la sécurité émotionnelle est retiré de sous les pieds pour faciliter les changements nécessaires. Dans une expression naturelle, la personne motivera les autres d'une manière non manipulatrice à s'affranchir des limitations inutiles dans leur vie et à se considérer comme source de transmutation. Dans une expression négative, elle se rendra dépendante d'elle-même pour changer et évoluer et elle utilisera sa connaissance psychologique d'une manière manipulatrice.

Maintenant que nous avons passé en revue les archétypes du Taureau et du Scorpion, nous pouvons traiter des intentions fondamentales du nœud sud en Taureau/2ème maison et de l'évolution du nœud nord en Scorpion/8ème maison. Quelle structure émotionnelle du passé le nœud sud en Taureau/2ème maison reflète-t-il ? Quelles dynamiques particulières représentent la sécurité émotionnelle consciente du passé ?

Nœud sud en Taureau/2ème maison

Du point de vue de la vie antérieure, le nœud sud en Taureau/2ème maison indique que l'âme a créé une image de soi basée sur le besoin de devenir autonome et indépendante. Il en a résulté un besoin de se retirer cycliquement de l'impact de l'environnement extérieur car cela favorise la stabilité émotionnelle et le renouvellement. C'est aussi une aide pour identifier les ressources intérieures susceptibles d'assurer la survie. En entrant dans cette vie, la personne va graviter naturellement vers ces schémas émotionnels. Tout ce qui a été identifié comme moyen de survie sera hautement valorisé.

Le plus souvent, l'âme a été renvoyée à ses propres ressources avant cette vie-ci. Dans certains cas, cela a créé un espace émotionnel naturel d'autonomie et d'indépendance. Somme toute, ces personnes ont appris à devenir autonomes et à se soutenir sur le plan physique et émotionnel par leurs propres efforts. En arrivant dans cette vie, l'âme va le plus souvent désirer se retirer de l'impact de l'environnement extérieur car ce retrait crée une stabilité émotionnelle et devient un moyen pour elle de s'ancrer en elle-même. Ce faisant, elle identifie ses propres ressources pour soutenir son besoin sous-jacent d'autonomie et d'indépendance. Dans la majorité des cas, l'orientation de la grenouille-dans-le-puits est créée là où l'âme n'a identifié qu'une partie isolée du ciel et cependant pense que cette petite partie est la totalité du ciel.

Cette dynamique est basée sur l'instinct de survie et sur le besoin de se sécuriser par n'importe quelle ressource qui a été associée à la capacité de se soutenir soi-même sur un plan physique et émotionnel. La relation intérieure avec soi-même est donc limitée à cette orientation.

Dans une expression naturelle l'âme va fortement valoriser l'effort personnel et l'indépendance tant chez elle que chez les autres. Dans une expression négative, elle ne fera qu'un effort minimal pour manifester ses ressources intérieures et se contentera de faire juste ce qu'il faut pour s'en sortir. Le plus souvent, elle entretiendra des relations émotionnelles avec les autres à travers le filtre de ses valeurs et se montrera très réticente à l'égard de ceux qui tentent d'imposer leurs valeurs. Bien sûr, la façon dont cela s'exprime dépend du stade d'évolution de l'âme.

Le stade du consensus : A ce stade évolutif, l'âme avait, dans sa vie passée, une vision d'elle-même et une structure émotionnelle basées sur le besoin de devenir autonome et indépendante dans la société dominante. Elle va naturellement souhaiter avancer dans les différentes couches sociales en matérialisant les ressources intérieures qui permettent une telle progression. En général, elle est renvoyée à elle-même d'une manière ou d'une autre. Cette expérience a pour but de stimuler l'effort personnel nécessaire à la manifestation de ses ressources intérieures afin qu'elle puisse parvenir à l'autosuffisance au sein de la société conventionnelle. Elle s'identifiera aux valeurs du courant dominant et tirera le plus souvent sa sécurité émotionnelle de l'accumulation de richesses et de possessions matérielles car celles-ci sont liées à la survie émotionnelle et physique.

Le stade d'individuation : A ce stade d'évolution, l'âme a créé dans la vie antérieure une image d'elle-même qui était enracinée dans le besoin de s'individualiser et de se libérer des valeurs et du mode de vie de la société dominante. En entrant dans cette vie-ci, l'âme désire devenir autonome et indépendante en matérialisant ses ressources intérieures qui manifestent sa propre individualité et ses compétences uniques. En somme, c'est l'indépendance par rapport à la société dominante qui est significatif. L'âme accordera une grande importance au principe d'individuation et cherchera à nouer des liens avec des personnes qui ont les mêmes idées qu'elle. Elle n'entretiendra de véritables relations qu'avec les personnes qui souhaitent également s'individualiser par rapport au courant dominant. La clé ici consiste à faire l'effort indispensable pour y parvenir ; par la suite l'âme nourrira son besoin d'individuation à partir de l'intérieur d'elle-même, au lieu de s'appuyer sur les autres.

Ces âmes ont en général fait l'expérience d'être renvoyées à elles-mêmes ; l'intention de cette expérience étant de se déconditionner des valeurs du courant dominant et de devenir indépendantes des autres pour soutenir le besoin émotionnel de libération. Par exemple, à cause de ses valeurs incompatibles avec la société dominante l'individu peut faire l'expérience d'en être isolé.

Positivement, cela a pour effet de retourner l'âme en elle-même de telle sorte que la pulsion d'individuation est enclenchée. En d'autres termes, la dynamique de non-appartenance sert à susciter l'autonomie nécessaire. L'âme ne peut pas compter sur un groupe d'individus partageant les mêmes idées, ni vivre à travers lui pour matérialiser ses capacités intérieures dans un domaine alternatif. La sécurité intérieure pour agir seul si besoin est alors dynamisée. Dans la meilleure expression, ces individus se renforceront en se retirant en eux-mêmes de manière à définir leurs propres valeurs et ressources en dehors du courant dominant. C'est ainsi que la capacité à devenir autonome dans un domaine alternatif sera cultivée.

Le stade spirituel : Au stade spirituel, l'âme a créé dans sa vie passée une structure émotionnelle basée sur le besoin de cultiver une relation primordiale avec la Source. Cette relation primordiale est son moyen de devenir autosuffisant. En entrant dans la vie, la personne va donner une grande valeur au développement spirituel, à l'union avec le Divin et aux lois universelles et naturelles. C'est ce qui constitue le cœur de sa relation intérieure et devient alors le filtre à travers lequel elle entretiendra des relations avec les autres.

Le plus souvent, avant la vie actuelle, l'âme a été renvoyée à elle-même en ce qui concerne le besoin de se développer spirituellement indépendamment de toute communauté ou organisation spirituelle.

En d'autres termes, elle peut avoir vécu à travers les valeurs d'une communauté spirituelle et avoir créé des limitations d'un point de vue évolutif. Dans ce cas, il devient nécessaire de s'aligner sur les lois universelles et intemporelles afin de devenir autonome indépendamment de tout groupe spirituel. Cela permet de développer les ressources intérieures nécessaires pour devenir indépendant et autonome, et de manifester ainsi la relation intérieure avec le Créateur. À son tour, l'individu encouragera les autres à établir une relation essentielle avec la Source comme moyen de stimuler l'autonomie.

Nœud nord en Scorpion/8ème maison

Quelle est la structure émotionnelle de l'âme en formation ou en évolution ? Quelles sont les dynamiques spécifiques qui représentent l'éloignement du passé et l'attraction vers l'avenir ?

Le nœud nord en Scorpion/8ème maison symbolise une image de soi en formation basée sur le besoin de transmuter les limitations du passé qui inhibent la poursuite de l'évolution et de développer une compréhension psychologique de soi-même et de la vie en général. Somme toute, il s'agit de comprendre le « pourquoi » des choses et de fusionner avec une source de pouvoir supérieure pour développer la croissance personnelle et la transmutation.

Le signe du Scorpion évoque des niveaux de conscience plus profonds. C'est de cette façon que la grenouille sautera du puits et sera exposée à une plus grande partie du ciel. Ainsi, les cycles de mort et de renaissance émotionnelle/psychologique manifestent l'aspiration vers l'avenir, le désir de plonger dans des eaux émotionnelles plus profondes.

Essentiellement, les âmes apprendront à fusionner leurs ressources et leur vie en général de manière à ce que les deux personnes grandissent et évoluent au-delà de ce qu'elles étaient avant la fusion. Le signe du Scorpion manifeste la dynamique de l'engagement, et du choix à faire pour décider avec qui s'engager et avec qui ne pas s'engager. Par référence au nœud sud en Taureau/2ème maison, ceux qui n'ont pas les mêmes valeurs seront exclus.

L'individu acquerra progressivement la capacité d'identifier la (les) cause(s) profonde (s) des choses ou leur « pourquoi » au lieu de se concentrer uniquement sur le « comment ». De cette façon, il développera les connaissances psychologiques nécessaires pour dépasser ses limites actuelles. La fusion avec une puissance supérieure favorise l'évolution et ouvre les canaux émotionnels à des niveaux d'expression plus profonds.

Le stade du consensus : Au stade du consensus cela s'exprimera par une structure émotionnelle en formation basée sur le besoin de fusionner ses ressources avec d'autres au sein de la société dominante. La personne dépasse ses limitations passées quand cette fusion des ressources permet d'évoluer dans les différentes couches sociales.

L'âme va approfondir sa connaissance du fonctionnement de la société et de sa manière d'opérer en développant une perception psychologique des dynamiques principales du courant dominant. Par exemple, elle peut être exposée à ceux qui détiennent plus de connaissances ou de pouvoir social et désirer fusionner avec eux afin d'acquérir ou d'absorber ces connaissances. Ce faisant, une évolution au-delà des schémas émotionnels actuels qui créent des limitations se produira. L'attraction vers l'avenir sera symbolisée par le besoin d'unir ses ressources existantes avec celles de personnes appartenant au courant dominant de manière à ce que les deux partenaires grandissent en dépassant leurs limites.

Dans une expression altérée, la personne tentera de manipuler autrui du fait de son désir de progresser dans le système et abusera du pouvoir social en raison de la sécurité émotionnelle que celui-ci lui apporte. Le point clé ici est que la connaissance du fonctionnement du système peut être utilisée pour motiver les autres à progresser ou de manière manipulatrice à des fins égocentriques. L'évolution se produit à mesure que l'âme apprend à s'engager avec ceux qui partagent les mêmes valeurs ; les limitations du passé sont transmutées par la fusion avec les autres de manière à favoriser la croissance, à devenir plus grand et plus brillant qu'auparavant.

Le stade d'individuation : Au stade d'individuation, cela se traduira par une image de soi fondée sur l'union avec des personnes du mouvement alternatif de la société. Un approfondissement des ressources et des capacités intérieures de l'âme se produit en s'alignant avec ceux qui partagent les mêmes valeurs et qui se sentent aussi étrangers à la société dominante.

Par exemple, l'individu peut progressivement acquérir des connaissances psychologiques sur l'individuation en explorant le travail de personnes reconnues dans le domaine alternatif comme Carl Jung, James Hilton et Dane Rudhyar. La connaissance psychologique alternative devient un véhicule qui permet à l'âme de dépasser ses limitations. En d'autres termes, l'absorption de ce type d'information engendre une métamorphose à mesure que l'âme passe d'une compréhension limitée du « comment » à une compréhension plus profonde du « pourquoi » des choses.

Une attirance pour le tabou ou l'occulte peut déclencher la croissance et l'évolution nécessaires. Par exemple, l'astrologie, la régression dans les vies antérieures et le tarot sont des domaines que l'âme peut désirer explorer car ils représentent des expériences potentielles de transmutation et de croissance personnelle. L'attraction vers l'avenir sera ressentie à mesure que s'intensifiera le besoin d' « approfondissement » émotionnel et psychologique créé par l'individuation à l'égard du courant dominant.

Le stade spirituel : Au stade spirituel, cela se traduira par la formation d'une image de soi basée sur le désir de fusionner avec la Source universelle, ceci afin de faciliter la croissance et l'évolution personnelles au-delà des limitations actuelles. L'âme approfondit ses ressources intérieures en s'unissant avec le Divin.

Par exemple, l'individu peut être attiré par des rituels qui favorisent le développement et la croissance spirituels, tels que le Kriya Yoga. A ce stade d'évolution, l'âme peut utiliser sa connaissance psychologique des archétypes spirituels et des principes naturels intemporels pour transmuter les schémas émotionnels du passé qui empêchent la poursuite de sa croissance. Cette connaissance peut être utilisée pour motiver les autres à évoluer au-delà de leurs limitations et à fusionner avec la Source ce qui sera considéré comme moyen principal pour favoriser la croissance. De cette façon on prend un engagement à se développer spirituellement. L'attraction vers l'avenir se fait sentir dans ces domaines et l'âme approfondit ses ressources intérieures existantes selon les modalités décrites précédemment.

> Célébrités avec
> le nœud sud en Taureau/2ème maison
> le nœud nord en Scorpion/8ème maison :
>
> Ellen DeGeneres
> Abraham Lincoln
> Reese Witherspoon
> Charles Darwin

Nœud sud en Gémeaux/3ème maison, Nœud nord en Sagittaire/9ème house

Afin de traiter des intentions profondes d'évolution du nœud sud en Gémeaux/3ème maison et du nœud nord en Sagittaire/9ème house, il nous faut d'abord revisiter les signes des Gémeaux et du Sagittaire.

Le signe des Gémeaux correspond au besoin de recueillir des faits, des informations et des données provenant de l'environnement extérieur. Alors qu'avec le signe précédent, le Taureau, nous nous réconfortions en nous-mêmes, ici, nous devons nous déployer dans le monde extérieur. Cette expansion se fait par l'apport d'une diversité d'informations, de points de vue et de données provenant de l'environnement extérieur et par le développement intellectuel. Les Gémeaux représentent le cerveau gauche qui est logique et rationnel et correspond à la logique déductive. Celle-ci tente de construire la totalité en partant de toutes les parties.

En soi, il n'y a pas de limite à la quantité d'informations que les Gémeaux peuvent absorber. C'est ce qui peut créer une sorte de « porte tournante » en matière de perspectives dans laquelle le point de vue change constamment. La personne recueille sans fin quantité d'informations mais elles ne sont pas assimilées ; les livres ne sont pas lus et aucun intérêt n'est maintenu dans un domaine particulier ou sur un sujet spécifique. L'essentiel à voir est que c'est la structure intellectuelle préexistante qui détermine quelles informations seront considérées pertinentes ou non-pertinentes.

Le signe des Gémeaux correspond à la communication. Dans une expression négative, elle se manifestera par la duplicité et dans une expression naturelle par la capacité à communiquer des informations à toutes sortes de personnes de tous horizons. On trouve ici la nécessité d'apprendre la différence entre un fait et une opinion. Mercure gouverne les signes des Gémeaux et celui de la Vierge. Les Gémeaux manifestent le côté extérieur de Mercure qui correspond à la collecte de faits, de données et d'informations puisées dans le monde extérieur. La Vierge exprime l'aspect intérieur de Mercure qui représente l'analyse interne et l'organisation de l'information recucillic.

Il est important de comprendre que la façon dont nous analysons et organisons l'information détermine la façon dont nous communiquons avec les autres. Par exemple, avec Mercure en Scorpion ou dans la 8ème maison, l'âme va naturellement et essentiellement penser en termes psychologiques et elle communiquera avec les autres de la même manière. En général, elle ne parlera que lorsque cela sera nécessaire. Avec Mercure en Gémeaux ou dans la 3ème maison, l'âme voudra recueillir autant d'informations que possible pour faire l'expérience de la diversité et la personne parlera le plus souvent juste pour parler.

Le signe de polarité des Gémeaux est le Sagittaire. Le signe du Sagittaire correspond au besoin de comprendre la vie dans un contexte métaphysique, philosophique, cosmologique ou religieux et de s'aligner sur sa vérité personnelle. Ceci donne ainsi lieu à des systèmes de croyances de toutes sortes. Les croyances déterminent la façon d'interpréter un événement de la vie.

Il y a une grande différence entre ce qui est basé sur une croyance illusoire et ce qui est basé sur une loi naturelle et ne nécessite aucune croyance de quelque ordre que ce soit. Je n'ai pas besoin d'une croyance pour savoir que le ciel est bleu, je sais simplement que c'est vrai. Dans cette perspective, c'est à travers l'archétype du Sagittaire, la maison 9 et Jupiter que nous pouvons comprendre que la vérité existe intrinsèquement en elle-même et qu'elle n'est pas le produit de l'intellect ou de la croyance.

Les lois naturelles sont des principes qui vont de soi dans la création manifestée et qui peuvent être validées empiriquement. Elles sont basées sur la connaissance directe acquise par l'expérience réelle. Ce signe manifeste le besoin de s'aligner à la fois sur sa vérité personnelle et sur les lois naturelles et d'éliminer les croyances illusoires. Il correspond au principe de l'expansion perpétuelle à mesure que l'âme accède à une part de plus en plus vaste de la vérité absolue via son alignement sur la loi naturelle.

Le signe du Sagittaire symbolise l'intuition, la composante de la conscience qui sait ce qu'elle sait sans nécessairement savoir comment elle le sait. Il correspond au cerveau droit qui est conceptuel, non linéaire et intuitif. C'est l'évolution de la partie vers le tout, on commence par saisir le tout puis on laisse toutes les parties individuelles de se mettre en place.

Avec le signe des Gémeaux on a l'intellect qui en soi, ne sait pas ce qui est vrai et ce qui ne l'est pas, c'est une fonction de l'intuition. Le développement de l'intuition facilite le passage d'une structure mentale de « porte tournante » potentielle en matière de perspectives vers un point de référence cohérent pour interpréter tous les faits, informations et données qui ont été collectés dans le monde extérieur.

Un problème inhérent au signe du Sagittaire est celui de la généralisation. Le plus souvent, l'individu généralise sa vérité personnelle et l'applique à tous. Cela peut créer le besoin de convaincre et de convertir les autres en raison de la sécurité émotionnelle associée aux croyances personnelles. Le Sagittaire symbolise la dynamique de l'honnêteté. Dans une expression naturelle, cela se manifestera par l'honnêteté et la vérité personnelle. Dans une expression déformée, cela se manifestera par l'exagération, l'embellissement et le mensonge pur et simple, ceci à cause d'un sentiment sous-jacent de manque et d'infériorité manifesté dans le carré au signe de la Vierge.

Maintenant que nous avons passé en revue les signes des Gémeaux et du Sagittaire, nous pouvons discuter des intentions évolutives fondamentales du nœud sud en Gémeaux/3ème maison et du nœud nord en Sagittaire/9ème maison. Quelle est l'image de soi du passé ? Quelles dynamiques particulières constituent la sécurité émotionnelle consciente par rapport au passé ?

Nœud sud en Gémeaux/3ème maison

Le nœud sud en Gémeaux/3ème maison indique que la structure émotionnelle de la vie antérieure était basée sur le besoin de collecter une diversité d'informations dans l'environnement extérieur, de communiquer avec d'autres personnes et d'assimiler des connaissances afin de faciliter l'expansion intellectuelle. Il y a eu un besoin émotionnel de se concentrer sur le développement de l'intellect et de l'esprit rationnel et logique. En général, ces âmes sont très curieuses, et peuvent être des agents de communication naturels. Ce sera un point de gravitation naturel en arrivant dans la vie et représentera les schémas de sécurité émotionnelle conscients du passé.

Soulignons que la nature de l'information qui a été collectée est liée à la sécurité émotionnelle. Ce sont les points de vue, opinions, etc. préexistants de l'âme qui déterminent les informations qui sont prises en compte et celles qui sont rejetées. Autrement dit, seules les informations qui soutiennent un point de vue déjà existant sont en général prises en compte, ce qui crée des limitations évidentes. L'âme peut devenir intellectuellement très réactive et se mettre sur la défensive lorsque son point de vue est remis en question. Cette dynamique prend place à cause de la sécurité émotionnelle qui découle de ces points de vue. Il s'agit d'apprendre la différence entre une réaction et une réponse.

Dans la plupart des cas, l'individu aura une forte capacité à communiquer et absorbera une grande quantité d'informations provenant de l'environnement extérieur. Cependant, comme cela a déjà été mentionné, l'information n'est pas assimilée et il n'y a pas d'intérêt soutenu pour un thème ou un sujet particulier. Cela crée le phénomène de la « porte tournante » en matière de perspectives dans lequel il n'y a pas de point de référence organisant entre elles toutes les informations recueillies.

L'âme est très logique et intellectuelle lorsqu'elle entre dans la vie et elle utilisera une quantité importante d'énergie mentale. Dans une expression naturelle, ces âmes utiliseront le pouvoir de l'éloquence pour inspirer les autres. Dans une expression déformée, cela se manifestera par de la duplicité. Somme toute, l'image de soi et les schémas de sécurité émotionnelle conscients de la vie antérieure prennent racine dans le développement de l'intellect et la nature de l'information recueillie dans le monde extérieur.

Le stade du consensus : Au stade du consensus, le nœud sud en Gémeaux/3ème maison indique que, dans la vie antérieure, la structure émotionnelle et la vision de soi étaient fondée sur la collecte de faits, d'informations et de données recueillis au sein de la société dominante. Dans sa vie passée, l'âme a voulu progresser dans le système en rassemblant une foule d'informations et de données concernant la structure et le fonctionnement de la société. Les informations recueillies dans l'environnement extérieur sont utilisées pour se développer d'un point de vue sociétal.

En entrant dans la vie, l'âme s'orientera naturellement vers la communication et la collecte des informations venant de personnes appartenant à la société traditionnelle. Lorsque ces points de vue sont remis en question, elle est en général très réactive et intellectuellement sur la défensive en raison de l'insécurité que cela crée chez elle.

Dans une expression évoluée, l'information sera utilisée pour aider les autres à progresser dans les couches sociales et à développer les compétences de communication nécessaires pour partager leurs connaissances avec d'autres personnes de la société. Dans ce cas, l'âme aura la capacité de communiquer avec une diversité de personnes au sein du consensus, ce qui manifeste l'attraction vers le futur. Dans une expression déformée, l'information sera utilisée pour renforcer les opinions subjectives et les préjugés et à des fins trompeuses.

Le stade d'individuation : Au stade d'individuation, le nœud sud en Gémeaux/3ème maison se manifeste par une vision de soi et une structure émotionnelle de la vie antérieure qui étaient basées sur la collecte de faits, d'informations et de données puisées dans le mouvement alternatif de la société. Avant la vie actuelle, l'âme a voulu se libérer de la société dominante et s'individualiser par cette collecte dans des domaines alternatifs. Le plus souvent, la personne sera très résistante aux points de vue et informations de la société dominante.

En entrant dans la vie, elle s'orientera vers la communication et la réception d'informations pour les autres dans des domaines alternatifs. En général, elle recueille des informations à partir de diverses sources au sein d'un domaine alternatif donné afin de se libérer des notions, des points de vue et des pratiques du courant dominant dans ce domaine, ce qui sert à faciliter l'expansion mentale et le processus d'individuation.

Le stade spirituel : Au stade spirituel, le nœud sud en Gémeaux /3ème maison se caractérise par une structure émotionnelle antérieure basée sur la collecte de faits, d'informations et de données recueillis auprès de communautés spirituelles, de groupes ou d'enseignants spirituels.

Avant la vie actuelle, l'âme a souhaité se développer spirituellement et fusionner avec la Source en absorbant des informations fondées sur des principes intemporels et universels. Les informations enracinées dans ces principes ont été le fondement de l'image de soi de la vie antérieure et la base sur laquelle l'individu a communiqué avec les autres.

Ces informations représentaient une sécurité émotionnelle dans le passé et peuvent être une source de limitation dans la vie actuelle. Dans une expression naturelle, ces informations peuvent être utilisées pour communiquer des connaissances de diverses manières.

Nœud nord en Sagittaire/9ème maison

Quelle image de soi l'âme va-t-elle développer avec le nœud nord en Sagittaire/9ème maison ? En termes simples, cette position traduit l'évolution de l'intellect vers l'intuition et le besoin de passer d'une analyse de toutes les parties individuelles à une pensée qui commence par appréhender la globalité.

Comme nous l'avons déjà mentionné, l'intellect en soi ne sait pas ce qui est vrai et ce qui ne l'est pas, c'est une fonction de l'intuition. L'âme doit apprendre à reconnaître ce qui est basé sur une opinion (nœud sud dans la 3ème maison) et ce qui est basé sur la vérité (nœud nord dans la 9ème maison). Ainsi, l'attraction vers l'avenir se manifestera par un besoin de développer l'intuition et de s'harmoniser avec les lois de la nature ainsi qu'avec sa propre vérité. Dans ce contexte, le besoin de devenir son propre maître intérieur émergera.

Ce changement émotionnel permettra d'apprendre à faire la différence entre une croyance illusoire et la vérité qui manifeste une connaissance réelle (loi naturelle). De cette façon, on pourra se sentir en harmonie avec sa vérité personnelle. Les croyances illusoires seront évacuées de l'âme. Le cerveau gauche et le cerveau droit pourront s'équilibrer (nœud sud en Gémeaux/3ème maison, nœud nord en Sagittaire/9ème maison).

Le stade du consensus : Au stade du consensus, le nœud nord en Sagittaire/9ème maison se manifestera par une vision de soi et une structure émotionnelle en évolution basée sur les croyances de la société ou de la culture d'origine. En somme, la « vérité » se définit par les croyances et/ou la religion existant de cette société. La personne interprétera alors les autres et la vie en général, en fonction de ces croyances.

L'âme désirera progresser dans le système et pourra utiliser un diplôme d'études supérieures (Sagittaire, 9ème maison, archétype Jupiter) pour ce faire. Les croyances particulières ou la « vérité » autour desquelles elle va graviter au sein de la société dominante serviront à créer un point de référence qui reliera entre eux toutes les informations, les données et les faits qui ont été rassemblés dans l'environnement extérieur.

Par exemple, en adoptant une religion spécifique qui résonne intuitivement avec lui, et qui reflète le mieux sa vérité, l'individu peut assimiler les faits, les informations et les points de vue recueillis. Cela reflète le passage émotionnel vers le futur. Dans une expression positive, cela se manifestera par une capacité intuitive à enseigner la vérité, les croyances, etc.... de la société conventionnelle. Dans une expression négative, l'individu tentera de convaincre les autres en raison de la sécurité émotionnelle que lui apportent les croyances illusoires.

Le stade d'individuation : Au stade d'individuation le nœud nord en Sagittaire/9ème maison s'exprimera par le développement d'une image de soi basée sur un alignement avec sa vérité personnelle, laquelle est indépendante du courant dominant. L'âme aspirera à se libérer des croyances de la société conventionnelle et à définir la « vérité » à partir d'elle-même.

Le plus souvent, l'individu a recueilli quantité d'informations, de points de vue et de données provenant de différentes sources au sein du mouvement alternatif de la société. Le besoin et l'intention actuels consistent à s'aligner sur sa propre vérité de manière à ce que celle-ci manifeste l'individualité intrinsèque de l'âme.

Par exemple, choisir un système philosophique spécifique qui résonne intuitivement le plus avec soi-même est un moyen de se connecter à sa vérité intérieure ; ce qui crée le filtre nécessaire à travers lequel toutes les informations sont référencées de manière cohérente. Le développement intuitif peut alors s'en suivre.

Le besoin de découvrir sa vérité personnelle entraîne le besoin émotionnel de liberté et d'indépendance. En général, l'individu éprouve du ressentiment envers toute restriction de sa liberté personnelle qui serait susceptible de freiner sa recherche de vérité. Dans une expression positive, par leur propre exemple, ces âmes encourageront les autres à définir leur vérité à partir de l'intérieur d'elles-mêmes, libres de l'influence des croyances dominantes. Dans une expression négative, l'âme tentera d'influencer les autres et de les convertir à sa propre vérité à cause de la sécurité émotionnelle liée à ces croyances.

Le stade spirituel : Au stade spirituel, le nœud nord en Sagittaire/9ème maison se manifestera par une structure émotionnelle et une image de soi en développement fondées sur un alignement sur les principes naturels intemporels. Les lois de la nature deviennent le fondement de la vision de soi en formation. Le développement intuitif s'en suivra. Somme toute, l'individu apprend à devenir son propre maître en s'unissant à la Source et aux principes universels et intemporels. La loi naturelle devient le filtre à travers lequel toutes les informations collectées trouvent un point de référence cohérent.

Dans cet état d'évolution, l'âme privilégiera le plus souvent l'expérience directe des lois naturelles comme moyen de développement spirituel. La nature et les lois naturelles qui s'y trouvent, peuvent devenir un enseignant capital. Dans une expression positive, l'individu acquiert la capacité d'enseigner les principes aux autres et de promouvoir le développement intuitif comme moyen de se connecter au Créateur. Cela symbolise le changement émotionnel vers l'avenir.

> **Célébrités avec
> le nœud sud en Gémeaux/3ème maison
> le nœud nord en Sagittaire/9ème maison :**
>
> Angelina Jolie
> Leonardo Dicaprio
> Jewel
> Tom Hanks

Nœud sud en Cancer/4ème maison, Nœud nord en Capricorne/10ème maison

Afin de traiter des intentions profondes d'évolution du nœud sud en Cancer/4ème maison et du nœud nord en Capricorne/10ème maison, il nous faut d'abord revisiter les signes du Cancer et du Capricorne.

Le signe du Cancer symbolise la structure émotionnelle et l'image de soi de l'âme. Il suit le signe des Gémeaux dans lequel nous formons une relation personnelle avec toutes les informations que nous avons collectées ce qui génère une image de nous -même, ou une façon de nous percevoir.

Le signe du Cancer représente l'environnement de la petite enfance. En tant qu'enfant, nous n'avons pas de défenses et nous absorbons notre environnement sans réserve. Ce signe est associé le plus souvent à la mère, la figure féminine clé ou le parent qui a principalement élevé l'enfant. Il met en évidence la dynamique du soutien, de la protection.

En tant qu'enfant, nous nous attendons naturellement à ce que nos besoins émotionnels soient satisfaits par nos parents. En général, lorsque ces besoins ne sont pas satisfaits, des émotions déplacées se reportent à l'âge adulte. L'une des leçons les plus profondes de ce signe consiste à apprendre la différence entre la sécurité venant d'une source externe et donc dépendante et la sécurité intérieure qui n'est pas dépendante. Nous devons minimiser nos espoirs que les autres satisfassent nos besoins de sécurité émotionnelle. En général, les sources externes de sécurité émotionnelle sont retirées d'une manière ou d'une autre pour déclencher l'apprentissage de la sécurité personnelle.

Ce signe se caractérise par la dynamique anima/animus. Sur une longue période d'évolution, le masculin intérieur et le féminin intérieur s'intègrent mutuellement. Bien qu'elle s'incarne de manière prépondérante dans l'un ou l'autre sexe, l'âme est à la fois masculine et féminine et au-delà du genre. En intégrant le masculin et le féminin on atteint un état d'androgynie. Progressivement, nous sommes en sécurité avec les principes masculins et féminins en nous-mêmes puis nous acquérons la compétence de les exprimer de manière équivalente et indépendamment des rôles normalement attribués aux sexes par la société. Les rôles attribués aux genres sont caractérisés par le signe de polarité le Capricorne.

Par exemple, dans une expression naturelle, un homme avec une Lune en Poissons se sentira suffisamment en sécurité intérieure pour montrer sa vulnérabilité et sa sensibilité naturelle et n'aura pas besoin de compenser en prenant l'apparence d'un homme macho. De même, une femme avec une Lune en Bélier se sentira en sécurité pour se lancer dans n'importe quel chemin de vie vers lequel elle se sent instinctivement attirée, pour cheminer d'égal à égal avec un homme, même si cela n'est pas en conformité avec les rôles socialement acceptés pour les femmes.

Le signe du Capricorne symbolise les normes sociétales, les règles, les traditions et les coutumes d'une culture ou d'une nation dans le courant dominant de la société. Chaque nation ou culture a des règles, des tabous, des « c'est vrai, c'est faux » auxquels nous sommes censés nous conformer. La répartition des rôles en fonction des genres est un aspect des normes sociales au sein de la société dominante. Ces normes sociales deviennent alors de facteurs qui conditionnent la conscience.

Le signe du Capricorne est un reflet de la structure de la conscience. Il correspond au besoin d'apprendre comment la société est structurée et comment elle fonctionne afin de progresser dans les strates sociales. Il manifeste le besoin d'établir son autorité personnelle dans la société. Le rôle social ou la profession devient le plus souvent un moyen de développer cette position.

Le signe du Capricorne se caractérise par la dynamique de la culpabilité. Il existe deux types de culpabilité. Le premier type est la culpabilité apprise, basée sur des lois créées par l'homme. Ce type de culpabilité doit être éliminé de l'âme car il inhibe la croissance. Le deuxième type est la culpabilité naturelle qui se fonde sur toute action qui viole la loi naturelle. Ce type de culpabilité sert à enseigner à l'âme à ne plus jamais agir de la même manière. Une accumulation de culpabilité apprise peut entraîner la répression et le refoulement des émotions. Tout ce qui est réprimé devient déformé.

On mûrit au niveau émotionnel en acceptant la responsabilité de nos propres actions. La réflexion est un aspect important de ce signe. Par la réflexion on prend conscience de ce qui s'est cristallisé en nous-mêmes, de ce qui est devenu obsolète et nous empêche de grandir. Ce faisant, nous pouvons nous restructurer d'une manière positive, ce qui contribuera à mûrir émotionnellement, à nous positionner comme autorité personnelle et à être authentique.

Maintenant que nous avons passé en revue les signes du Cancer et du Capricorne, nous pouvons examiner les intentions fondamentales du nœud sud en Cancer/4ème maison et du nœud nord en Capricorne/10ème maison. Quelles étaient la structure émotionnelle et la vision de soi de l'âme dans le passé ? Quelles dynamiques spécifiques représentent les schémas de sécurité émotionnelle conscients du passé ?

Le nœud sud en Cancer/4ème maison

Le nœud sud en Cancer/4ème maison indique que la structure émotionnelle de la vie antérieure était basée sur l'importance de l'impact de l'environnement de la petite enfance, sur le besoin d'intérioriser la sécurité émotionnelle et de prendre soin de ses besoins par soi-même. Les dépendances à l'égard de l'environnement extérieur, source de sécurité émotionnelle sont une cause de limitation et de stagnation en rapport avec le passé.

En entrant dans la vie, l'âme gravitera autour de ces mêmes dynamiques. Ces personnes verront toutes les sources de sécurité extérieure être éliminées de leur vie. Ces expériences sont destinées à provoquer le passage émotionnel de la sécurité extérieure à la sécurité intérieure, de nourrir un espace intérieur de sécurité personnelle.

En général, l'un des parents ou les deux sont incapables de répondre aux besoins émotionnels de l'âme. Cela a pour effet de la renvoyer à elle-même afin de minimiser ses dépendances externes et de lui permettre de cultiver un espace émotionnel de sécurité intérieure.

Dans certains cas, l'âme peut arriver à l'âge adulte avec des émotions déplacées intactes et s'attendre à ce que d'autres personnes comblent ses besoins d'enfance. Ce faisant, une dynamique parentale est créée *de facto* dans les relations. Dans d'autres cas, l'individu peut choisir de prendre soin des autres pour guérir par ce biais, ses propres blessures d'enfance. L'élément clé est qu'en prenant soin de soi-même personnellement on renforce sa sécurité intérieure. La sécurité émotionnelle est alors intégrée et les blessures de l'enfance peuvent vraiment être guéries. Ces personnes peuvent en guise de compensation de leur propre insécurité, en attirer d'autres qui sont ou semblent être tout aussi nécessiteuses qu'elles. Cette dynamique manifeste une limitation du passé qui empêche la poursuite de la croissance.

Le stade du consensus : Au stade du consensus, le nœud sud en Cancer/4ème maison se manifestera par une structure émotionnelle et une vision de soi qui, dans le passé, étaient basées sur l'empreinte générale laissée par la famille et l'environnement conventionnel. Par exemple, au début de la vie, l'âme a intériorisé le rôle de l'homme et de la femme par l'intermédiaire de sa mère et de son père biologiques. Le plus souvent, elle a tiré sa sécurité émotionnelle de l'empreinte laissée par ces rôles socialement acceptés et de ces attributions de genre.

L'individu voudra progresser dans le système et gravitera habituellement autour de l'empreinte laissée par milieu familial pour progresser dans la société. En d'autres termes, il se conformera à la façon dont les parents se sont intégrés dans la société dans sa petite enfance. Dans une expression positive, l'âme peut utiliser l'empreinte du milieu de la petite enfance pour développer sa sécurité intérieure et prendre soin d'elle-même. Dans une expression négative, elle entretiendra des dépendances émotionnelles du passé liées à sa famille d'origine en raison de la sécurité liée à ces schémas.

Le stade d'individuation : Au stade d'individuation, le nœud sud en Cancer/4ème maison se manifestera par une image de soi qui, dans la vie antérieure, était basée sur le sentiment d'être différent des autres membres de la société et sur le besoin de s'individualiser. Cependant, ce besoin d'individualisation crée souvent de l'insécurité. En général, l'âme a créé, avant la vie actuelle, des liens étroits avec des personnes partageant le même état d'esprit. Ces liens ont eu pour effet de façonner l'image de soi et sont liés à la sécurité émotionnelle.

L'intention est de cultiver la sécurité intérieure tout en ayant ce besoin d'individuation et de se libérer de toute dépendance à l'égard d'un groupe social ou du l'environnement familial afin de nourrir son individualité. De cette manière, l'âme dynamise un espace intérieur de sécurité personnelle indépendant de l'influence de ceux qui partagent les mêmes idées. Elle ne s'identifiera pas aux rôles traditionnels prescrits dans les relations par la société dominante.

Elle se rebellera ou rejettera les attributions de rôles selon les genres, prescrites par la société, ce qui peut entraîner un détachement émotionnel de la famille si les rôles socialement acceptés y sont défendus. L'important est que l'âme apprenne à nourrir son individualité de l'intérieur plutôt qu'à partir de sources extérieures. Ce faisant, elle acquiert la capacité de rester seule si besoin et elle développe un espace émotionnel de sécurité. Inversement, l'individu tire sa sécurité émotionnelle d'un groupe social et/ou d'un environnement familial.

Le stade spirituel : Au stade spirituel, le nœud sud en Cancer/4ème maison se manifestera sous la forme d'une structure émotionnelle antérieure qui était basée sur le désir de fusionner et de s'unir avec la Source comme principal moyen d'assurer sa propre sécurité. Nous pouvons cultiver un « foyer intérieur » pour ainsi dire en nous-mêmes grâce à cette union.

En général, avant cette vie-ci, l'âme a noué des liens étroits avec ceux qui cherchaient également à se développer spirituellement. Ces liens ont eu un impact significatif sur son image d'elle-même. Des dépendances émotionnelles à l'égard de ces relations créent alors des limitations à la poursuite de sa croissance.

A ce stade d'évolution, les principes intemporels et naturels constituent le fondement de l'image de soi. L'anima/animus est intégré par l'union avec le Divin de telle sorte que l'âme peut exprimer de manière équivalente les principes masculins et féminins. Par exemple, l'individu peut jouer simultanément le rôle de la mère et celui du père. Ces âmes encouragent les autres à prendre soin d'eux-mêmes et à se sécuriser grâce à une relation primordiale avec la Source Universelle.

Nœud nord en Capricorne/10ème maison

Quelle structure émotionnelle de l'âme est-t-elle en formation ou en évolution ? Quelles dynamiques spécifiques représentent l'attraction vers le futur ?

Le nœud nord en Capricorne/10ème maison symbolise que l'image de soi de l'âme en évolution sera basée sur le besoin d'établir sa propre autorité dans la société, d'accepter la responsabilité de ses actions et de mûrir émotionnellement. Ainsi, l'âme deviendra déterminée à atteindre n'importe quel objectif de vie. Le passage émotionnel du passé au futur se fera sentir dans ces domaines.

Le rôle social ou la profession est un moyen qui permet d'exprimer son autorité personnelle. Nous devons tous apprendre comment la société est structurée et comment elle fonctionne afin d'obtenir les qualifications nécessaires pour assumer une position sociale. Cela peut conduire à un mûrissement naturel. Réfléchir au passé permettra de prendre conscience des dynamiques devenues cristallisées et dépassées qui empêchent la croissance.

La maturation émotionnelle s'installe en acceptant la responsabilité de nos propres actions. Elle est également favorisée par la concrétisation d'un rôle social ou d'une profession. Les émotions déplacées et les dépendances du passé peuvent être transmutées ; l'enfant intérieur devient un enfant adulte sain. La suppression des sources externes de sécurité émotionnelle peut engendrer la même leçon évolutive. Dans une expression naturelle, l'âme encouragera les autres à développer leur propre autorité dans la société et à mûrir sur le plan émotionnel en assumant la responsabilité de leurs propres actions.

Le stade du consensus : Au stade du consensus, le nœud nord en Capricorne/10ème maison se manifestera par une image de soi en évolution basée sur l'établissement d'une autorité personnelle au sein de la société conventionnelle. Le rôle social devient alors un moyen de mûrir sur le plan émotionnel et de favoriser la sécurité personnelle en dehors du soutien ou de l'influence du milieu familial (nœud sud en Cancer). L'âme désire progresser dans les couches sociales. Le plus souvent, cela se produira à travers un rôle social spécifique ou une profession dans le courant dominant de la société. Pour avancer, nous devons apprendre et nous conformer aux règles, lois et coutumes sociales qui prévalent au sein de la société dans laquelle nous sommes nés. Par exemple, pour devenir psychologue (aux États-Unis), il faut sept années d'études.

Dans une expression naturelle, l'individu atteindra la maturité émotionnelle en s'intégrant dans la société conventionnelle et en jouant un rôle socialement significatif de manière responsable ; ce qui manifeste l'attraction vers l'avenir. Inversement, l'âme pourrait devenir dépendante de l'autorité des autres ou d'un rôle extérieur dans la société pour créer une sécurité émotionnelle et utiliser des moyens détournés pour réaliser ses ambitions personnelles et acquérir un statut social.

Le stade d'individuation : Au stade d'individuation, le nœud nord en Capricorne/10ème maison se manifestera par une structure émotionnelle en évolution qui sera basée sur le développement d'une autorité personnelle dans un domaine alternatif. L'âme désirera s'individualiser par rapport au courant dominant en ayant un rôle social dans un domaine alternatif.

La maturité émotionnelle s'installera à mesure que les dépendances externes à l'égard des autres et du milieu familial seront libérées (nœud sud en Cancer). En tant que manifestation du besoin de se libérer du courant dominant, l'âme peut adopter un rôle social qui n'est pas conforme aux attributions de genre socialement acceptées. Par exemple, un homme peut décider de garder des enfants ce qui est en général considéré comme un rôle de femme dans le monde. Ce faisant, il est authentique et renforce une autorité personnelle qui reflète son individualité profonde.

L'essentiel est d'entretenir un espace intérieur de sécurité personnelle (nœud sud en Cancer/ 4ème maison) d'une façon telle que l'autorité personnelle peut s'exprimer en dehors de la société conventionnelle (nœud nord en Capricorne / 10ème maison). La force d'attraction vers l'avenir est ressentie de cette manière. Ces âmes, par leur exemple, peuvent ensuite motiver les autres à développer leur propre autorité et à ne pas se laisser définir par les rôles sociaux du courant dominant. À l'inverse, l'âme peut tenter de se sécuriser en se conformant à la voix de ceux qui détiennent une position d'autorité.

Le stade spirituel : Au stade spirituel, le nœud nord en Capricorne/10ème maison se manifestera par une image de soi en formation enracinée dans le besoin de développer une autorité personnelle en s'unissant avec le Créateur et en s'alignant sur des principes naturels et intemporels.

L'image de soi en formation prend racine dans le développement d'une autorité personnelle à travers une relation avec le Divin. Les dépendances émotionnelles externes vis à vis d'un maître ou de personnes appartenant à un groupe ou une communauté spirituelle sont éliminées à mesure que ce changement émotionnel s'opère. Les lois naturelles et universelles deviennent le fondement sur lequel l'âme développe son autorité personnelle et matérialise un rôle social significatif.

La profession ou le rôle social reflétera le désir de servir la Source et, par ce biais, de servir les autres. Cela devient potentiellement un moyen à travers lequel l'intégration du masculin et du féminin ou de l'anima/animus s'établit. L'individu peut être perçu comme une autorité spirituelle et, par son exemple, encourager les autres à développer leur propre autorité à travers la relation avec le Créateur. L'attraction vers l'avenir est ressentie de cette manière.

> Célébrités avec
> le nœud sud en Cancer/4ème maison
> le nœud nord en Capricorne/10ème maison :
>
> Ben Affleck
> Gwyneth Paltrow
> John Travolta
> Pharrell Williams

Nœud sud en Lion/5ème maison, Nœud nord en Verseau/11ème maison

Afin de traiter des intentions profondes d'évolution du nœud sud en Lion/5ème maison et du nœud nord en Verseau/11ème maison il nous faut d'abord revisiter les signes du Lion et du Verseau.

Le signe du Lion correspond au besoin de se réaliser de manière créative et de prendre son destin en main par la force de sa volonté. Comme tous les signes de feu, le Lion symbolise un sentiment de destinée particulière. Alors que dans l'archétype du Bélier (le signe de feu précédent), le destin particulier était lié à la découverte de soi et à un devenir perpétuel, dans le signe du Lion, le destin particulier est connu dans sa totalité et il est lié cette fois à la concrétisation créative, à la matérialisation de tout ce que nous sommes.

C'est dans ce signe que nous prenons conscience que nous avons quelque chose de spécial à faire dans le monde, un talent ou une capacité créative, et que nous avons le désir de de manifester nos compétences au maximum. En tant que tels, ces individus sont le plus souvent des créateurs naturels, dotés d'une forte volonté et d'un besoin émotionnel de de prendre leur destin en main. Dans une expression déformée, une illusion de grandeur liée au sentiment d'avoir un destin spécial et un but créatif à accomplir peut apparaître.

En général, on observe une structure pyramidale de réalité dans laquelle les besoins de l'individu se trouvent tout en haut et où tous les autres éléments de la vie sont censés répondre. Il en résulte un égocentrisme excessif qui consiste à être constamment la vedette ou le centre du monde.

Trop souvent, la personne ne donne que si ce don lui permet de satisfaire un besoin ou un objectif personnel. Le sentiment d'être spécial se traduit par une attente de validation et de reconnaissance de la part d'autrui qui peut devenir constante. Dans certaines situations, peu importe ce qui est donné, ce n'est jamais vraiment suffisant. Cette dynamique est liée à une insécurité profonde représentée dans le signe précédent, le Cancer.

La clé consiste à pouvoir s'évaluer soi-même intérieurement plutôt que d'attendre la réaction de l'environnement extérieur. Ainsi, nous pouvons transmuter notre dépendance à l'égard des autres pour obtenir ces retours et renforcer notre autonomie émotionnelle. Cette dynamique se manifeste dans le carré naturel entre le Lion et les signes du Taureau (autonomie) et du Scorpion (transmutation).

Une fois que le besoin de reconnaissance et de validation sont intégrés, la générosité authentique du Lion peut resplendir. Dans une expression naturelle, l'âme reconnaîtra les talents uniques des autres sans se sentir menacée ou sur la défensive et les encouragera à prendre leur destin en main grâce au processus d'autonomisation.

Le signe de polarité du Lion est le Verseau. Le signe du Verseau symbolise le besoin de se libérer et de se déconditionner de la structure pyramidale de la réalité et de développer une conscience objective de la vie en général. Le détachement émotionnel et le désengagement conduisent à l'objectivité nécessaire. Somme toute, en reliant le but particulier à un besoin socialement pertinent, on se libère d'une focalisation sur soi excessive.

Ce signe correspond à l'inconscient personnel où sont stockés les souvenirs des vies antérieures propres à l'âme, ainsi que les mémoires refoulées et réprimées comme le symbolise le signe précédent du Capricorne. Cet inconscient personnel stocke les contenus propres à l'individu et les informations relatives à l'avenir.

Le Verseau est associé aux traumatismes. Ceux-ci peuvent avoir de nombreuses causes et sont destinés à déclencher le détachement et l'objectivité nécessaires décrits précédemment. En d'autres termes, nous pouvons utiliser les événements traumatiques pour provoquer une libération et une transformation personnelle. Le trouble de stress post-traumatique ou traumatisme non résolu y est présent. Les projections sont une autre dynamique symbolisée par ce signe. Elles se manifestent à partir de l'inconscient et peuvent être liées à un traumatisme non résolu.

Le principe d'affinité d'esprit correspond à ce signe. JWG enseigne qu'il existe trois groupes sociaux distincts. Le premier groupe correspond au courant dominant de toute société ou culture. Le deuxième groupe est le mouvement alternatif au sein de la société. Le troisième groupe est celui des « dinosaures sociaux » dont les membres préconisent qu'une vision du passé soit appliquée aux temps modernes. Un exemple actuel serait ceux qui prônent le retour à la ségrégation raciale, sexuelle et religieuse du passé. Se détacher émotionnellement d'un groupe social, d'une amitié ou d'une relation entraîne la libération. L'important ici est de pouvoir se présenter en tant que groupe d'un seul homme si c'est nécessaire.

Maintenant que nous avons passé en revue les signes du Lion et du Verseau, nous pouvons examiner les intentions fondamentales du nœud sud en Lion/5ème maison et du nœud nord en Verseau/11ème maison.

Nœud sud en Lion/5ème maison

Quelle est l'image de soi et la structure émotionnelle du passé symbolisées par le nœud sud en Lion/ 5ème maison ? Quelles dynamiques spécifiques représentaient la sécurité émotionnelle consciente du passé ? Le nœud sud en Lion/5ème maison indique que, dans la vie antérieure, la vision de soi était basée sur la manifestation créative, le développement subjectif et la maîtrise de sa vie.

Avant la vie actuelle, le plus souvent, l'âme a créé une réalité pyramidale dans laquelle ses besoins étaient placés tout en haut et elle s'est beaucoup concentrée sur la réalisation de son but et de sa destinée particulière. En général, elle a reçu une sorte de reconnaissance spéciale dans le passé, ce qui peut entraîner un besoin de validation et de reconnaissance de la part de l'entourage. Dans ce cas, l'âme voudra être au centre de l'attention ou être la vedette en toutes circonstances. Peu importe ce que l'on donne, ce n'est jamais vraiment suffisant. Cela est dû à une insécurité profonde symbolisée dans le signe précédent du Cancer. L'intention est alors de prendre en main son destin et, ce faisant, de gagner en autonomie émotionnelle.

En commençant sa vie actuelle, l'individu s'orientera naturellement vers ces mêmes domaines. L'âme aura le sentiment d'avoir une destinée particulière et aspirera à s'accomplir. Les talents et les capacités créatives sont des composantes de l'image de soi de la vie antérieure. Une focalisation excessive sur soi, le besoin de validation et de reconnaissance venant de l'extérieur, la création d'une structure de réalité pyramidale sont des mécanismes qui représentent la sécurité émotionnelle consciente du passé. En tant que telles, ce sont des zones qui peuvent représenter des limitations potentielles.

Le stade du consensus : Au stade du consensus, le nœud sud en Lion/5ème maison s'exprime par une structure émotionnelle de la vie antérieure qui était basée sur la réalisation d'un talent ou d'une capacité créative au sein du courant dominant. Le sentiment d'une destinée particulière est lié à la progression dans les couches sociales. L'expression créative des capacités et des talents innés devient alors un moyen par lequel l'âme progresse dans le système. Par exemple, une personne peut avoir des talents naturels pour l'enseignement, l'écriture ou tout autre domaine de la société conventionnelle. Dans le meilleur des cas, ces talents pourraient devenir une voie potentielle pour s'exprimer et progresser dans la société.

En général, la personne est souvent très identifiée à son but et à ses talents créatifs, ce qui engendre un besoin de reconnaissance de la part de son entourage. Dans une expression naturelle, l'âme utilisera ses compétences uniques pour prendre son destin en main et évoluer dans les différentes couches sociales. Cependant, certains se réaliseront à travers une illusion de grandeur personnelle et créeront une réalité pyramidale en raison de la sécurité émotionnelle qu'elle apporte.

Le stade d'individuation : Au stade d'individuation, le nœud sud en Lion/5ème maison indique que le regard personnel de la vie antérieure était basé sur la réalisation de talents innées et uniques dans un domaine alternatif. Le sentiment de destinée spéciale est lié à la manifestation de ces capacités uniques en dehors du courant dominant. Manifester ces capacités devient alors un moyen de s'individualiser et de se libérer de l'influence de la société dominante. A mesure que l'individu se réalisera en manifestant pleinement son individualité, il gagnera en autonomie émotionnelle. Somme toute, en prenant en main sa propre identité dans un domaine alternatif, il s'affranchit du courant dominant et peut inspirer les autres à faire de même.

État spirituel : Au stade spirituel, le nœud sud en Lion/5ème maison indique que dans la vie précédente, la structure émotionnelle était basée sur la réalisation de soi et l'émancipation par l'union avec la Source universelle. Le destin particulier était lié au développement spirituel et à l'harmonisation avec les principes naturels et intemporels présents dans la création manifestée.

L'âme s'autonomise sur le plan émotionnel en exprimant ses talents innés qui témoignent du désir de servir la Source et, par extension, les autres.

L'image de soi est enracinée dans la cocréation avec la Source et le fait de devenir un canal à travers lequel s'écoule le principe créatif. Dans sa meilleure expression, l'âme motivera les autres à s'autonomiser en s'harmonisant avec les principes intemporels et universels, en fusionnant avec le Divin, et mettant leurs dons particuliers au service de la Source universelle comprise comme reflet des autres. Ces âmes peuvent être perçues sous un jour particulier à cause de leur compréhension des lois de la nature.

Nœud nord en Verseau/11ème maison

Quelle est la structure émotionnelle évolutive de l'âme ? Quelles dynamiques spécifiques représentent le changement vers l'avenir ? Le nœud nord en Verseau/11ème maison indique que l'image de soi en évolution est basée le détachement psychologique, le besoin de s'individualiser et de passer d'une conscience subjective à une conscience objective.

L'intention est de devenir un observateur de soi-même et des autres et de s'intégrer en tant que membre de la communauté plutôt qu'en tant que « star ». Il s'agit d'apprendre à rester seul s'il le faut pour favoriser l'individuation et le déconditionnement. Les attachements émotionnels seront alors éliminés. Le plus souvent, il existe un besoin émotionnel naturel de se connecter à d'autres personnes qui partagent les mêmes valeurs.

L'important est que les capacités créatives et les talents soient reliés à un besoin socialement pertinent ; cela permettra à l'âme d'acquérir progressivement une conscience plus objective d'elle-même et de la vie en général. Ce processus marque l'évolution de la réalité subjective vers la conscience objective. Le détachement et le désengagement émotionnels conduisent également à l'objectivité et à la libération de l'attachement émotionnel.

Le stade du consensus : Au stade du consensus, le nœud nord en Verseau/11ème maison dénote que la structure émotionnelle évolue vers un besoin de se lier à d'autres personnes partageant les mêmes valeurs au sein du courant dominant, de se libérer de la réalité pyramidale et de relier son destin particulier à un besoin socialement pertinent au sein de la société traditionnelle.

Par exemple, l'individu pourrait rejoindre une communauté partageant les mêmes valeurs dans un domaine donné au sein du consensus. Les talents créatifs de l'âme sont alors exercés au sein de cette communauté (nœud sud en Lion/5ème maison, nœud nord en Verseau/11ème maison). Cela devient un moyen pour l'âme d'avancer dans le système. Cette transition émotionnelle implique l'élimination des illusions de grandeur et du besoin de validation et de reconnaissance constantes de la part de l'environnement extérieur. L'attraction vers l'avenir se fait sentir dans ces domaines.

Il faut se libérer des groupes sociaux du courant dominant qui ne partagent pas les mêmes valeurs ni le même état d'esprit que l'âme. Ce faisant, elle acquerra la capacité de se positionner en tant que groupe d'un seul individu si nécessaire. À l'inverse, l'âme peut choisir de se manifester par le biais d'illusion de grandeur pour se sentir en sécurité émotionnelle dans cette dynamique.

Le stade d'individuation : Pendant la phase d'individuation, le nœud nord en Verseau/11ème maison se manifestera par une image de soi qui évoluera vers un besoin de s'individualiser par rapport à la société dominante et de se relier à des personnes partageant les mêmes idées dans la communauté alternative. Il s'agit de relier ses talents créatifs à un besoin socialement significatif dans un domaine non conventionnel.

La clé est de se libérer d'une identification excessive à un rôle particulier et d'attachements émotionnels dépassés au sein d'un groupe de personnes en affinité d'esprit. Ce faisant, l'individu manifestera ses dons uniques et spéciaux dans un secteur alternatif (nœud sud en Lion/5ème maison, nœud nord en Verseau/11ème maison). Par exemple, dans une expression positive, l'âme peut se joindre à une communauté d'éducation alternative dont elle partage les valeurs et où elle exprimera sa créativité. De cette façon, les talents particuliers sont utilisées d'une manière transformée qui manifeste l'individualité de l'âme. L'attraction vers l'avenir se fait sentir dans ces domaines.

Le stade spirituel : Durant la phase spirituelle, le nœud nord en Verseau/11ème maison se manifestera par une structure émotionnelle et une vision de soi qui évolueront vers le besoin de s'individualiser en s'unissant avec la Source et avec des personnes qui cherchent également à se spiritualiser et partagent le même état d'esprit.

Dans cette phase d'évolution, l'individu associera le plus souvent sa créativité aux besoins d'un groupe ou d'une communauté spirituelle. L'ensemble de la collectivité est ainsi servi (nœud sud en Lion/5ème maison, nœud nord en Verseau/11ème maison). Cette position symbolise l'idéal des communautés spirituelles universelles dans lesquelles chaque individu se développe spirituellement grâce à des principes naturels et intemporels.

L'âme développera la capacité à se positionner en tant que groupe d'un seul individu, indépendamment de toute communauté spirituelle ou de tout enseignant en mettant son destin particulier au service d'un besoin collectif. Avant la vie actuelle, l'individu peut avoir tenu un rôle particulier au sein d'un groupe spirituel (nœud sud en Lion/5ème maison). La libération d'une identification excessive à ce rôle est symbolisée par le nœud nord en Verseau/11ème maison. Le changement émotionnel vers l'avenir se fait de cette façon.

Célébrités avec
le nœud sud en Lion/5ème maison
le nœud nord en Verseau/11ème maison :

Albert Einstein

Kristen Stewart

Jennifer Lawrence

Liam Neeson

Nœud sud en Vierge/6ème maison,
Nœud nord en Poissons/12ème maison

Pour traiter des intentions fondamentales du nœud sud en Vierge/6ème maison et du nœud nord en Poissons/12ème maison, nous devons d'abord revoir les signes de la Vierge et des Poissons.

La Vierge est un signe de transition. Celle-ci se fait entre le développement subjectif (indiqué dans les signes allant du Bélier au Lion) et le développement objectif (de la Balance aux Poissons). En fait, la pyramide s'inverse et nous prenons conscience de tout ce qui nous manque ou non. L'ajustement personnel, la purification et l'humilité se mettent en place à mesure que le ballon de l'inflation du moi se dégonfle. Si l'orientation est trop subjective (symbolisée par les signes précédents la Vierge allant du Bélier au Lion), on ressent la nécessité de s'ajuster. Ce qui est ressenti comme « juste » est lié à une focalisation et un développement objectif reflétés par les signes qui suivent la Vierge (de la Balance aux Poissons).

La Vierge correspond au service rendu à la communauté. Nous prenons conscience de toutes nos imperfections, nos impuretés, nos erreurs et face à la nécessité de servir la collectivité d'une manière ou d'une autre, nous aspirons à nous améliorer. Une crise est souvent provoquée pour nous pousser à faire les ajustements intérieurs nécessaires. Si on y répond positivement, la crise conduit à la connaissance et à la conscience de soi. En cas de réaction négative, des crises excessives et une focalisation sur soi trop critique peuvent créer une attitude d'auto-sabotage constant.

Dans ce cas, nous invoquons des excuses logiques, des rationalisations pour expliquer pourquoi nous ne sommes pas « prêts » ou « parfaits » pour accomplir les tâches que nous savons pourtant être capables de faire. Cette dynamique est souvent due à un vide existentiel intérieur qui va au-delà de la solitude. Pour compenser ce vide, nous adoptons divers comportements d'évitement et/ou de déni. Par exemple, le syndrome de l'abeille occupée peut se manifester quand l'âme est toujours engagée dans des activités et des obligations extérieures.

Il s'agit de discerner entre la réalité « apparente » et la « vraie » réalité. La crise est souvent un moyen de déclencher cette leçon essentielle. Par exemple, une crise peut survenir en raison d'un grand nombre d'obligations extérieures. La réalité apparente de la crise est le manque de temps pour faire ce que l'âme sait qu'elle doit faire pour elle-même. La vraie réalité de la crise est la compensation d'une solitude ou d'un vide intérieur. Si on répond positivement à cette crise et que l'on prend conscience de ses véritables raisons d'être, la connaissance de soi est acquise.

La psychologie du sadomasochisme est associée au signe de la Vierge. Le sadomasochisme tire ses origines dans le mythe du jardin d'Éden dans lequel les femmes sont présentées comme responsables de la chute spirituelle ou de la tentation de l'homme. Les femmes se sentent coupables et inférieures et ressentent le besoin d'expier leur culpabilité, ce qui se traduit par la pathologie du masochisme. Les hommes, eux, se sentent coupables, supérieurs, et ressentent le besoin de punir ou de se venger en réaction à ce sentiment de culpabilité, manifestant la pathologie du sadisme. En général, les femmes incarnent le masochisme tandis que les hommes incarnent le sadisme. Cependant, ces deux psychologies peuvent exister simultanément et fluctuer chez une même personne. La victimisation correspond à ce signe.

La polarité de la Vierge est le signe des Poissons. Le signe des Poissons correspond au besoin de s'aligner sur une réalité transcendante, de trouver un sens ultime et de fusionner avec la Source de Toutes choses. Il représente la synthèse ou le composite de tous les signes précédents. Il indique les domaines où que nous sommes susceptibles d'être victimes de déceptions et d'illusions, mais aussi là où nous pouvons être inspirés par le Divin. Il indique que l'aboutissement de tout un cycle d'évolution est en cours. Dans une expression naturelle, une focalisation sur soi trop critique, des crises excessives, la tendance à se victimiser et la psychologie du sadomasochiste peuvent être surmontées. La « vocation juste » et la relation avec la Source remplacent le « vide existentiel » lié au besoin de sens ultime. Lorsque nous projetons le sens ultime à l'extérieur, dans n'importe quel domaine de la vie, nous rencontrons la désillusion. La désillusion est l'une des émotions les plus douloureuses qui soient, mais elle sert à nous aligner sur la réalité (Vierge).

Le potentiel d'évasion est associé aux Poissons. La perte de sens peut déclencher le besoin de s'échapper. La consommation de drogues est une forme d'évasion tout comme la création de fantasmes et d'illusions. Par exemple, l'individu peut tenter de s'échapper en se projetant dans le personnage d'un film, d'un livre ou dans un rôle de sa propre création. De cette façon, le fantasme devient réalité et la tromperie peut survenir. Bien sûr, nous pouvons être trompés par d'autres lorsque nous nous concentrons sur leur « potentiel » sans voir clairement leur réalité. C'est alors que survient le désenchantement qui, comme mentionné précédemment, est destinée à nous aligner sur la réalité.

Au fur et à mesure que l'individu agit pour se spiritualiser et adopte les principes intemporels et universels qui se manifestent dans la totalité de la Création, le besoin de fuir la réalité disparaîtra de l'âme. Les illusions et les déceptions seront éliminées et les expériences douloureuses de désillusion s'atténueront. Une cause ou un but supérieur peut être un moyen d'établir un sens ultime dans la vie en général.

Les œuvres de bienfaisance, les causes humanitaires et les organisations à but non lucratif sont autant d'exemples de causes supérieures. La clé dans tout cela est que le sens ultime doit être défini de l'intérieur plutôt que de l'extérieur, peu importe le domaine de la vie où il s'applique. Le besoin sous-jacent est de fusionner le corps émotionnel avec l'Éternel pour intérioriser le sens ultime.

Le signe des Poissons marque le passage de la logique déductive à la logique inductive. La logique déductive tente de construire le tout à partir de toutes les parties individuelles tandis que la logique inductive se concentre d'abord sur le tout pour laisser ensuite toutes les parties s'emboîter naturellement. C'est ainsi que la vie dans son ensemble peut être simplifiée.

Maintenant que nous avons revu les signes de la Vierge et des Poissons, nous pouvons explorer les les intentions fondamentales du nœud sud en Vierge/6ème maison et du nœud nord en Poissons/12ème maison. Quelle était, dans la vie antérieure, la structure émotionnelle de l'âme symbolisée par le nœud sud en Vierge ou dans la 6ème maison ? Quelles sont les dynamiques spécifiques qui représentent la sécurité émotionnelle consciente en lien avec le passé ?

Nœud sud en Vierge/6ème maison

Le nœud sud en Vierge/6ème maison indique que l'image de soi dans la vie antérieure était basée sur le besoin d'être au service de la communauté, de se perfectionner et de développer l'humilité personnelle. Le plus souvent, en entrant dans cette vie, l'individu sera très critique envers lui-même, enclin aux crises et à l'auto-analyse. La tendance à se sentir victime est également manifestée par cette position du nœud sud. Ce sont les dynamiques venant du passé qui constituent la sécurité émotionnelle et peuvent créer des limitations.

Avant la vie actuelle, l'âme a fait l'expérience de la pyramide inversée dans laquelle ses besoins se trouvaient tout en bas. Cela a permis de percer le ballon de l'auto-inflation et de cultiver l'humilité personnelle. Essentiellement, elle a pris conscience de toutes ses imperfections, de ses manques et de ses erreurs, ce qui peut engendrer un comportement d'auto-sabotage dans lequel elle trouve toujours des excuses pour expliquer pourquoi elle n'est pas assez bonne ou assez prête pour faire le « bon travail » qu"elle sait pourtant être capable de faire. La psychologie du masochisme ou du sadisme ou des deux est également représentée dans cette position.

En général, l'individu est plutôt effacé, humble et serviable. Beaucoup de ces âmes gravitent naturellement autour du service aux opprimés ou à ceux qui ont été marginalisés ou persécutés.

Cependant, dans certaines situations, l'individu peut devenir excessivement critique et projeter une attitude négative dans son environnement. Ceci est dû au fait de se concentrer sur soi de façon négative et critique.

Le syndrome de « l'abeille occupée » peut se manifester quand l'individu s'engage constamment dans des activités extérieures et des obligations excessives afin de combler son vide existentiel intérieur Il en résulte une crise qui peut conduire à une prise de conscience et aux ajustements nécessaires. Ces personnes ont une capacité innée à aider ceux qui sont dans un état de crise et répondent le plus souvent à ceux qui se sont sentis victimes de la vie.

Le stade du consensus : Au stade du consensus, le nœud sud en Vierge/6ème maison indique que la structure émotionnelle de la vie antérieure était centrée sur le besoin de servir l'ensemble, de se perfectionner et de s'améliorer au sein de la société traditionnelle. Le plus souvent, l'âme a désiré progresser en perfectionnant les méthodes de travail et les techniques existantes dans le courant dominant.

Ces individus seront très critiques à l'égard de ceux qui ne se conforment pas aux normes de la société dominante et rejetteront toute technique qui n'est pas socialement acceptée. Dans son expression naturelle, l'âme peut désirer aider les membres de la société dominante qui ont été défavorisés d'une manière ou d'une autre en améliorant leurs conditions de vie. Cependant, dans une expression déformée, certains peuvent saboter cette capacité et se contenter d'un travail banal juste pour survivre et rester occupé.

Le stade d'individuation : Au stade d'individuation, cela indiquera que la structure émotionnelle de la vie antérieure était fondée sur le besoin de servir l'ensemble et de s'améliorer dans un domaine alternatif. Le plus souvent, l'âme va désirer s'individualiser par rapport au courant dominant en offrant une forme de service unique qui reflète sa propre individualité.

L'amélioration de soi et la perfection sont liés à la libération des schémas émotionnels de compensation et d'auto sabotage associés à la conformité au courant dominant. En d'autres termes, l'individu peut nier la nécessité de se libérer par peur d'être rejeté. Le plus souvent, avant cette vie-ci, ces personnes ont été persécutées pour ne pas s'être conformées au consensus. Cela peut se reproduire dans la vie actuelle (nœud sud en Vierge/6ème maison). Bien sûr, l'âme peut être trop critique à l'égard de ceux qui se conforment. Dans ce cas, plutôt que d'émettre des critiques, la clé consiste à suggérer des techniques d'amélioration si le besoin s'en fait sentir.

Dans une expression naturelle, l'âme désirera rendre service à ceux qui partagent ses valeurs et cherchent aussi à s'individualiser. Dans cette situation, la personne peut suivre un parcours de vie axé sur le service à ceux qui ont été persécutés et/ou rejetés pour leur différence, ce qui permet à la libération de s'installer. Inversement, l'individu peut rejeter la nécessité de s'individualiser et saboter sa forme particulière de contribution en effectuant un travail banal ou en étant toujours suffisamment occupé pour éviter un vide intérieur ou la peur de la persécution.

Le stade spirituel : Au stade spirituel, le nœud sud en Vierge/6ème maison se manifestera par une image de soi et une structure émotionnelle qui, dans la vie antérieure, étaient fondées sur le service au Tout et sur l'amélioration de soi par l'union avec la Source universelle. L'âme va désirer servir les autres comme un reflet du service au Divin.

Dans cette condition évolutive, la « vocation juste » est centrée sur l'harmonisation avec les principes naturels intemporels tels qu'ils se manifestent dans la création. Souvent, l'âme ne se sent pas prête ou pas assez parfaite pour accomplir les tâches inspirées par la Source, ce qui conduit alors à la recherche perpétuelle d'excuses et à un comportement d'auto sabotage. L'antidote à cette situation consiste à redéfinir la notion de « perfection » et de la considérer comme un processus qui se produit étape par étape.

L'important à comprendre dans cette idée est que la Source elle-même n'est pas intrinsèquement parfaite mais qu'elle se trouve plutôt dans un état évolutif de perfection, simultanément parfaite et imparfaite. En d'autres termes, dans une expression naturelle, ces individus motiveront les autres à s'aligner sur leur vocation juste et à s'améliorer par l'union avec la Source universelle. La devise devient « Essayez d'être un peu meilleur chaque jour, et si vous n'y arrivez pas, ressayez le lendemain quand vous vous réveillez ».

Les nœuds lunaires par signes et par maisons

Le nœud nord en Poissons /12ème maison

Quelle est la structure émotionnelle de l'âme en évolution ? Quelles sont les dynamiques spécifiques qui représentent l'attraction vers le futur ? Le nœud nord en Poissons/12ème maison symbolise que la structure émotionnelle et l'image de soi évoluent vers un besoin de trouver un sens ultime intérieurement, de se connecter à une réalité transcendante et de se défaire d'anciens schémas émotionnels liés à une focalisation sur soi négative et critique.

En s'unissant émotionnellement au Divin l'âme termine tout un cycle d'évolution et cultive le sens ultime à partir d'elle-même. La psychologie du sadomasochisme et la victimisation sont alors dissoutes permettant la poursuite de la croissance. La désillusion et la perte de sens personnel peuvent se produire afin de déclencher ces intentions. Ce sont les dynamiques centrales qui représentent la transition émotionnelle vers l'avenir et servent de base à l'image de soi en développement.

A mesure que l'âme unira son corps émotionnel à l'éternel, les valeurs et les principes transcendants remplaceront progressivement les valeurs temporaires. Les illusions et les déceptions seront éliminées et la vocation juste remplacera le travail banal tout comme les nombreuses activités extérieures qui ne servent qu'à occuper l'individu. Les crises excessives disparaîtront et le vide existentiel sera comblé en cultivant une relation avec le Créateur.

Une cause ou un objectif supérieur est un moyen de donner un sens ultime à la vie et de matérialiser la vocation juste. Le pardon et la compassion envers soi remplacent l'approche négative et critique. La vie en général se simplifie. L'âme va développer une logique inductive qui saisit d'abord l'ensemble et permet à toutes les parties individuelles de se mettre naturellement en place.

Au fur et à mesure que l'âme se réunira émotionnellement avec le Divin originel, elle réalisera que la source n'est pas intrinsèquement parfaite, mais simultanément parfaite et imparfaite, en évolution vers la perfection.

Comme l'a enseigné JWG, comment une chose parfaite peut-elle créer une chose imparfaite ? Les paroles du regretté Léonard Cohen, dont le nœud sud était en Vierge et le nœud nord en Poissons illustrent la transition émotionnelle du passé évolutif vers le futur que manifeste cet axe nodal.

« Il y a une brèche dans tout, c'est comme ça que la lumière entre ».

Le stade du consensus : Au stade du consensus, le nœud nord en Poissons/12ème maison se manifestera par une structure émotionnelle et une image de soi en évolution basées sur un alignement avec les principes transcendants et la réalité au sein de la société dominante. On assistera à un paroxysme d'activités d'évitement comme le syndrome de l'abeille occupée et le travail banal accompli juste pour s'en sortir. En d'autres termes, les vieux schémas émotionnels d'auto sabotage liés à la nécessité de manifester un travail correct doivent se dissoudre. C'est ainsi que l'on s'aligne sur un objectif supérieur pour sa vie (nœud sud en Vierge/6ème maison/nœud nord en Poissons/12ème maison).

Par exemple, les organisations à but non lucratif, les organisations caritatives et les causes humanitaires sont toutes des expressions potentielles du travail juste et concrétisent un alignement avec le sens ultime au sein du courant dominant. De cette façon, l'âme simplifiera sa vie en général en éliminant les activités et obligations externes excessives. Dans cette phase d'évolution, l'individu progressera au sein du système par l'actualisation d'un travail juste au sein de la société dominante qui s'aligne sur une cause ou un but plus élevé. L'attraction vers l'avenir se fera sentir dans ces domaines.

Le stade d'individuation : Au stade d'individuation le nœud nord en Poissons/12ème maison s'exprime par une structure émotionnelle et une image de soi en évolution fondées sur le besoin d'embrasser une réalité et des principes transcendants dans le domaine alternatif. Le besoin émotionnel sous-jacent est de se libérer de la société dominante en s'alignant sur les lois universelles et intemporelles qui transcendent les concepts socialement acceptés de ce qu'est la réalité et de ce qu'elle n'est pas et qui reflètent l'individualité profonde de l'âme.

L'aboutissement des schémas émotionnels passés liés au déni et au rejet de l'impulsion d'individuation doit se produire pour que l'évolution se poursuive. Ce faisant, le travail juste peut devenir un moyen par lequel l'âme nourrit son besoin de fusionner avec la source universelle et de s'individualiser.

Par exemple, diverses formes de soins alternatifs comme les thérapies de régression, la méditation, le yoga ou la tenue d'un journal de ses rêves sont des expressions possibles d'un travail juste aligné sur un objectif supérieur dans un domaine alternatif (nœud sud en Vierge/6ème maison /nœud nord en Poissons/12ème maison). De cette façon il est possible de mettre un terme aux expériences passées de persécution et de rejet. En retour, l'âme par son exemple, peut motiver d'autres personnes à guérir de ces mêmes expériences. Le changement émotionnel vers l'avenir se manifeste dans ces domaines.

Le stade spirituel : Au stade spirituel, le nœud nord en Poissons/12ème maison s'exprime par une structure émotionnelle et une image de soi en évolution fondées sur le besoin de fusionner avec la Source et de s'aligner sur les principes naturels et intemporels. Le développement spirituel s'opère en surmontant les dynamiques passées d'auto-sabotage qui empêchent ou bloquent la concrétisation du travail juste tel qu'inspiré par la Source.

Par exemple, l'attitude qui consiste à trouver constamment des excuses pour expliquer pourquoi on n'est pas prêt ou pas assez parfait pour faire le travail demandé par le Divin doit être éliminée. Le vide existentiel peut alors être comblé en entretenant une relation avec la Source. Un travail juste manifestera le désir de servir la Source d'une manière ou d'une autre en utilisant la connaissance que l'âme a des principes naturels intemporels. Le sens ultime est nourri de l'intérieur grâce à une relation primordiale avec la Source et à l'alignement sur les lois universelles et intemporelles. Comme l'a dit le grand Swami Sri Yukteswar, « Tout saint a un passé et tout pécheur a un avenir ».

C'est ainsi que l'attraction vers l'avenir se manifeste.

> Célébrités avec
> le nœud sud en Vierge/6ème maison
> le nœud nord en Poissons/12ème maison :
>
> Gwen Stefani
> Robin Williams
> Adele
> Matt Damon

Nœud sud en Balance/7ème maison, Nœud nord en Bélier/1ère maison

Afin de comprendre les intentions fondamentales du nœud sud en Balance/7ème maison et du nœud nord en Bélier/1ère maison, nous devons revisiter les signes du Bélier et de la Balance.

Le signe de la Balance correspond à l'initiation de relations avec autrui et à l'entrée dans le domaine social. Il symbolise les attentes et le besoin de donner aux autres, celui de recevoir et les besoins projetés dans les relations. Il met en évidence la loi naturelle du don, du partage et de l'inclusion.

La Balance indique qu'un état extrême a été atteint ce qui engendre le besoin d'apprendre à équilibrer ces extrêmes. Les principes d'égalité, de justice et de fair-play y sont symbolisés.

C'est en nous comparant avec autrui et par le contraste que nous évaluons notre identité, qui nous sommes, qui nous ne sommes pas et qui nous ne pouvons pas être. En établissant des relations avec les autres, nous nous exposons à la dynamique de la relativité. Nous apprenons à connaître la diversité des besoins, des valeurs, des croyances et des réalités des autres et quelles sont les réalités qui reflètent les nôtres et celles qui ne les reflètent pas.

C'est lorsque nous perdons le contact avec nos besoins et notre identité que nous créons des déséquilibres et des extrêmes dans nos relations. Par exemple, l'un des partenaires peut jouer un rôle de soumission à l'autre en répondant aux besoins de son partenaire à l'exclusion des siens propres ; il devient alors une extension de la réalité, des besoins et de l'identité de l'autre. A l'inverse, dans le rôle dominant, l'individu renforce ses propres besoins et ses attentes de telle sorte que son partenaire a l'impression que ses propres besoins ne sont satisfaits qu'en répondant à ceux de l'autre.

Ces rôles peuvent être fixes ou fluctuer au sein d'une même relation. Les deux partenaires sont dépendants l'un de l'autre par rapport ces rôles. La dynamique de base qui crée de tels déséquilibres est le besoin d'être nécessaire. Une variante de ce thème est celle de l'élève/professeur et/ou du conseiller/client.

Le signe de la Balance correspond à la psychologie de l'écoute. La nécessité de parvenir à l'équilibre et à l'égalité demande que nous apprenions à écouter les autres objectivement car ils parlent de leur réalité. Ainsi, nous pouvons identifier la réalité telle qu'elle est perçue par les autres en général. En d'autres termes, l'instauration de relations avec les autres crée la nécessité d'écouter objectivement au lieu d'écouter à travers notre propre filtre subjectif ou à partir de notre propre réalité. Ainsi, nous savons ce qu'il faut donner et ce qu'il ne faut pas donner et qui reflète notre réalité globale et qui ne la reflète pas.

L'une des principales leçons à en tirer est de savoir quand donner et quand ne pas donner. En somme, il s'agit d'apprendre que dans certaines situations, en s'abstenant ou en semblant ne pas de donner, nous pratiquons une forme suprême de don. Ces situations impliquent toujours de s'abstenir de donner lorsque l'autre n'a pas fait usage de ce qui a déjà été donné mais pourtant en demande davantage. C'est ainsi que les codépendances et les déséquilibres peuvent être éliminés et qu'un équilibre entre donner et recevoir peut s'établir.

Le signe de polarité de la Balance est le Bélier. Celui-ci correspond à un tout nouveau cycle d'évolution et au besoin de liberté et d'indépendance pour explorer ce nouveau cycle. Ce signe représente un processus de devenir perpétuel universellement expérimenté.

C'est en initiant des actions que la découverte de soi a lieu. L'apprentissage se fait sur la base d'une dynamique action/réaction. Pour illustrer ce point, JWG utilise l'analogie d'un bébé touchant un poêle chaud. Le bébé agit en touchant le poêle et réagit en se rendant compte qu'il est chaud ! Il acquiert ainsi une connaissance implicite. Ce besoin nécessite une liberté et une indépendance indispensables afin de pouvoir générer l'expérience jugée nécessaire à la découverte de soi. Somme toute, nous apprenons à poser nos propres questions et à y répondre de l'intérieur et à initier notre propre chemin de vie sans demander le consentement ou la permission à quelqu'un d'autre. Le plus souvent, il y a une colère instinctive contre toute restriction de la liberté personnelle.

Le Bélier représente nos instincts. Le nouveau cycle d'évolution est mis en mouvement par une réponse instinctive à une expérience immédiate. En d'autres termes, nous pouvons être instinctivement attirés par une nouvelle expérience, une personne, une opportunité, tout comme à l'inverse, nous pouvons éprouver instinctivement de la répulsion envers un événement de la vie. Il est essentiel de comprendre que dans les deux situations, en honorant nos instincts, on découvre qui on est.

Ce signe correspond à la peur. La peur a de nombreuses causes et elle peut nous empêcher d'entreprendre des expériences qui pourraient être nécessaires pour un nouveau cycle d'évolution. Si nous faisons des choix motivés par la peur, en agissant uniquement en fonction de ce qui est connu et familier, nous répétons le passé dans le futur. En revanche, si nous nous libérons de la peur, un nouveau cycle d'évolution se met en place - par exemple, un nouveau cycle de relation basé sur l'indépendance et l'égalité mutuelle.

Maintenant que nous avons revu les signes de la Balance et du Bélier, nous pouvons traiter des intentions évolutives fondamentales du nœud sud en Balance/7ème maison et du nœud nord en Bélier/1ère maison

Le nœud sud en Balance/7ème maison

Quelle était la structure émotionnelle du passé ? Quelles sont les dynamiques qui représentent la sécurité émotionnelle consciente du passé ? Le nœud sud en Balance/7ème maison suggère que dans la vie antérieure, l'image de soi était basée sur le besoin d'initier des relations, de se sentir nécessaire, d'apprendre l'équilibre, l'égalité et les principes de justice et d'équité. Ce sont les dynamiques de base qui constituent les schémas de sécurité émotionnelle consciente du passé.

En entrant dans la vie, l'âme gravitera naturellement autour de ces dynamiques et souhaitera établir une diversité de relations afin d'apprendre qui elle est par le biais de comparaisons et de contrastes. Le besoin d'écouter les autres objectivement, de comprendre ce qu'il convient de donner et ce qu'il ne convient pas donner est mis en avant dans ce signe. Trop souvent, l'individu voudra s'adapter à la réalité du partenaire au point de perdre de vue sa propre identité et ses besoins. Dans le meilleur des cas, ces âmes peuvent être des conseillers nés avec une capacité d'écoute naturelle. Le principe « Fais aux autres ce que tu aimerais qu'on te fasse » est une règle de vie essentielle pour ce signe.

En général, les codépendances, les déséquilibres et les extrêmes sont des schémas de comportements antérieurs qui freinent la poursuite de l'évolution. Cette dynamique est causée par le besoin d'être nécessaire. L'une des principales leçons à en tirer est d'apprendre à savoir quand donner et quand ne pas donner. Ce faisant, une forme suprême de don est pratiquée tout en donnant l'impression de ne pas donner dans certaines situations.

Le stade du consensus : Au stade du consensus, le nœud sud en Balance/7ème maison se manifestera par une structure émotionnelle de la vie antérieure basée sur l'initiation de relations au sein de la société traditionnelle. Ceci dans le but d'apprendre comment évoluer dans le système, en s'associant par exemple avec des personnes qui occupent une position sociale plus élevée dans un domaine donné. L'âme attendra des autres qu'ils se conforment aux normes de comportement socialement acceptées ainsi qu'aux rôles conventionnels dans les relations. Elle écoutera et évaluera les autres par rapport à ces normes et attentes sociales.

Dans une expression naturelle, elle utilisera le système social et les relations pour rendre à autrui d'une manière ou d'une autre, en défendant l'égalité des droits et un système social fondé sur la justice, le fair-play et l'égalité par exemple. Dans ce cas, elle peut éventuellement servir de mentor pour ceux qui cherchent également à progresser dans la société. En revanche, l'individu peut encourager le maintien des inégalités existantes en ce qui concerne la richesse, etc. En d'autres termes, dans une expression négative, cet individu cherchera à maintenir un système social injuste et inégalitaire pour se sentir en sécurité émotionnelle.

Le stade d'individuation : Au stade d'individuation, le nœud sud en Balance/7ème maison indique que dans la vie antérieure, la structure émotionnelle était basée sur l'établissement de relations avec des personnes qui partageaient les mêmes valeurs et aspiraient à s'individualiser. L'âme nouera des relations l'aidant à se libérer et se déconditionner des normes, des attentes et des rôles traditionnellement attendus dans les relations. En général, avant la vie actuelle, une dépendance s'est créée à l'égard des autres en raison du besoin de s'affranchir du statu quo.

Dans cette condition évolutive, l'âme va se rebeller contre les relations et les attentes traditionnelles du courant dominant et cherchera à établir l'égalité des rôles et leur interchangeabilité. À ce titre, elle devra apprendre à écouter et à évaluer les autres en fonction de leur besoin de s'individualiser et de se libérer des relations qui renforcent les attentes du courant dominant et les comportements socialement acceptés. Ce faisant, l'âme saura alors avec qui nouer des relations et avec qui ne pas le faire. À l'inverse, elle peut entretenir des relations de codépendance dans lesquelles le besoin de s'individualiser est projeté à l'extérieur en raison de la sécurité émotionnelle que cela procure.

Le stade spirituel : Au stade spirituel le nœud sud en Balance/7ème maison indique une structure émotionnelle qui était basée sur l'établissement de relations avec des personnes qui désiraient également fusionner avec la Source. L'âme tisse des liens pour faciliter son évolution spirituelle.

Le besoin sous-jacent est de cultiver une relation prioritaire avec le Divin et les principes naturels intemporels. Ces dynamiques centrales sont la base sur laquelle l'âme se développe spirituellement et évalue les relations qu'elle doit établir ou non. Dans une expression positive, la loi naturelle du don, du partage et de l'inclusion devient la base des relations. Le plus souvent, l'individu est devenu dépendant des autres dans le domaine de la connaissance spirituelle. En d'autres termes, avant la vie actuelle, l'âme peut avoir attiré des relations de type « enseignants » spirituels. Elle va chercher à contrecarrer ou à équilibrer de tels extrêmes en initiant des relations où le besoin de spiritualisation est mutuel et où une dynamique d'enseignant/ étudiant est mutuellement partagée.

Nœud nord en Bélier/1ère maison

Vers quelle image d'elle-même l'âme évolue-t-elle ? Quelles sont les dynamiques particulières qui représentent l'attraction vers l'avenir ? Le nœud nord en Bélier/1ère maison indique que la vision de soi en cours de formation est fondée sur le développement d'une voix indépendante, la capacité à se poser ses propres questions et l'opportunité de se découvrir ou de se redécouvrir.

Cet axe nodal met en évidence un paradoxe émotionnel dans lequel les besoins individuels doivent être équilibrés avec le besoin de relations, symbolisant la force d'attraction du passé vers l'avenir.

La liberté et l'indépendance sont nécessaires pour générer toutes les expériences jugées nécessaires à la découverte de soi. Un sentiment de destin particulier est ressenti en relation avec un nouveau cycle d'évolution. A mesure que l'âme commence à développer sa propre voix indépendante, l'indépendance mutuelle et l'égalité dans les relations s'installent (nœud sud en Balance/7ème maison, nœud nord en Bélier/1ère maison) et le paradoxe émotionnel évoqué plus haut se résout de cette manière.

Les dépendances du passé seront transmutées en se lançant dans des actions indépendantes sans attendre que l'autre agisse en premier. En d'autres termes, des relations fondées sur l'actualisation indépendante des deux partenaires seront nouées à mesure que l'âme pourra se débrouiller seule et qu'elle développera la capacité de poser ses propres questions et d'y répondre de l'intérieur. La base des relations devient alors « Je suis ici parce que je le veux et non pas parce que j'en ai besoin ». Ce faisant, un nouveau cycle d'évolution se met en place.

Le stade du consensus : Au stade du consensus, le nœud nord en Bélier/1ère maison indique que l'évolution de l'image de soi se fera en développant l'indépendance au sein du courant dominant. L'âme aura besoin de liberté et d'indépendance afin de mettre en œuvre toutes les expériences jugées nécessaires pour progresser dans la société. Elle sera capable de poser ses propres questions et d'y répondre dans le contexte de la société dominante (nœud sud en Balance/7ème, nœud nord en Bélier/1ère maison).

Par exemple, en innovant dans un domaine spécifique, l'âme pourrait se débrouiller seule et ouvrir une nouvelle voie au sein du consensus. La découverte de soi est liée à la progression dans les les couches sociales. Dans une expression positive, un nouveau cycle d'évolution est mis en place à mesure que l'âme établit des relations fondées sur l'indépendance mutuelle et découvre sa propre voix au sein du courant dominant. Le changement émotionnel vers l'avenir se fera sentir dans ces domaines. À l'inverse, certains peuvent agir en étant motivés par la peur et reproduire le passé dans le futur empêchant ainsi l'émergence d'un nouveau cycle. Par exemple, l'âme peut maintenir les dépendances du passé et reporter ces schémas émotionnels dans l'avenir à cause de la sécurité émotionnelle qui découle de ces dynamiques.

Le stade d'individuation : Au stade d'individuation, le nœud nord en Bélier/1ère maison se manifestera par une structure émotionnelle en évolution basée sur le développement d'une voix indépendante dans un domaine alternatif ; l'âme a besoin de liberté et d'indépendance pour agir sur l'impulsion d'individuation.

La découverte de soi est liée à la libération par rapport au courant dominant. Dans une expression positive, l'âme manifestera de manière indépendante son individualité unique, ce qui permettra l'établissement de relations fondées sur l'indépendance et l'égalité. En somme, c'est l'action indépendante motivée par le besoin de s'individualiser qui libère des codépendances et des déséquilibres relationnels (nœud sud en Balance/7ème maison, nœud nord en Bélier/1ère maison).

Par exemple, l'individu pourrait ouvrir une nouvelle voie ou innover dans un domaine alternatif, mettant ainsi en place un nouveau cycle d'évolution. Dans une expression naturelle, ces âmes encourageront les autres à faire ce qu'il faut pour se découvrir ou se redécouvrir, indépendamment de la société conventionnelle. Cela manifeste l'attraction vers l'avenir. Inversement, l'individu peut reproduire les schémas relationnels du passé dans l'avenir en maintenant une codépendance, sans agir de manière autonome.

Le stade spirituel : Au stade spirituel, le nœud nord en Bélier/1ère maison s'exprimera par une structure émotionnelle en évolution basée sur le développement de sa voix indépendante en fusionnant avec la Source. L'âme aura besoin de liberté et d'indépendance pour entreprendre les actions jugées nécessaires à sa croissance spirituelle. La découverte de soi est liée à l'harmonisation avec les principes intemporels et universels. En somme, il s'agit d'apprendre à agir de manière indépendante, motivé par le besoin d'évoluer spirituellement en dehors de l'influence de toute relation ou de tout groupe, communauté ou enseignant spirituel.

Ce faisant, les dépendances à l'égard des relations de type « enseignant » spirituel sont éliminées et des relations fondées sur le développement spirituel dans lesquelles les deux partenaires sont indépendants s'ensuivent. Ceci est reflété par le nœud sud en Balance/7ème maison, et nœud nord en Bélier/1ère maison.

Un nouveau cycle d'évolution commence alors que l'âme se découvre/redécouvre en s'unissant au Divin et prend conscience des lois naturelles. Ces personnes encourageront les autres à agir selon le désir de connaître la Source et de fusionner avec elle et à s'aligner sur les lois naturelles par expérience directe. Cela entraînera un changement émotionnel tourné vers l'avenir.

> Célébrités avec
> le nœud sud en Balance/7ème maison
> le nœud nord en Bélier/1ère maison :
>
> Sigmund Freud
>
> Carl Jung
>
> Meryl Streep
>
> Rosa Parks

Nœud sud en Scorpion/ 8ème maison,
Nœud nord en Taureau/2ème maison

Afin de traiter des intentions profondes d'évolution du nœud sud en Scorpion/8ème maison et du nœud nord en Taureau/2ème maison, il nous faut d'abord revisiter les signes du Scorpion et du Taureau.

Le signe du Scorpion correspond au principe naturel d'évolution. Ce signe représente les dynamiques de coopération et de résistance. Nous pouvons soit coopérer avec les changements nécessaires soit y résister à cause de la sécurité émotionnelle que procure le maintien des vieux schémas de comportement. La résistance crée la stagnation et la dégénérescence alors que la coopération apporte un changement positif, l'évolution et la régénération.

Il correspond à la connaissance et au développement psychologique. En d'autres termes, il faut comprendre le « pourquoi » des choses. C'est en comprenant le pourquoi que l'on peut identifier les causes de nos limitations actuelles et grandir en les dépassant.

Ce signe représente l'occulte et ce qui est considéré comme tabou. L'attrait du tabou peut devenir un moyen par lequel la transformation se fait. Nous devenons conscients des forces universelles et désirons nous unir à elles. L'évolution se produit lorsque nous fusionnons avec une source de pouvoir supérieure. Il est important de souligner que le pouvoir peut être utilisé positivement pour s'émanciper ou émanciper les autres ou négativement dans des buts de manipulation. Ainsi, l'usage du pouvoir est une leçon primordiale à apprendre avec ce signe.

Le signe du Scorpion se caractérise par des expériences de pouvoir et d'impuissance. Trop souvent, le tapis de la sécurité émotionnelle est retiré de dessous nos pieds pour susciter l'évolution. Ceci se produit par le retrait de dynamiques qui sont devenues limitées et sont causes de stagnation ; il s'en suit en général des peurs d'être abandonné, trahi ou de perdre quelque chose ou quelqu'un. Une application erronée de la confiance est la cause qui est au cœur de cette expérience. Il s'agit d'apprendre à savoir qui croire et qui ne pas croire. Une fois cette leçon apprise, l'engagement dans la relation devient possible.

De cette façon, les peurs du passé peuvent être éliminées et une véritable intimité peut exister. Dans une expression naturelle, l'âme va encourager les autres à transmuter leurs limitations d'une façon non manipulatrice. Dans une expression altérée, l'âme essaiera de manipuler les autres en utilisant la connaissance qu'elle a de leurs points faibles.

La polarité du Scorpion est le Taureau qui correspond au besoin de devenir autonome, indépendant et de se retirer en soi-même afin d'identifier nos ressources intérieures nécessaires pour induire la survie. En somme, nous devons nous retirer de l'impact de l'environnement extérieur pour ancrer notre identité et la consolider. Ainsi nous intériorisons le besoin de croissance et cherchons en nous la source de pouvoir afin de créer la transmutation (Scorpion)

Le Signe du Taureau représente la nature intérieure de Vénus et la relation interne que nous avons avec nous-même ; l'intention est de devenir autonome et indépendant et on attribuera une valeur importante à ce que nous considérons comme ayant des fins de survie. Le signe correspond à l'instinct de survie qui comprend l'instinct de procréer pour la survie de l'espèce. De ce fait, le signe du Taureau représente les valeurs sexuelles et l'orientation intérieure envers la sexualité.

L'effort personnel est une clé importante ici. Dans une expression altérée cela peut se manifester comme de la paresse et de l'inertie. Dans ce cas, l'individu vivra au dépend des autres ou laissera autrui vivre indirectement à travers lui. Dans une expression naturelle, il encouragera les autres à faire l'effort de manifester leurs ressources intérieures afin de susciter l'autonomie.

Le signe du Taureau correspond en général à la dynamique de « la grenouille dans le puits ». Du fond du puits la grenouille a identifié une petite partie du ciel et elle pense pourtant que c'est tout l'univers. Dans ce cas, l'individu se limite à une ressource intérieure qu'il a identifiée comme moyen de survie (la grenouille dans le puits). Des affrontements intérieurs ou extérieurs (Scorpion) vont entraîner un approfondissement nécessaire en combinant ses ressources à celles des autres d'une façon conciliable. Ce faisant, la grenouille est forcée de sortir du puits et est exposée à plus de ciel.

Maintenant que nous avons revu les signes du Taureau et du Scorpion nous pouvons traiter des principales intentions d'évolution du nœud sud en Scorpion et du nœud nord en Taureau. Quelle était la structure émotionnelle de l'âme dans la vie précédente ? Quelles dynamiques particulières représentent la sécurité émotionnelle consciente du passé ?

Nœud sud en Scorpion/8ème maison

Le nœud sud en Scorpion/8ème maison symbolise le besoin que l'image de soi de la vie précédente avait de transmuter les restrictions du passé inhibant une croissance ultérieure, de développer une compréhension psychologique d'elle-même et de la vie en général et de s'unir à une source de pouvoir supérieure. Le signe du Scorpion évoque des niveaux de conscience plus profonds. Ainsi la grenouille va sauter en dehors du puits et être exposée à un ciel plus vaste.

Dans une expression naturelle, l'âme a appris dans sa vie précédente, à fusionner ses ressources et toute sa vie avec un autre d'une telle façon que les deux personnes ont pu grandir et évoluer au-delà de ce qu'elles étaient. Dans une expression altérée, elle va s'associer à d'autres pour acquérir du pouvoir par égocentrisme ou pour manipuler. Le Scorpion correspond à la dynamique de l'engagement et du choix à faire entre, avec qui s'engager et avec qui ne pas le faire. A mesure que le « pourquoi » et les raisons profondes de toutes circonstances de vie sont comprises, l'âme est renforcée et les schémas du passé qui empêchaient une croissance ultérieure sont transmutés.

En venant dans cette vie, l'intention sous-jacente consiste à identifier la cause ou la racine des restrictions actuelles et de se métamorphoser en les dépassant. Une connaissance psychologique indispensable est ainsi acquise. Cette connaissance peut être utilisée pour induire la continuité de l'évolution et encourager les autres à faire de même. La fusion avec une source de pouvoir supérieure propulse l'évolution et crée la conscience de niveaux de conscience supérieurs. C'est bien sûr fonction du niveau d'évolution de l'âme.

Le stade du consensus : Au stade du consensus le nœud sud en Scorpion/8ème maison indique que dans la vie passée, la structure émotionnelle était basée sur le besoin de transmuter les restrictions du passé inhibant une croissance ultérieure au sein du courant dominant, de développer une compréhension psychologique de la structure et du fonctionnement de la société et de fusionner avec les autres de façon à pouvoir avancer dans la société.

Le pouvoir va être en lien avec la position sociale et les titres. Par exemple, l'âme pourrait acquérir une connaissance psychologique en étant en relation avec des personnes qui ont un statut élevé. Dans une expression naturelle, elle utilisera cette connaissance pour évoluer au-delà de ce qui la limite actuellement et pour aider les autres à progresser dans les différentes couches sociales.

L'âme désirera avoir du pouvoir au sein de la société dominante par le biais d'une connaissance psychologique et fusionner avec d'autres de façon à ce que les deux personnes évoluent. Dans une expression altérée, la connaissance du fonctionnement de la société est utilisée à des fins manipulatrices. Par exemple, l'individu peut utiliser sa position sociale pour son gain personnel. Ceci se dû à la sécurité émotionnelle en lien avec ces schémas émotionnels passés.

Le stade d'individuation : Au stade d'individuation, le nœud sud en Scorpion/8ème maison indique que dans la vie passée, la structure émotionnelle était ancrée dans le besoin de transmuter les limitations du passé en lien avec le besoin de se libérer de la psychologie conventionnelle, de fusionner avec ceux qui cherchent aussi à s'individualiser, et de se renforcer émotionnellement et/ ou psychologiquement en s'individualisant.

L'âme va désirer favoriser la transmutation émotionnelle grâce à une connaissance psychologique alternative. Par exemple, la psychologie jungienne et les régressions dans les vies antérieures peuvent être utilisées pour s'individualiser et évoluer en se libérant de schémas passés qui empêchent une croissance ultérieure. L'âme cherche des réponses qui permettent d'aller plus en profondeur que ne le permettent les explications données dans le courant dominant et elle va résister à la psychologie conventionnelle. L'attrait de l'occulte peut refléter le désir de s'individualiser et de grandir au-delà des anciennes restrictions.

Dans une expression naturelle, l'âme va, par son exemple, motiver les autres à s'émanciper grâce à la psychologie alternative qui reflète leur individualité spécifique. Les peurs d'abandon, de trahison et de perte seront surmontées et l'engagement avec ceux qui souhaitent aussi se libérer sera possible. Ce faisant, l'âme fusionnera avec d'autres au sein de domaines alternatifs de telle façon que la métamorphose aura lieu. Ceci traduit le passage émotionnel vers le futur. Dans une expression négative l'âme va résister au besoin d'individuation et va maintenir les limitations du passé.

Le stade spirituel : Au stade spirituel, le nœud sud en Scorpion/8ème maison traduit que dans la vie passée, la structure émotionnelle était basée sur le besoin de transmuter les limitations du passé en s'unissant à la Source et en développant une connaissance psychologique des principes éternels universels. L'individu comprendra les archétypes spirituels en relation avec l'évolution de l'âme. L'engagement à une spiritualisation constante est une dynamique clé tout comme l'harmonisation avec les lois naturelles universelles, ce qui peut permettre une métamorphose au-delà des limitations. Ces principes sont la base de la psychologie de l'âme.

L'union avec la Source universelle est le moyen principal pour éliminer les schémas passés qui entravent l'évolution. Un renforcement de l'âme est ainsi créé. Dans une expression naturelle l'âme va motiver les autres à s'émanciper en se développant spirituellement. Elle va fusionner avec un partenaire qui veut aussi s'unir au Divin de telle façon que l 'évolution se produit pour les deux personnes. Le passage émotionnel vers le futur est ressenti dans ces domaines.

Le nœud nord en Taureau/2ème maison

Quelle est la structure émotionnelle de l'âme en cours de formation ? Quelles dynamiques représentent le passage vers le futur d'évolution ? Le nœud nord en Taureau/2ème maison symbolise que l'image de soi en cours d'évolution repose sur le besoin de devenir autonome, de consolider et d'identifier ses ressources intérieures pour assurer sa survie. Les individus éliminent des aspects obsolètes d'eux-mêmes afin de se connecter à leur essence, leurs racines.

En général, l'âme sera renvoyée à elle-même d'une manière ou d'une autre de façon à l'obliger à apprendre les leçons indispensables à cette autonomie et à cette indépendance (nœud sud en Scorpion/8ème maison). Les personnes se retireront en elles-mêmes afin de s'ancrer dans leur essence profonde, dégagées des influences extérieures.

Le signe du Taureau représente la relation que nous avons avec nous-même, nos valeurs, et le sens que nous donnons à la vie. Une simplification a lieu à mesure que l'âme purge et élimine les aspects obsolètes qui empêchent une croissance ultérieure. Toute dynamique que l'individu ne trouve plus utile ou par laquelle il ne se sent plus concerné sera éliminée permettant ainsi une harmonisation avec ses valeurs intérieures (nœud nord en Taureau/2ème maison). L'important dans cet effort est de manifester ses ressources intérieures afin de devenir indépendant. La façon dont ce processus se déroule dépend du stade d'évolution.

Le stade du consensus : Au stade du consensus le nœud nord en Taureau va se manifester par une structure émotionnelle en cours d'évolution basée sur le besoin d'identifier ses ressources intérieures afin d'assurer sa survie et de cultiver l'autonomie au sein de la société conventionnelle. L'âme va désirer progresser dans le système et vouloir connaître psychologiquement comment la société est structurée et comment elle fonctionne de façon à évoluer (nœud sud en Scorpion/8ème maison, nœud nord en Taureau/2ème maison).

Par exemple, la personne peut utiliser ses propres talents dans un domaine existant et devenir ainsi autonome. Par la suite, elle ne se mettra en relation qu'avec ceux qui partagent les mêmes valeurs. Les autres seront exclus. Dans une expression naturelle, l'âme va encourager le développement de la confiance en soi (pour soi et les autres) ; elle va promouvoir l'effort personnel et la valeur personnelle. Ceci reflète le passage vers le futur. Dans une expression altérée, l'âme utilisera ses ressources pour arriver à une position sociale, à la richesse etc. (nœud sud en Scorpion/8ème maison, nœud nord en Taureau/2ème maison).

Le stade d'individuation : Au stade d'individuation le nœud nord en Taureau va se manifester par une structure émotionnelle en cours d'évolution basée sur le besoin d'identifier ses ressources intérieures pour assurer sa survie et de cultiver l'autonomie dans un domaine alternatif.

L'âme aspire à se libérer des valeurs dominantes et à créer des liens avec des personnes partageant les mêmes valeurs qui cherchent également à s'individualiser. Le sentiment d'éloignement progressif des valeurs traditionnelles vise à stimuler le besoin émotionnel profond de s'individualiser. Pour certains cela peut se manifester en devenant minimaliste où la formule « moins c'est mieux » est adoptée.

Dans une expression positive l'individu va manifester des ressources intérieures qui reflètent son individualité. Ces ressources peuvent être utilisées pour engendrer la survie et l'autonomie dans un domaine alternatif. L'âme va donner une grande valeur à l'individualité et ne se sentira pas concernée par le style de vie et l'orientation prônées par le courant dominant. De ce fait, elle doit faire l'effort de s'individualiser à partir d'elle-même, indépendamment des ressources ou de l'influence des autres.

Dans une expression positive, elle va, par son propre exemple, encourager les autres à manifester les ressources intérieures qui expriment leur individualité et à devenir autonomes dans un domaine alternatif. Ce faisant, la transition vers le futur a lieu. Dans une expression déformée l'âme va résister au besoin de s'individualiser en refusant de faire l'effort que cela demande et elle peut vivre par procuration en utilisant les ressources et /ou les valeurs des autres.

Le stade spirituel : Au stade spirituel, le nœud nord en Taureau/2ème maison va se manifester par une structure émotionnelle en cours d'évolution basée sur le besoin de devenir autonome en s'unissant avec la Source. Une relation prioritaire avec le Divin va devenir un moyen de développer l'autonomie et l'indépendance. Les principes éternels universels constituent la base du système de valeurs de l'âme et de la relation intérieure qu'elle entretient avec elle-même.

L'important ici consiste à faire l'effort personnel pour se développer spirituellement de façon à intérioriser ce besoin de fusionner avec une source de pouvoir supérieur plutôt que de le rechercher auprès de maîtres spirituels puissants ou d'autres personnes (nœud sud en Scorpion, nœud nord en Taureau). Cela renforce l'autonomie.

Dans une expression positive, l'individu va encourager les autres à cultiver une relation prioritaire avec le Divin comme moyen de cultiver leur autonomie et de manifester les ressources intérieures qui sont en harmonie avec les lois naturelles universelles. Ceci reflète la poussée vers le futur.

> **Célébrités avec
> le nœud sud en Scorpion/8ème maison
> le nœud nord en Taureau/ 2ème maison :**
>
> Hillary Clinton
> Martin Luther King
> Kurt Cobain
> Billy Corgan
> Paramahansa Yogananda

Nœud sud en Sagittaire/9ème maison,
Nœud nord en Gémeaux/ 3ème maison

Pour comprendre les intentions profondes d'évolution du nœud sud en Sagittaire/9ème maison et du nœud nord en Gémeaux/3ème maison, il nous faut d'abord revoir les signes du Sagittaire et des Gémeaux.

Le signe du Sagittaire correspond au besoin de comprendre la vie à un niveau métaphysique, cosmologique et philosophique ce qui, par conséquent, donne lieu à des systèmes de croyance. La croyance est le facteur qui détermine notre façon d'interpréter une situation de vie donnée. Il y a une grande différence entre une « croyance » et la connaissance réelle, ou loi naturelle basée sur l'expérience directe. Par exemple, je n'ai pas besoin d'une croyance pour savoir que le ciel est bleu, je sais simplement que c'est vrai. C'est de cette façon que nous prenons conscience des lois et des principes naturels tels qu'ils se manifestent dans la création. Les lois naturelles expliquent comment fonctionne la Création manifestée et, en tant que telles, sont évidentes.

Le signe du Sagittaire représente la dimension intuitive de la conscience qui est régie par le cerveau droit. L'intuition sait ce qu'elle sait sans nécessairement savoir comment elle le sait. L'intellect ne sait pas ce qui est vrai et ce qui ne l'est pas ; c'est une fonction de l'intuition. La vérité n'est pas un produit de l'intellect ou de la croyance ; elle existe intrinsèquement en elle-même.

La nécessité de s'aligner à la fois sur sa vérité personnelle et sur la loi naturelle ainsi que d'éliminer les croyances illusoires est mise en évidence dans ce signe. Il en résulte un besoin de liberté et d'indépendance pour découvrir sa propre vérité et aucune restriction à cette liberté ne sera tolérée. Comme pour tous les signes de feu, il y a un sentiment de destinée spéciale qui, ici, est associé à la quête de sa vérité personnelle.

Le Sagittaire reflète aussi le principe de l'expansion et de la croissance perpétuelle. L'expansion se produit lorsque l'âme s'ouvre progressivement à une part de plus en plus grande de la vérité absolue. De cette façon, elle se débarrassera des croyances illusoires en s'alignant sur les principes intemporels et naturels qui sont universellement expérimentés et resteront vrais malgré le passage du temps. Ceci est symbolisé par le carré du Sagittaire au signe des Poissons.

Dans une expression naturelle, l'âme encouragera les autres à découvrir leur propre vérité et à promouvoir le développement intuitif. Dans une expression déformée, elle tentera de convaincre et de convertir autrui en raison de la sécurité émotionnelle liée à ses propres croyances. Cette attitude a été associée à l'archétype de « Billy Graham » ou du prédicateur.

L'une des correspondances les plus profondes du Sagittaire est l'archétype du démon. Celui-ci évoque le moment où la conscience sous forme humaine a fusionné avec les plantes et les animaux devenant ainsi un messager du Divin ; ce que la religion chrétienne, par croyance et interprétation, a représenté sous la forme du démon. Le Sagittaire est symbolisé par le centaure, mi-homme mi- cheval, ce qui, selon l'interprétation originelle manifestée dans la loi naturelle, représente la fusion avec la nature, à l'époque où la nature et ses lois étaient considérées comme un maître primordial. La religion créée par l'homme a déformé ce symbole en le représentant mi- homme mi- bête, c'est à dire comme un démon.

Ce signe manifeste la dynamique de la vérité. Dans une expression naturelle, elle se manifeste par la franchise et la sincérité, dans une expression déformée, par des embellissements, des exagérations et des mensonges purs et simples. Cette tendance vient d'un besoin de compenser un sentiment de manque et d'infériorité manifesté dans le carré naturel de la Vierge au Sagittaire. Ce signe met en avant la nécessité de devenir personnellement honnête et de se débarrasser de toutes les formes de malhonnêteté.

La polarité du Sagittaire est le signe des Gémeaux. Celui-ci correspond au besoin de rassembler quantité de faits, d'informations et de données dans le monde extérieur. Il manifeste l'intellect et l'expansion mentale ; il symbolise le cerveau gauche qui est logique, rationnel et tente de construire le tout à partir de toutes les parties individuelles (logique déductive). Les Gémeaux se caractérisent par la communication. Celle-ci vise à traiter les informations recueillies dans l'environnement extérieur.

En général, nous ne retenons que les informations qui vont dans le sens de nos opinions ou points de vue préexistants. En d'autres termes, les informations qui ne soutiennent pas la structure intellectuelle existante et les points de vue qui en découlent vont être rejetées. La nécessité d'apprendre à faire la différence entre les faits et les opinions est mise en avant. Dans une expression naturelle, la communication sera basée sur des faits objectifs plutôt que sur des points de vue subjectifs, des préjugés. À l'inverse, la duplicité peut s'installer.

Le signe des Gémeaux symbolise la prise de conscience de la relativité de la vérité, ou de la multitude de chemins qui mènent au même but. En somme, il incarne le principe naturel de l'unité dans la diversité. La clé de ce principe est que l'individu doit se rendre compte que, quel que soit ce qu'il a fini par identifier comme sa vérité personnelle, ce n'est pas la vérité pour tous. Cette compréhension se reflète dans la polarité des Gémeaux par rapport au Sagittaire.

Dans sa forme la plus élevée, cela se manifeste par la capacité à communiquer les différentes manifestations des lois naturelles en illustrant par exemple comment les mêmes principes naturels sont perçus au sein de tribus, cultures et nations différentes, ce qui met en évidence le message profond de l'unité dans la diversité. Ainsi, l'intellect peut être utilisé pour communiquer des connaissances intuitives et le cerveau droit et le cerveau gauche peuvent s'équilibrer.

Maintenant que nous avons revu les signes du Sagittaire et des Gémeaux, nous pouvons étudier les intentions évolutives du nœud sud en Sagittaire/9ème maison et du nœud nord en Gémeaux/3ème maison. Quelle image l'âme avait-elle d'elle-même dans sa vie antérieure ? Quelles tendances particulières apportaient une sécurité émotionnelle consciente dans le passé ?

Le nœud sud en Sagittaire/9ème maison

Le nœud sud en Sagittaire/9ème maison symbolise que, dans la vie antérieure, l'image de soi était basée sur le besoin de se connecter émotionnellement à sa vérité personnelle et à son développement intuitif, de se débarrasser de ses croyances illusoires et de devenir honnête envers soi-même. Un sentiment de destinée spéciale est lié à la découverte de sa vérité personnelle. Le plus souvent, le besoin de convaincre et de convertir les autres et de généraliser sa vérité personnelle sont des modèles de comportement qui sont devenus obsolètes et qui empêchent la poursuite de la croissance. Voilà les dynamiques qui manifestent la sécurité émotionnelle consciente du passé.

En entrant dans la vie, l'âme désirera la liberté et l'indépendance afin de découvrir sa vérité personnelle et, en général, elle ne tolérera aucune restriction de sa liberté. La vie est perçue comme une aventure permanente. L'image de soi est dynamique, légère, et la fameuse « lueur d'espoir » est visible dans les nuages gris. L'aptitude à rire de soi et de l'absurdité de la vie en général crée une légèreté psychologique.

L'honnêteté est généralement très appréciée. Cette position se caractérise par l'élimination de toute exagération, de tout mensonge et de toute malhonnêteté. Le développement intuitif et l'alignement sur les lois naturelles telles qu'elles se manifestent dans la création sont également des dynamiques centrales. Ces personnes avaient une intuition très développée qui se prolonge dans leur vie actuelle. Somme toute, l'âme apprend à ressentir la différence entre ce qui est basé sur des croyances créés par l'homme et ce qui manifeste la loi naturelle, ou ce qui est intrinsèquement vrai. De cette façon, la structure émotionnelle sous-jacente de l'âme ou sa fondation s'enracine dans l'honnêteté personnelle.

Le stade du consensus : Au stade du consensus, le nœud sud en Sagittaire/9ème maison se caractérise par une image de soi ou une structure émotionnelle qui, dans la vie antérieure, était basée sur l'alignement avec la vérité personnelle telle qu'elle est définie par les croyances de la société dominante ou de la culture d'origine. Ce nœud sud symbolise qu'en entrant dans la vie, on connaît intuitivement la vérité culturelle.

L'âme désirera progresser dans la société en apprenant les croyances de base de la culture dominante. Par exemple, l'enseignement supérieur pourrait devenir un moyen pour l'âme de réaliser sa vérité personnelle et de progresser dans le système. La compréhension des autres et de la vie en général repose sur ce système de croyances.

L'individu aura le sentiment d'avoir un destin spécial lié à la découverte de sa vérité personnelle dans le cadre d'un système traditionnel. Dans une expression naturelle, l'âme encouragera les autres à découvrir leur propre vérité dans le courant dominant. À l'inverse, elle tentera de convaincre et de convertir autrui en raison de la sécurité émotionnelle qui découle des croyances illusoires.

Le stade d'individuation : Au stade d'individuation le nœud sud en Sagittaire/9ème maison indique que dans la vie antérieure, l'image de soi et la fondation émotionnelle reposaient sur un alignement avec la vérité personnelle indépendamment de la société dominante.

L'âme désire se libérer des croyances du courant dominant et définir sa propre vérité. À ce titre, elle a besoin de liberté émotionnelle et d'espace pour explorer et découvrir cette vérité sans interférence. Un sentiment de ne pas se sentir chez soi révèle une aliénation culturelle qui peut se traduire par une agitation émotionnelle. On constate le plus souvent un besoin de se relier à des personnes partageant les mêmes idées et qui cherchent, elles aussi, à s'individualiser par rapport aux croyances dominantes et à se connecter à leur vérité émotionnelle depuis l'intérieur.

L'individu aura le sentiment d'avoir un destin spécial lié à la découverte d'une vérité personnelle qui reflète son individualité. En entrant dans cette vie, il aura une connaissance intuitive des principes métaphysiques et/ou philosophiques et au mieux l'aptitude innée à les enseigner. Ces âmes pourront alors motiver les autres à faire ce qu'ils doivent pour s'individualiser par rapport aux croyances et à la vérité de la société dominante et pour découvrir leur vérité à partir de l'intérieur d'eux-mêmes.

Le stade spirituel : Au stade spirituel, le nœud sud en Sagittaire/9ème maison suggère que dans la vie antérieure, l'image de soi et la structure émotionnelle reposaient sur l'alignement avec les principes naturels, intemporels tels qu'ils se manifestent dans la création et que, en entrant dans cette vie-ci, l'âme a une connaissance intuitive de ces lois naturelles.

Pour découvrir sa vérité personnelle en s'unissant à la Source, l'individu aura besoin de liberté émotionnelle et d'espace. Par exemple, il pourrait souhaiter se développer spirituellement en étant seul dans la nature parce que cela lui donne la liberté de découvrir les lois naturelles directement et de s'y connecter. Dans certains cas, cela peut s'exprimer ainsi : « La nature est mon temple ».

La vérité émotionnelle propre à l'âme est enracinée dans les lois universelles et intemporelles Ces âmes sont souvent perçues comme des enseignants par les autres en raison de cette connaissance. L'âme incitera les autres à découvrir leur propre vérité par l'expérience directe des principes naturels et universels tels qu'ils se manifestent dans la totalité de la Création. En d'autres termes, elle les encouragera à devenir leur propre « maître intérieur » en développant ce lien émotionnel avec le Divin.

Le nœud nord en Gémeaux/3ème maison

Quelle est l'image de soi et la structure émotionnelle de l'âme en cours d'évolution ou de formation ? Quelles dynamiques symbolisent l'attraction vers l'avenir ? Le nœud nord en Gémeaux/3ème maison indique que l'image de soi en cours de formation au sein de l'âme évolue vers la collecte de faits, d'informations et de données puisés dans l'environnement extérieur et en les communiquant. Cette position manifeste l'expansion intellectuelle et le besoin émotionnel de diversité qui en résulte.

L'intention est d'adopter des points de vue, des idées et des informations qui manifestent le principe naturel de l'unité dans la diversité, selon lequel de nombreux chemins mènent au même but. En d'autres termes, il s'agit de sortir de la sécurité émotionnelle liée au filtre de ses croyances subjectives en intégrant de nouvelles connaissances, informations et données.

Pour déclencher cette leçon, l'individu devra souvent se confronter intellectuellement ou philosophiquement à ceux qui ont des croyances tout aussi puissantes que les siennes. En somme, il s'agit d'apprendre que la vérité personnelle de l'âme, quelle qu'elle soit, est relative.

Ce faisant, il n'y aura plus besoin de convaincre les autres. La communication deviendra socratique plutôt que de chercher à toujours avoir raison pour se sentir en sécurité émotionnelle.

L'important à comprendre ici est que lorsque l'âme devient suffisamment sûre d'elle sur le plan émotionnel, elle peut accepter les croyances et les points de vue divergents des siens sans se sentir menacée (nœud sud en Sagittaire/9ème maison, nœud nord en Gémeaux /3ème maison).

Ce nœud nord symbolise la nécessité de développer un système linguistique compréhensible par le plus grand nombre. La connaissance intuitive innée du nœud sud en Sagittaire/9ème maison doit être communiquée d'une manière cohérente et homogène. Pour permettre ce changement émotionnel et pour illustrer un principe central ou une idée de base on peut utiliser divers exemples pris dans la nature.

Par exemple, pour exprimer le principe naturel d'un changement ou d'une croissance uniforme, JWG utilise l'analogie d'une montagne qui s'érode au fil du temps et celle de l'éruption soudaine d'un volcan pour exprimer le principe naturel de la croissance cataclysmique. Cette évolution du fondement émotionnel permet d'utiliser l'intellect pour communiquer une connaissance intuitive et d'équilibrer le cerveau droit et le cerveau gauche (nœud sud en Sagittaire/9ème maison, nœud nord en Gémeaux/ 3ème maison).

Le stade du Consensus : Au stade du consensus, le nœud nord en Gémeaux/3ème maison se manifestera par une image de soi et une structure émotionnelle dont l'assise évoluera vers la collecte de faits, d'informations et de points de vue tirés du courant dominant et vers la communication de ces informations. Par exemple, l'individu pourrait intégrer des informations provenant de toute une gamme de voix faisant autorité dans un domaine donné afin de progresser dans ce domaine.

Ce faisant, l'âme dépassera les limites de sa vérité personnelle, telle qu'elle est définie par les croyances de la culture dominante et elle évoluera en sortant d'une vision sectaire (nœud sud en Sagittaire/9ème maison, nœud nord en Gémeaux/3ème maison). L'attraction vers l'avenir se fera sentir de cette manière. A l'inverse, elle n'acceptera pas les informations qui contredisent ses croyances ou ses points de vue qu'elle défendra comme étant pertinents. Ceci à cause de la sécurité émotionnelle liée aux croyances et aux points de vue subjectifs.

Le stade d'individuation : Au stade d'individuation, le nœud nord en Gémeaux/3ème maison se manifestera par une image de soi en cours d'évolution, basée sur la collecte de faits, d'informations et de points de vue provenant du domaine alternatif et sur la communication de ces informations. Par exemple, l'individu peut intégrer des informations provenant de divers domaines alternatifs afin de dépasser émotionnellement les limites de ses croyances et vérités subjectives.

Cela sera le plus souvent ressenti comme un besoin croissant de diversité et d'expansion intellectuelle comme décrit plus haut. L'individu acquiert alors la capacité de communiquer un savoir intuitif indépendant de la société dominante et d'exprimer sa vérité personnelle, ce qui manifeste l'attraction vers l'avenir. L'essentiel dans tout cela est que, quelle que soit la façon dont cela se produit, l'âme favorisera la vision de l'unité dans la diversité plutôt que celle de l'unité dans la similitude.

Le stade spirituel : Au stade spirituel, le nœud nord en Gémeaux/3ème maison se manifestera par une structure émotionnelle en cours évolution qui sera basée sur le besoin de collecter des informations, des points de vue et des données centrés sur des principes intemporels et universels. L'âme désirera continuer à se développer spirituellement grâce à l'apport d'informations provenant de diverses sources au sein d'une communauté spirituelle et/ou d'autorités spirituelles reconnues. Ce qui permettra à l'individu d'élargir sa base de connaissances et facilitera le passage émotionnel de la vérité personnelle subjective à la vérité intemporelle ou universelle.

Par exemple, l'âme pourrait démontrer qu'il existe une diversité de façons d'exprimer les lois naturelles comme en témoignent divers enseignements spirituels, des écrits, des livres, etc. qui prônent l'unité dans la diversité. En d'autres termes, dans la meilleure expression, ces âmes peuvent devenir de puissants agents de communication de la vérité intrinsèque selon laquelle il n'y a pas de « voie unique » pour tous, encourageant chacun à prendre la voie qui convient le mieux à sa vérité personnelle. L'attraction vers l'avenir est ressentie dans ces domaines.

**Célébrités avec
le nœud sud en Sagittaire/9ème maison
le nœud nord en Gémeaux/3ème maison :**

Jeffrey Wolf Green
David Bowie
Bjork
Eddie Vedder

Nœud sud en Capricorne/10ème maison, Nœud nord en Cancer/4ème maison

Avant de discuter des intentions d'évolution fondamentales du nœud sud en Capricorne/10ème maison et du nœud nord en Cancer/4ème maison, nous devons examiner les signes du Capricorne et du Cancer.

Le signe du Capricorne correspond au besoin d'apprendre comment la société est structurée et comment elle fonctionne : les règles, les normes, les lois au sein de n'importe quelle culture ou nation donnée et d'établir son autorité personnelle au sein de ladite société. La profession ou le rôle social, peut être un moyen pour ce faire. Le Capricorne symbolise le courant dominant de la société, et la nécessité de se conformer aux normes qui y sont en vigueur.

Il reflète les lois établies par l'homme et la morale qui en découle, l'éthique, les droits et les interdits prescrits par la société. Il y a une grande différence entre les lois créées par l'homme et ce qui est fondamentalement bien et mal (loi naturelle). Laisser un bébé sur l'autoroute est l'exemple que nous donne JWG pour illustrer ce point. Nous savons que c'est intrinsèquement mal, indépendamment de toute loi ou règle construite par la société.

Ce signe représente deux types de culpabilité. Il y a la culpabilité acquise ou apprise, celle qui est fondée sur des lois créées par l'homme et doit être éliminée de l'âme car elle inhibe l'évolution. Et il y a la culpabilité naturelle, basée sur nos propres actions. Celle-ci se manifeste chaque fois que nous transgressons une loi naturelle. La culpabilité naturelle sert à nous apprendre à ne jamais répéter la même erreur.

Le jugement est une caractéristique du Capricorne. Trop souvent, nous adhérons aux normes de conduite socialement en vigueur avec ses droits et ses interdits, de telle sorte que tout écart à ces normes entraîne un jugement intérieur et un sentiment de culpabilité. (C'est un exemple de culpabilité apprise.) Il en résulte une suppression ou une répression émotionnelle. Ensuite nous utilisons ces mêmes références pour juger les autres. Cependant, si c'est la loi naturelle que nous intégrons, ce qui est fondamentalement bien et mal, c'est elle qui formera la base de nos jugements intérieurs et extérieurs. Nous pouvons ainsi utiliser le jugement pour éliminer la culpabilité acquise. Le jugement est un aspect intrinsèque de la conscience ; c'est la norme utilisée pour former les jugements – ceci est un point crucial.

La maturation émotionnelle et l'autodétermination sont représentées ici. Nous mûrissons en acceptant la responsabilité de nos propres actions ce qui nous permet d'être motivés pour atteindre le ou les objectifs que nous nous fixons, quels qu'ils soient. On trouve ici la psychologie de la réflexion. La réflexion permet de prendre conscience des dynamiques qui, devenues cristallisées et obsolètes, bloquent la croissance. À l'inverse, nous pouvons blâmer la société ou les autres en général et adopter l'attitude selon laquelle la fin justifie les moyens. L'authenticité est caractérisée par ce signe. En somme, nous devons devenir authentiques en définissant de l'intérieur ce qui est bien et ce qui est mal, ce qui constitue la réalité et ce qui ne l'est pas, ainsi que notre rôle naturel dans le monde.

La polarité du Capricorne est le Cancer. Le signe du Cancer correspond à l'image de soi de l'âme et au monde intérieur. Il symbolise la sécurité émotionnelle consciente ou subjective et témoigne de l'environnement de la petite enfance, ainsi que de la mère ou de la figure féminine clé. En tant qu'enfant nous n'avons pas de filtre ni de défense envers notre environnement ; nous l'absorbons en bloc. Le Cancer symbolise aussi notre capacité ou notre incapacité à prendre soin de nous-même ou d'autrui. L'intention d'évolution est d'apprendre à faire la différence entre la sécurité extérieure, et donc dépendante, et la sécurité intérieure. En général, les leçons de sécurité personnelle sont déclenchées par la suppression des facteurs de sécurité émotionnelle externes. Par exemple, l'un des parents ou les deux peuvent avoir été incapables de répondre aux besoins émotionnels de l'individu pendant son enfance.

En tant qu'enfant, nous nous attendons tous à ce que l'on s'occupe de nous comme nous en avons besoin et qu'on nous donne ce que nous attendons ; si ce n'est pas le cas, les enfants pleurent naturellement. Lorsque ces besoins ne sont pas satisfaits dans la petite enfance, des émotions déplacées sont reportées à l'âge adulte. Le besoin sous-jacent est de renforcer la sécurité émotionnelle en apprenant à répondre à nos propres besoins émotionnels de l'intérieur plutôt que de vouloir qu'ils soient satisfaits par l'extérieur. Ainsi, nous pouvons accéder à la vulnérabilité d'une manière sûre et saine. Dans une expression positive, l'individu encouragera à prendre soin de soi-même et à se sécuriser personnellement de manière dynamique plutôt qu'à dépendre de sources extérieures.

L'anima/animus, ou le masculin/féminin intérieur correspond à ce signe. L'âme est à la fois masculine et féminine et simultanément elle transcende le genre. Cependant, elle s'incarne de manière prépondérante dans un sexe spécifique. Au cours d'une longue période d'évolution, nous devons intégrer à la fois le masculin et le féminin. La clé de cette intégration est que nous devons cultiver un espace de sécurité intérieure où les principes masculin et féminin peuvent être exprimés en dehors des rôles assignés par la société.

Pour illustrer ce point JWG donne l'exemple de la femme dont la Lune est en Bélier. Elle ne s'identifiera pas à l'image de la femme au foyer, tout comme l'homme dont la Lune est en Poissons ne correspondra pas à l'image de l'homme macho. Il faut beaucoup de force et de courage pour sortir du cocon de la sécurité et accepter l'insécurité du changement. Par exemple, pour une femme se positionner sur un pied d'égalité dans un monde où les hommes sont glorifiés et pour un homme se montrer vulnérable quand on apprend aux garçons qu'il ne faut pas pleurer.

Nœud sud en Capricorne/10ème maison

Quelle était la structure émotionnelle de l'âme dans la vie passée ? Quelles dynamiques spécifiques représentent la sécurité émotionnelle consciente du passé ? Le nœud sud en Capricorne dans la 10ème maison indique que dans la vie antérieure, la vision de soi était basée sur le besoin de comprendre la structure et le fonctionnement de la société, d'y développer son autorité personnelle et de mûrir sur le plan émotionnel. Il s'agissait aussi d'apprendre la différence entre ce qui est intrinsèquement bien et mal et ce qui est basé sur la loi créée par l'homme. Ce qui est intrinsèquement bon ou mauvais reflètent les lois naturelles tandis que les lois créées par l'homme reflètent le conditionnement social et les jugements subjectifs. On apprend aussi dans ce signe à utiliser l'autorité de manière appropriée ou pas.

Avant cette vie-ci, l'âme a voulu apprendre comment la société est structurée pour y manifester son autorité personnelle en utilisant sa profession ou son rôle social comme moyen d'y parvenir. Le plus souvent, en venant au monde, l'âme a intégré les normes comportementales de sa société d'origine et les a acceptées comme étant justes. Tout écart par rapport à ces normes crée un jugement et un sentiment de culpabilité. La répression/suppression émotionnelle et la culpabilité acquise sont les schémas du passé qui empêchent la poursuite de l'évolution.

En général, l'individu s'est vu confié de nombreuses responsabilités à un âge précoce et a donc dû mûrir rapidement. Dans d'autres situations, l'âme peut être devenue adulte *de facto* dès son plus jeune âge. Somme toute, le(s) parent(s) ont projeté des règles de conduite strictes et rigides auxquelles l'âme devait se conformer. Ces deux situations illustrent la dynamique de la répression/suppression émotionnelle. En réfléchissant à cette dynamique de manière positive, il est possible d'apporter les changements nécessaires et de se libérer de la culpabilité apprise. La culpabilité naturelle en rapport avec nos actions passées permet d'assumer la responsabilité de ces actions et de mûrir émotionnellement. Elle aide à prendre conscience de ce qui est bon ou mauvais en soi et à éviter de reproduire les erreurs du passé. La responsabilité et la détermination sont des expressions naturelles de ce nœud sud natal.

Le stade du consensus : Au stade du consensus, le nœud sud en Capricorne/10ème maison indique que la structure émotionnelle de la vie antérieure était basée sur le besoin de développer une autorité personnelle au sein de la société et d'apprendre comment celle-ci est structurée. Dans cette phase d'évolution, l'âme a désiré progresser dans le système par le biais d'une profession ou d'un rôle social reconnu par la société.

Pour ce faire, l'individu a dû apprendre les normes et les standards de comportement socialement acceptés au sein de la société dominante et s'y conformer. Il s'attend à ce que les autres se conforment également aux mêmes normes et jugera négativement ceux qui ne le font pas. Le bon usage de l'autorité liée à la position sociale est une dynamique clé héritée du passé. Dans une expression naturelle, l'individu utilisera son rôle social pour aider les autres à apprendre comment fonctionne le système et comment progresser au sein de la société. Dans une expression déformée, il utilisera sa connaissance du système à des fins de manipulation, manifestant une utilisation abusive de l'autorité.

Le stade d'individuation : Au stade d'individuation, le nœud sud en Capricorne/10ème maison indique que la structure émotionnelle de la vie passée était basée sur le besoin de se positionner en tant qu'autorité personnelle dans un domaine alternatif. L'âme va désirer se libérer des normes de comportement socialement acceptées dans le courant dominant. Elle va chercher à s'individualiser en définissant à partir d'elle-même ce qui est bien ou mal et ce que la réalité est ou n'est pas, indépendamment des droits et des interdits imposés par la culture.

L'âme souhaitera exercer une profession ou un rôle social qui reflète sa propre individualité. Elle a pu intérioriser une certaine culpabilité pour ne pas s'être conformée au courant dominant. Cette culpabilité doit être libérée pour permettre la poursuite de la croissance. Elle se liera à d'autres personnes qui ont les mêmes valeurs et qui cherchent également à s'individualiser et à s'établir en dehors de la société traditionnelle. Par exemple, cela pourrait prendre la forme d'autres personnes perçues comme des autorités dans un domaine alternatif. Dans une expression positive, l'individu encouragera alors les autres à établir leur propre autorité indépendamment de la société dominante et à se positionner comme un groupe d'une seule personne si nécessaire.

Le stade spirituel : Au stade spirituel, le nœud sud en Capricorne/10ème maison indique que la structure émotionnelle de la vie passée était basée sur le besoin de développer une autorité personnelle en fusionnant avec la Source universelle. Les lois naturelles intemporelles sont le socle sur lequel l'âme manifeste son autorité et évolue spirituellement. En s'alignant sur ces lois, elle se débarrassera de la culpabilité apprise ou conditionnée. De plus, les jugements sont formés sur ce qui est intrinsèquement bien ou mal et non sur les lois créées par l'homme.

Dans cette phase d'évolution, du fait de sa connaissance des lois universelles et naturelles, l'âme a pu être perçue comme une autorité spirituelle. Elle a pu désirer exercer une profession ou un rôle social centré sur le service aux autres en tant que reflet du service à la Source. Dans une expression positive, elle utilisera son autorité pour aider les autres à s'aligner sur des concepts qui manifestent les lois intemporelles et universelles.

Nœud nord en Cancer/4ème maison

Quelle est l'évolution en cours de la structure émotionnelle de l'âme ? Quelles sont les dynamiques particulières qui représentent la transition vers le futur ? Le nœud nord en Cancer/4ème maison indique une image de soi en formation fondée sur le besoin d'intégrer la sécurité émotionnelle, d'accéder aux émotions et à la vulnérabilité. Somme toute, il s'agit de passer du monde extérieur (nœud sud en Capricorne/10ème maison) au monde intérieur (nœud nord en Cancer/4ème maison). Beaucoup de personnes ayant cet axe nodal peuvent avoir l'impression de retrouver leur enfant intérieur dans leur vie adulte, de rajeunir à mesure qu'elles vieillissent pour ainsi dire.

Au fil des années, les sources externes de dépendances seront retirées pour permettre d'apprendre à trouver la sécurité en soi. L'âme est renvoyée à elle-même d'une certaine manière, ce qui favorise l'acquisition de la sécurité émotionnelle et lui permet d'apprendre à faire la différence entre la sécurité provenant de l'extérieur et celle qui réside en elle-même.

Cette position symbolise le besoin d'équilibrer les responsabilités professionnelles avec les obligations familiales existantes et le temps libre. De plus, réfléchir à la structure interne permet de prendre conscience de la dynamique émotionnelle de l'âme et de l'image de soi. La vulnérabilité peut alors être accessible en toute sécurité. Selon moi, l'une des plus grandes leçons de l'axe maison 10/ maison 4 est que la véritable force réside dans la vulnérabilité. JWG enseigne qu'il y a en chacun de nous un « enfant adulte » sain quel que soit notre âge biologique.

En nourrissant un espace intérieur de sécurité personnelle nous pouvons prendre soin de nous-même et des autres comme ils l'espèrent. L'intégration de l'anima/animus est également symbolisée ici. Au fur et à mesure que la personne acquiert de l'assurance, sa capacité d'exprimer les principes masculin et féminin s'accroît. Nous incarnons alors le masculin et le féminin intérieurs nous affranchissant ainsi des rôles que la société impose aux genres.

Le stade du consensus : Au stade du consensus, le nœud nord en Cancer/4ème maison évoluera vers une structure émotionnelle basée sur le besoin d'intégrer la sécurité émotionnelle au sein de la société conventionnelle et d'accéder aux émotions. L'âme tirera sa sécurité et son indépendance de sa position sociale, de sa profession ou des autorités reconnues dans le courant dominant.

Par exemple, elle pourrait respecter les règles et règlements sociaux de son poste malgré l'influence de personnes en position de responsabilité qui prônent la manipulation de la fonction pour leur propre bénéfice. De cette façon, elle dynamise une intégration de l'autorité personnelle découlant de la position sociale. À l'inverse, certains tenteront d'obtenir une sécurité émotionnelle grâce à l'autorité et au statut qui découlent de leur position sociale.

Le stade d'individuation : Au stade d'individuation, le nœud nord en Cancer/4ème maison se traduit par une image de soi en cours d'évolution fondée sur le besoin d'intégrer la sécurité émotionnelle en s'individualisant par rapport au courant dominant et de libérer le corps émotionnel des schémas de conditionnement prédominants (nœud sud en Capricorne, nœud nord en Cancer). L'âme va souhaiter intérioriser le besoin de libération en dehors d'un rôle social ou d'une autorité au sein de la société (nœud sud en Capricorne/10ème maison, nœud nord en Cancer/4ème maison). Par exemple, elle se libérera des sources de jugement internes ou externes ; de cette façon, elle associe la culture de la sécurité intérieure et le besoin de s'individualiser. Somme toute, la libération se fait à travers le corps émotionnel et non par le biais d'un rôle ou une profession extérieure. Ainsi, l'âme sera libérée de la culpabilité apprise.

Le stade spirituel : Au stade spirituel, le nœud nord en Cancer /4ème maison se manifestera par une image de soi et un regard personnel qui évolueront vers le besoin d'intérioriser la sécurité par l'union avec la Source. L'image de soi sera fondée sur des principes intemporels et naturels tels qu'ils se manifestent dans la Création.

L'individu va favoriser un espace émotionnel de sécurité intérieure en dehors de tout rôle spécifique ou de toute autorité au sein de la communauté spirituelle, par exemple, en assimilant les principes universels et intemporels enseignés au sein d'une organisation ou d'un groupe spirituel existant. Ce faisant, l'autorité personnelle et la sécurité émotionnelle ne dépendront pas d'une organisation ou d'un groupe spirituel spécifique. Dans une expression positive, l'individu encouragera les autres à intérioriser leur sécurité émotionnelle en se connectant à la Source.

> **Célébrités avec
> le nœud sud en Capricorne /10ème maison
> le nœud nord en Cancer/4ème maison :**
>
> Michelle Obama
> Brad Pitt
> Johnny Depp
> Sandra Bullock

Nœud sud en Verseau/11ème maison, Nœud nord en Lion/5ème maison

Afin de traiter des intentions évolutives fondamentales du nœud sud en Verseau/11ème maison et du nœud nord en Lion/5ème maison, nous devons d'abord examiner les signes du Verseau et du Lion.

Le signe du Verseau correspond au besoin d'individualisation et au principe d'affinité d'esprit. Il représente l'inconscient personnel qui stocke la mémoire à long terme, y compris celle des vies antérieures. La psychologie du détachement et du désengagement conduit à une nécessaire objectivité, ce qui permet de se libérer des conditionnements et des attachements émotionnels du passé. La clé de ce processus est de pouvoir se positionner en tant que groupe d'une seule personne si nécessaire.

Il existe trois groupes sociaux distincts. Le premier groupe est constitué du courant dominant de la société, le deuxième du mouvement alternatif et le troisième par ce qui a été appelé les « dinosaures sociaux », lesquels préconisent d'appliquer une vision sociale du passé aux temps modernes.

Le stade évolutif de l'âme déterminera avec quel groupe social elle partage des valeurs communes.

Le Verseau symbolise la dynamique du traumatisme et potentiellement, celle du syndrome de stress post-traumatique (SSPT). Le traumatisme sert à se libérer des vieux schémas de comportement devenus cristallisés et obsolètes. Il peut être utilisé de manière positive pour stimuler la transformation personnelle et pour se déconditionner des schémas de conditionnement social qui entravent la croissance. Le détachement émotionnel permet de surmonter les traumatismes. Ainsi, un besoin de se désengager du corps émotionnel se fait sentir cycliquement, ceci afin de faciliter la libération et l'objectivité nécessaires au processus.

Les projections correspondent à ce signe. Celles-ci se manifestent à partir de l'inconscient et peuvent être liées à des traumatismes non résolus. Autrement dit, le traumatisme du passé peut être inconsciemment projeté dans le présent, ce qui a pour effet de le recréer par le biais de la projection. Il est donc essentiel de déconditionner, ou de déprogrammer l'inconscient de l'impact des souvenirs traumatiques.

La polarité du Verseau est le Lion. Le signe du Lion symbolise la nécessité de prendre en main son destin particulier de manière créative et par la force de la volonté. C'est grâce à ce signe que nous prenons conscience que nous avons quelque chose de spécial à offrir au monde comme une capacité ou un talent créatif et que nous sommes poussés à manifester ces capacités. Le plus souvent, on crée une structure de réalité pyramidale dans laquelle nos besoins se trouvent tout en haut et autour desquels tous les autres facteurs de la vie sont censés tourner pour les servir. Ce signe manifeste également un degré élevé de focalisation sur soi-même en relation avec l'objectif créatif. En somme, nous pouvons devenir imbus de nous-mêmes.

Le besoin d'une validation externe et d'un retour d'information de la part de l'environnement peut devenir constant. Cette dynamique se manifeste parce que le Lion suit naturellement le signe du Cancer : l'insécurité égocentrique. Dans cette situation, peu importe ce que l'on donne, ce n'est jamais vraiment assez. Exprimée positivement, l'âme peut s'émanciper en apprenant à se valider de l'intérieur et à ne plus dépendre de l'environnement extérieur pour fournir ce feed-back.

Le plus souvent, l'individu valide et donne aux autres en fonction de sa propre réalité. Autrement dit, l'âme peut tenter de guider la manifestation créative des autres en se basant sur sa propre création ou sa projection de l'autre et donner en fonction de ce qu'elle projette. Trop souvent, le don n'est motivé que par la satisfaction d'un besoin ou d'un objectif personnel.

Au fur et à mesure que l'individu apprend à se valider de l'intérieur, le besoin de reconnaissance et de retour d'information externes sera éliminé. Il pourra reconnaître les dons créatifs des autres sans se sentir menacé par eux. Il cherchera à les motiver à se réaliser en soutenant leur propre réalité plutôt que la sienne. La véritable générosité symbolisée dans le signe du Lion pourra alors se manifester.

Maintenant que nous avons revu les signes du Verseau et du Lion, nous pouvons examiner les intentions fondamentales du nœud sud en Verseau/11ème maison et du nœud nord en Lion/5ème maison. Quelle était la structure émotionnelle dans le passé ? Quelles sont les dynamiques spécifiques qui constituent la structure émotionnelle consciente du passé ?

Le nœud sud en Verseau/11ème maison

Le nœud sud en Verseau/11ème maison indique que dans la vie antérieure, l'image de soi était basée sur le besoin de se libérer de modèles de comportement obsolètes, de s'individualiser et de tisser des liens avec des personnes partageant les mêmes valeurs. Objectivité, détachement et désengagement émotionnel sont les schémas du passé qui représentent la sécurité émotionnelle consciente et qui seront repris dans la vie actuelle.

En venant au monde, l'individu aura la faculté de prendre du recul par rapport à lui-même, de se détacher de l'immédiateté de la réalité subjective et de devenir un observateur de lui-même et de la vie en général. Cette position du nœud sud symbolise une possibilité de traumatisme non résolu (PTSD), ce qui exige que l'âme se retire cycliquement du corps émotionnel, car cela favorise la capacité de se libérer et de se déconditionner des schémas passés qui entravent sa croissance.

Le plus souvent, l'individu désire se lier à ceux qui partagent les mêmes valeurs et, avant la vie actuelle, il peut avoir formé de forts attachements à d'autres personnes du même esprit. L'attachement émotionnel s'élimine à mesure que l'âme cultive la capacité de se positionner en tant que groupe d'une seule personne lorsque cela est nécessaire. Somme toute, le besoin sous-jacent est de rompre les attachements émotionnels périmés qui créent la stagnation et la non-croissance.

Le stade du consensus : Au stade du consensus le nœud sud en Verseau/11ème maison indique que, dans la vie antérieure, la structure émotionnelle était fondée sur le besoin de se lier avec des personnes partageant les mêmes valeurs dans le courant dominant et de se libérer au sein des différentes couches sociales. L'âme a désiré progresser dans la société en s'associant à un groupe ou une association partageant des idées similaires.

Par exemple, en observant les pratiques et les techniques existant dans un domaine donné du courant dominant, l'individu peut y progresser. Il a pu utiliser les associations de la même manière. La libération s'est faite par la progression dans les strates sociales. L'individu est convaincu que le mode de vie et les normes du courant dominant devraient être suivis par tous. L'âme peut avoir subi un traumatisme au sein d'un groupe appartenant au courant conventionnel et a besoin de se libérer des schémas du passé qui sont devenus obsolètes et de rompre les attachements émotionnels qui freinent sa croissance.

Dans une expression naturelle, l'âme encouragera à se serrer les coudes et à se relier au sein de la communauté pour générer un changement social positif. Il est essentiel de pouvoir se positionner en tant que groupe d'un seul homme et de résister à la pression négative exercée par le groupe de pairs appartenant au courant dominant. En revanche, elle peut résister à cette libération et se conformer à la mentalité du groupe en raison de la sécurité émotionnelle procurée par ces liens et associations. En ce cas, le traumatisme du passé est reporté dans le futur.

Le stade d'individuation : Au stade d'individuation le nœud sud en Verseau/11ème maison indique que dans la vie passée, l'image de soi et le regard personnel était basés sur le besoin de se lier à d'autres personnes partageant les mêmes idées au sein du mouvement alternatif de la société et de s'individualiser par rapport à la société conventionnelle. La libération a été favorisée par des liens avec des personnes partageant les mêmes idées qui cherchent également à s'individualiser et se sentent étrangers à la majorité de la société.

Le besoin et l'intention sous-jacents sont de se libérer des dépendances à l'égard d'un groupe social dans un domaine alternatif pour se déconditionner par rapport au courant dominant. Par exemple, l'âme peut avoir des idées uniques et révolutionnaires, mais ne pas être en mesure de les manifester au sein d'un groupe social existant. De plus, elle peut avoir subi un traumatisme parce qu'elle était différente du courant dominant et s'être attachée à des groupes de personnes partageant les mêmes idées et ayant vécu la même dynamique. Ces liens sont peut-être devenus obsolètes et peuvent empêcher la croissance. Dans sa meilleure expression, l'âme encouragera alors les autres, par son exemple, à s'individualiser et à former un groupe d'un seul individu si nécessaire.

Le stade spirituel : Au stade spirituel, le nœud sud en Verseau/11ème maison indique que dans la vie passée, la structure émotionnelle était basée sur le besoin de se libérer et de se déconditionner en fusionnant avec la Source et de se lier avec des personnes partageant le même état d'esprit et le même désir de spiritualité. Les principes naturels et intemporels étaient le fondement de la communauté et le facteur déterminant les liens qui les unissaient.

Le besoin et l'intention sous-jacents sont de se libérer de toute dépendance envers une communauté ou un groupe spirituel pour s'épanouir spirituellement et de se positionner comme groupe d'une seule personne si nécessaire. L'âme peut avoir subi un traumatisme au sein d'une communauté spirituelle pour déclencher la libération nécessaire à l'égard des schémas du passé qui empêchent la poursuite de la croissance. Il s'ensuit une rupture des attaches émotionnelles obsolètes.

En revanche, elle peut entretenir une dépendance à l'égard d'une communauté spirituelle ou d'autres personnes de même sensibilité. Par exemple, bien qu'ayant des idées sur la façon d'enseigner les lois et les principes naturels d'une manière différente ou unique, elle ne les concrétise pas en raison de la sécurité que lui apporte la conformité au groupe. De cette façon, le traumatisme est reporté dans le futur.

Nœud nord en Lion/5ème maison

Quelle est l'évolution en cours de la structure émotionnelle de l'âme ? Quelles sont les dynamiques spécifiques qui manifestent l'attraction vers l'avenir ? Le nœud nord en Lion/5ème maison symbolise une image de soi en formation basée sur la manifestation créative, l'émancipation et le besoin profond de contrôler son destin particulier par la force de sa volonté. Ces dynamiques marquent la transition vers le futur.

En somme, l'intention et le besoin sont de prendre en charge son destin particulier et de manifester ses dons et talents uniques indépendamment de l'influence de tout groupe social (nœud sud en Verseau/11ème maison, nœud nord en Lion/5ème maison). L'émancipation se produit lorsque l'individu prend son destin en main et manifeste ses capacités créatives.

Au fil de la vie, il s'agit d'apprendre à se réaliser d'une manière qui manifeste notre propre compréhension du but qui est particulier et spécifique à notre âme en dehors de l'influence de tout groupe social d'esprit similaire. De cette façon, les attachements émotionnels et les dépendances sont éliminés. Le plus souvent, cela nécessite une focalisation sur soi plus ou moins importante pour devenir « plein de ce que nous sommes » pour ainsi dire. Dans une expression naturelle, l'individu concrétisera ses idées uniques sans le soutien d'un groupe social.

Le stade du consensus : Au stade du consensus, cela se manifestera par une structure émotionnelle évolutive basée sur le besoin de prendre son destin en main et de se réaliser au sein de la société conventionnelle. Le besoin profond est de concrétiser ses capacités créatives au sein de la société.

Dans cet état d'évolution, l'individu désirera progresser dans le système. La manifestation d'une compétence unique pourra être utilisée pour gravir les échelons sociaux. Par exemple, l'âme peut avoir un don spécial d'orateur ou d'écrivain et l'utiliser pour progresser dans la hiérarchie sociale.

Cette transition émotionnelle sert à promouvoir la libération des dépendances à l'égard des groupes sociaux de la société dominante (nœud sud en Verseau/11ème maison, nœud nord en Lion/5ème maison). Positivement, les capacités créatives sont liées au besoin de progresser dans le système social. Inversement, l'individu se réalisera d'une manière plus ou moins égocentrique nourrissant des illusions de grandeur personnelle. Cette dynamique est due à la sécurité émotionnelle que ces illusions procurent.

Le stade d'individuation : Au stade d'individuation, le nœud nord en Lion/5ème maison se manifeste par une structure émotionnelle en formation basée sur le désir de prendre en main sa destinée particulière et de se manifester de manière créative dans un domaine alternatif.

Dans cette phase évolutive, l'intention et le besoin sous-jacents sont de se libérer du courant dominant en matérialisant les dons ou les talents particuliers qui expriment sa propre individualité. Par exemple, la personne peut avoir un talent particulier au sein d'une communauté alternative, comme la thérapie régressive ou l'astrologie. Ce talent peut alors être utilisé pour renforcer sa sécurité personnelle tout en cherchant à se réaliser dans un domaine alternatif. Cela permet de s'émanciper et de se libérer des dépendances envers un groupe social et ceux qui partagent les mêmes idées (nœud sud en Verseau/11ème maison, nœud nord en Lion/5ème maison). Dans une expression positive, l'âme encouragera les autres, par son exemple, à prendre leur destin en main en manifestant leurs capacités uniques et individuelles. La force d'attraction vers l'avenir se fait sentir dans ces domaines.

Le stade spirituel : Au stade spirituel, le nœud nord en Lion/5ème maison traduit une structure émotionnelle en évolution qui se fonde sur le besoin émotionnel profond de prendre le contrôle de sa destinée et de se réaliser de manière créative en s'unissant au Divin. Le sentiment de destinée particulière est lié à la matérialisation des capacités créatives qui reflètent les principes intemporels et universels.

Dans cet état d'évolution, l'intention est de s'émanciper par la connaissance des lois naturelles et universelles. Ce faisant, on se libère de tout groupe ou organisation spirituelle (nœud sud en Verseau/11ème maison, nœud nord en Lion/5ème maison). Somme toute, la structure émotionnelle en formation et la vision de soi deviennent un canal par lequel le principe créateur de l'univers peut s'écouler. L'âme ne sera plus attachée à ses capacités créatives d'un point de vue égocentrique. À son tour, elle encouragera les autres à prendre le contrôle de leur destin en s'alignant sur les lois naturelles et en cocréant avec la Source.

> **Célébrités avec
> le nœud sud en Verseau/11ème maison
> le nœud nord en Lion/5ème maison :**
>
> Barack Obama
> Jodie Foster
> Princess Diana
> Mahatma Gandhi

Nœud sud en Poissons/12ème maison, Nœud nord en Vierge/6ème maison

Pour comprendre les intentions profondes d'évolution du nœud sud en Poissons /12ème maison et du nœud nord en Vierge/6ème maison, il nous faut d'abord revoir les signes des Poissons et de la Vierge.

Le signe des Poissons correspond au besoin de trouver un sens ultime, de se connecter à une réalité transcendante et de fusionner avec la Source de Toutes choses. Ce signe représente l'aboutissement ou la clôture de tout un cycle d'évolution et symbolise les illusions, les déceptions et les rêveries.

Il indique le désenchantement. Le désenchantement est l'une des expériences émotionnelles les plus douloureuses qui soient et pourtant, en fin de compte, elle nous permet de nous rapprocher de la vraie réalité. Ainsi le signe des Poissons indique l'endroit où nous pouvons être inspirés par la Source ou susceptibles d'être déçus ou en proie aux illusions. Il est important de comprendre que le sens ultime ne peut être trouvé qu'en nous-mêmes, en adoptant des principes transcendants et en cultivant une relation avec la Source. De cette façon, nous pouvons fusionner le corps émotionnel avec le Divin.

Une cause ou un objectif élevé peut devenir un moyen qui favorise l'émergence d'un sens ultime provenant de l'âme. Par exemple, le bénévolat, les actions de bienfaisance et le travail sans but lucratif sont des formes d'expression de cause supérieure. En somme, le travail juste sert à harmoniser l'individu avec la Source Universelle et à développer un sens ultime issu de l'intérieur. Ainsi, le rôle extérieur, qu'il soit petit ou grand n'a aucune importance. Le travail est réalisé en raison de son sens intérieur, pour l'amour du travail lui-même, ce qui démontre l'intention d'embrasser une réalité transcendante. Par contre, il est possible que certaines personnes refusent cette intention en adoptant la dynamique de l'évasion. Par exemple, l'abus de substances peut être la réponse au besoin d'échapper à la réalité.

La polarité des Poissons est le signe de la Vierge. Celui-ci correspond à l'amélioration de soi, à la purification et au service rendu à la collectivité. Essentiellement, nous passons du développement subjectif (Bélier/Lion) au développement objectif (Balance/Poissons). Toute dynamique en lien avec une focalisation trop subjective symbolisée par les signes allant du Bélier au Lion sera considérée en discordance avec une transition vers une focalisation objective symbolisée par les signes allant de la Balance aux Poissons. On trouve aussi dans le signe de la Vierge l'importance d'apprendre à discerner entre la réalité effective par opposition à la réalité apparente et l'illusion et le désenchantement (polarité des Poissons).

Le service à la collectivité est mis en exergue. Nous devenons conscients de toutes nos imperfections, nos impuretés, nos fautes et désirons nous améliorer en servant la collectivité. Des crises sont souvent créées afin de provoquer les ajustements intérieurs nécessaires. En cas de réponse positive, la crise permet de mieux se connaître. Dans une expression négative, des crises excessives et une attention sur soi trop critique vont nous miner.

Dans cette situation, nous trouvons des excuses et des justifications logiques pour expliquer pourquoi nous ne sommes pas prêts ou pas assez parfaits pour accomplir les tâches que nous savons pourtant très bien pouvoir réaliser. Cette dynamique est le plus souvent causée par un vide existentiel intérieur qui va au-delà de la simple solitude. Pour combler ce vide, l'individu compense par diverses stratégies d'évitement et de déni. Par exemple, il peut manifester le syndrome de « l'abeille occupée » dans lequel il est constamment engagé dans des activités et des obligations extérieures.

Le signe de la Vierge est aussi associé à la psychologie du sadomasochisme. On trouve les origines du sadomasochisme dans le mythe du Jardin d'Éden où les femmes sont présentées comme responsables de la chute spirituelle de l'homme ou de sa tentation. Les femmes sont dévalorisées, culpabilisées et poussées à ressentir le besoin de se racheter pour cette faute, ce qui reflète la pathologie du masochisme. Les hommes sont culpabilisés, poussés à se sentir supérieurs, ce qui entraîne le besoin de punir ou le besoin de se venger des autres par réaction à cette culpabilité, traduisant la pathologie du sadisme. En règle générale, les femmes manifestent le masochisme et les hommes le sadisme, bien que les deux psychologies puissent se manifester simultanément et fluctuer chez un même individu. La victimisation est aussi présente ici.

Maintenant que nous avons revu les signes de la Vierge et des Poissons nous pouvons traiter des principales intentions d'évolution du nœud sud en Poissons/12ème maison et du nœud nord en Vierge/6ème maison. Quelle était la structure émotionnelle passée et quelles dynamiques particulières représentent la sécurité émotionnelle consciente du passé ?

Nœud sud en Poissons/12ème maison

Le nœud sud en Poissons/12ème maison correspond au besoin de trouver un sens ultime, d'embrasser une réalité transcendante et de fusionner le corps émotionnel avec la Source. L'accent est aussi mis sur le besoin de libérer l'âme de ses illusions et de ses déceptions. Le plus souvent ces personnes auront un corps émotionnel hypersensible. Un cycle entier d'évolution arrive à sa fin ou à son aboutissement.

Avant cette incarnation, il est possible que l'âme ait connu le désenchantement. Celui-ci se produit quand le besoin de sens ultime est projeté à l'extérieur. Si le sens ultime est attribué disons à une relation ou à une profession, l'âme va être déçue dans ce secteur. Si elle projette le sens ultime sur son partenaire par exemple et ne le voit pas avec clarté, elle va connaître la douleur de la déception à mesure que la réalité du partenaire apparaîtra. Une expression possible de cela est ce que l'on appelle le syndrome de Florence Nightingale qui décrit une situation où l'individu donne inconditionnellement sans discernement ni limites.

S'engager dans une cause ou un but supérieur va permettre de trouver un sens ultime émergeant de l'intérieur. Comme il a été dit précédemment, l'intention du désenchantement est de nous réaligner avec la réalité (polarité Vierge). Cette expérience peut aussi être en rapport avec la projection d'idéaux ultimes ou de règles de conduite idéalisées. La clé ici consiste à cultiver le sens ultime émergeant de l'intérieur en embrassant une réalité transcendante et en fusionnant le corps émotionnel avec la Source universelle. Ce faisant un cycle d'évolution est alors mené à son terme.

Le Stade du consensus : Au stade du consensus, le nœud sud en Poissons/12ème maison reflète une structure émotionnelle de la vie passée qui était basée sur le besoin de trouver un sens ultime et d'embrasser une réalité transcendante au sein de la société conventionnelle. A ce stade d'évolution, l'âme va souhaiter progresser dans la société en s'engageant dans une noble cause. Par exemple, elle peut travailler à promouvoir une cause humanitaire notoire, ce qui lui permettra de gravir les échelons sociaux.

Elle peut aussi rechercher le sens ultime dans les religions traditionnelles de sa société d'origine. Ceci traduit le besoin profond de s'unir au Divin. Par contre, certains individus vont projeter le sens ultime dans le mode de vie du courant dominant qui prône la position sociale, la richesse, les valeurs temporaires, ceci à cause de la sécurité émotionnelle que cela leur apporte. Tout un cycle d'évolution arrive à son terme en ce qui concerne les dynamiques dont on a parlé plus haut.

Le stade d'individuation : Au stade d'individuation, le nœud sud en Poissons/12ème maison reflète une structure émotionnelle du passé basée sur le besoin de trouver un sens ultime et d'embrasser une réalité transcendante dans un domaine alternatif.

A ce stade d'évolution, le besoin émotionnel profond est de s'individualiser grâce aux principes universels éternels. Les pratiques de soins alternatifs comme le Reiki, l'hypno thérapie, le yoga peuvent devenir un moyen pour cultiver ce sens ultime à partir de l'intérieur. La conformité aux valeurs temporaires et à tout le style de vie conventionnel peut conduire à la désillusion.

Ceci vise à déclencher l'individualisation indispensable. L'âme sera en lien avec des personnes qui partagent les mêmes valeurs et cherchent aussi à s'individualiser à travers les principes éternels universels et souhaitent arrêter de se conformer au courant dominant et aux valeurs temporaires en général. Au mieux, l'individu va encourager les autres, par son exemple, à embrasser une réalité transcendante qui reflète leur propre individualité. Ce faisant, tout un chapitre d'évolution est porté à son terme en ce qui concerne les dynamiques dont on a parlé plus haut.

Le stade spirituel : Au stade spirituel, le nœud sud en Poissons/12ème maison s'exprimera par une structure émotionnelle du passé qui repose sur le fait de satisfaire son besoin de sens ultime en unissant le corps émotionnel avec ce qui est éternel et en s'harmonisant avec les principes universels intemporels.

A ce stade d'évolution, l'intention et le besoin émotionnel profond consiste à se spiritualiser à travers les lois naturelles intemporelles. L'individu peut être déçu en suivant des enseignements ou des enseignants spirituels erronés. La relation avec le divin devient la source primordiale par laquelle l'âme cultive le sens ultime à partir de l'intérieur. S'engager dans une cause supérieure est exprimée par le travail juste inspiré par la source. Dans la meilleure expression, l'individu va encourager les autres à embrasser une réalité transcendante en s'harmonisant avec les lois universelles et éternelles par l'union émotionnelle avec le Divin. De cette façon, un cycle complet d'évolution est mené à terme en lien avec les dynamiques dont on a parlé plus haut.

Le nœud nord en Vierge/6ème maison

Quelle est la structure émotionnelle de l'âme en cours d'évolution ? Quelles sont les dynamiques spécifiques qui représentent l'attraction vers le futur ? Le nœud nord en Vierge/6ème maison symbolise une vision de soi et une structure émotionnelle en développement qui se nourrissent d'un besoin de servir la communauté, de favoriser l'amélioration personnelle et de cultiver l'humilité.

La leçon essentielle qui est mise en évidence ici consiste à apprendre à faire la distinction entre la réalité concrète et les illusions (nœud sud en Poissons /12ème maison). L'énergie de guérison souvent diffuse et non-ciblée des Poissons doit être canalisée avec précision grâce au nœud nord en Vierge / 6ème maison).

À mesure que la vie évolue, le besoin profond s'oriente vers l'amélioration de soi et l'humilité personnelle. Généralement, l'effet de la pyramide inversée est créé afin de provoquer les changements indispensables. À présent, nos besoins sont placés tout en bas de la pyramide. Par exemple, aider les plus démunis et les personnes défavorisées peut être une expression de l'intention de cette vie-ci. Un engagement social, un domaine d'activité axé sur le service peut devenir un moyen pour se purifier et affiner l'énergie de guérison nébuleuse manifestée par le nœud sud en Poissons/12ème maison. En conséquence, cela permet de développer la capacité de discerner la réalité de l'illusion et de la fantaisie.

Le stade du consensus : Au stade du consensus, le nœud nord en Vierge/6ème maison se manifestera sous la forme d'une structure émotionnelle en développement, basée sur le service à la collectivité, l'amélioration de soi et l'apprentissage de l'humilité personnelle au sein de la société traditionnelle.

A ce stade évolutif, l'âme aspirera à progresser au sein de la société. Un travail orienté vers le service au sein du courant dominant, tel qu'aider les personnes défavorisées à améliorer leurs conditions de vie peut être un moyen d'y parvenir. Ceci dynamise un espace intérieur d'humilité et d'amélioration personnelle. L'intention est de définir à partir de son être profond ce qui a un sens et une priorité dans sa vie et ce qui n'en a pas : prendre conscience des bonnes priorités. Cela permettra de distinguer la vraie réalité des illusions (nœud sud en Poissons/12ème maison, nœud nord en Vierge/6ème maison).

Dans son expression naturelle, l'individu recommandera d'aider les autres à améliorer leurs conditions de vie au sein du courant dominant comme moyen de progresser dans le système en manifestant sa « vocation juste » dans le monde conventionnel. L'attraction vers l'avenir se fera sentir dans ces domaines. Certains cependant, vont saper leurs capacités innées de guérison symbolisées par le nœud sud en Poissons/12ème maison et feront un travail banal juste pour s'en sortir.

Le stade d'individuation : Au stade d'individuation, le nœud nord en Vierge/6ème maison s'exprime par une structure émotionnelle en évolution qui se fonde sur le service au collectif dans un domaine alternatif. A ce stade évolutif, le besoin émotionnel sous-jacent et l'intention sont de s'individualiser en offrant un service unique qui manifeste sa propre individualité. Par exemple, le service à ceux qui ont été persécutés par les membres de la société dominante pour avoir été différents peut être lié à la « juste vocation » de l'âme. Ainsi les désillusions du passé sont guéries (nœud sud en Poissons/ 12ème maison, nœud nord en Vierge/6ème maison).

L'amélioration de soi s'installe en se libérant de toute dynamique qui reflète une compensation par rapport à la société dominante. En d'autres termes, l'individu peut critiquer intérieurement le besoin de s'individualiser et saboter ses dons uniques qui pourraient être mis au service des autres. Dans une expression positive, il les encouragera par son propre exemple, à exercer une forme de travail fondée sur le service et qui manifeste leur individualité. C'est ainsi que l'attraction vers l'avenir se fait sentir.

Le stade spirituel : Au stade spirituel, le nœud nord en Vierge ou dans la 6ème maison s'exprime par une structure émotionnelle en développement basée sur le service envers le collectif en s'"unissant avec la Source et en s'harmonisant avec les lois naturelles intemporelles. Le besoin émotionnel sous-jacent et l'intention sont de favoriser un espace intérieur propice à l'amélioration de soi et à l'humilité personnelle grâce au développement spirituel.

En général, l'individu s'accroche à ses imperfections, à ses manques et à ses impuretés ce qui le pousse à rechercher constamment des excuses pour expliquer pourquoi il n'est pas prêt à entreprendre le travail inspiré par la Source.

Le service à ceux qui désirent également manifester leur vocation juste peut devenir un moyen de résoudre et de guérir cette dynamique. Somme toute, l'intention est d'apprendre que le chemin vers la perfection se fait pas à pas. Ce faisant, c'est tout un cycle d'évolution qui est mené à son apogée (nœud sud en Poissons/12ème maison, nœud nord en Vierge/6ème maison). Ces âmes motiveront les autres à s'aligner sur une forme de service qui manifeste les lois naturelles, intemporelles et qui soutient l'enseignement de la nature selon lequel la Source elle-même n'est pas parfaite mais plutôt simultanément parfaite et imparfaite ; dans un état évoluant vers la perfection pour ainsi dire. Le changement émotionnel du passé vers le futur est ressenti de cette manière.

**Célébrités avec
le nœud sud en Poissons /12ème maison
le nœud nord en Vierge /6ème maison :**

George Clooney
Bono (U2 chanteur principal)
Bob Dylan

Chapitre 3

Rassembler le tout – Étude de cas d'une cliente

Pour clarifier ces points fondamentaux, prenons un exemple simple. Une de mes clientes a le nœud sud en Cancer dans la 7ème maison, la Lune en Verseau dans la 2ème maison et le nœud nord en Capricorne dans la 1ère maison. Elle se trouve dans le 1er stade d'individuation, ce qui indique que l'âme commence tout juste à se détacher et à se libérer du consensus. Au moment de la consultation, elle souhaitait s'affranchir de l'influence des autres dans ses relations personnelles, sociales et familiales. Elle a exprimé que suivre ce vers quoi elle se sentait instinctivement attirée lui créait un grand stress émotionnel. Thérapeute de profession, elle souhaitait se lancer dans un nouveau domaine qui allait à l'encontre des attentes de ses relations personnelles, sociales et familiales. Comment l'âme va-t-elle piloter et intégrer émotionnellement la transition entre le passé (nœud sud) et le futur (nœud nord) par le biais du moment présent (Lune natale) ? Comment l'âme va-t-elle se sécuriser dans ce changement et passer d'une source de sécurité émotionnelle externe à une source interne ?

Afin de comprendre comment va s'opérer le passage du passé au futur, nous devons d'abord comprendre quelle image l'âme avait d'elle-même dans le passé tel que l'indique le nœud sud. Qu'est-ce que l'âme a créé pour matérialiser ses intentions évolutives du passé (Pluton) ?

L'archétype de la Balance/7ème maison symbolise l'initiation de diverses relations qui nous permettent d'apprendre par comparaison et par contraste qui nous sommes et qui nous ne sommes pas et quelles sont les réalités qui nous reflètent et celles qui ne le font pas. Cet archétype indique qu'un état extrême a été atteint et qu'il est nécessaire de rétablir un équilibre par rapport à cet état. La dynamique de l'égalité, de la justice et du fair-play est ici mise en évidence et l'expression « Traiter les autres comme on aimerait être traité » est un principe directeur. La loi naturelle du don, du partage et de l'inclusion est l'expression la plus élevée du signe de la Balance.

Du point de vue de la vie antérieure, le nœud sud dans la 7ème maison suggère que l'âme a créé une vision de soi et une structure émotionnelle basées sur l'initiation des relations et qu'elle évaluait qui elle était en se comparant et en se différenciant des autres. Le plus souvent, dans le passé, elle est devenue dépendante dans ses relations et vice versa et c'est le point autour duquel elle va naturellement graviter. Ce point indique également les zones de dépendance émotionnelle qui bloquent sa croissance.

Les déséquilibres et les inégalités sont créés dès que l'âme perd le contact avec son identité et ses besoins et qu'elle tente continuellement de s'adapter aux besoins et aux réalités des autres. La dynamique sous-jacente qui crée les codépendances et les extrêmes dans les relations est le besoin d'être nécessaire. Les principes d'égalité, de fair-play, de don, de partage et d'inclusion ont été renforcés dans la structure émotionnelle de la vie antérieure si bien qu'ils seront fortement ressentis dès le début de cette vie-ci.

Le stade du consensus : Au stade du consensus, cela indique que la structure émotionnelle et l'image de soi de la vie antérieure étaient basées sur l'initiation de relations au sein de la société dominante. L'âme a désiré nouer des relations afin de savoir comment la société est structurée et comment elle fonctionne et comment progresser à travers les différentes couches sociales. Au fur et à mesure que l'âme évolue dans cette phase, elle acquiert la capacité de guider les autres pour qu'ils apprennent la même chose. Ces domaines représentent les schémas conscients vers lesquels elle se sent le plus attirée pour se sentir en sécurité sur le plan émotionnel.

L'âme se conformera aux normes et aux attentes de la société dans ses relations, tant au niveau personnel qu'au niveau social et elle s'attendra à ce que les autres en fassent autant. Elle ne nouera des relations qu'avec des personnes appartenant au courant dominant et renforcera ces normes et attentes auprès de ceux qui ne s'y conforment pas par mesure de sécurité personnelle. Dans une expression naturelle, elle intégrera la société dominante sur un pied d'égalité et défendra l'égalité des chances d'avancement pour tous. Dans une expression négative, elle tentera de se sécuriser en entretenant des déséquilibres et des extrêmes dans les relations personnelles et sociales du passé.

Le stade d'individuation : Au stade d'individuation, cela se manifestera par une structure émotionnelle de la vie antérieure qui était basée sur l'initiation de relations avec des personnes partageant les mêmes idées et désireuses de s'individualiser par rapport à la société. Les relations avec ceux qui partagent le même état d'esprit permettent à l'âme de se libérer de la société dominante et d'apprendre à connaître sa propre identité par comparaison et contraste ; elles permettent aussi de comprendre qui partage cette même orientation et ce même besoin intérieur et qui ne le partage pas.

Le plus souvent, l'âme accorde une grande importance à la relativité des réalités et des besoins individuels tant au niveau personnel que social. En d'autres termes, dans une expression naturelle, elle défendra l'idée que toutes les « réalités » valent la sienne, même si ces « réalités » sont différentes. Dans une expression positive, elle soutiendra fortement ceux qui s'individualisent par rapport à la société dominante et qui émotionnellement fonctionnent dans la relation avec cette optique du don.

Le besoin évolutif consiste à équilibrer le donner et le recevoir dans des relations où chacun soutient le processus d'individuation de l'autre. De cette manière, les extrêmes du passé peuvent être éliminés. Dans une expression négative, l'individu maintiendra des déséquilibres émotionnels et des extrêmes liés à la dépendance envers autrui. Il peut projeter le besoin d'individuation dans ses relations de telle sorte qu'il s'attend à être soutenu par un partenaire qui n'a pas la capacité de comprendre ou de répondre à ce besoin.

Le stade spirituel : Au stade spirituel, ce besoin se manifeste par une image de soi et une structure émotionnelle de la vie antérieure basées sur l'initiation de relations avec des personnes qui désirent également fusionner avec la Source universelle et se développer spirituellement.

Dans une expression positive, l'âme atteindra l'équilibre émotionnel par l'union avec la Source.

Ceci a pour effet de contrecarrer les vieux schémas de sécurité émotionnelle liés aux dépendances et aux extrêmes associées à la dépendance envers les autres dans les relations, ou vice versa, en ce qui concerne le besoin de fusionner avec l'Éternel. Le besoin évolutif est d'initier des relations dans lesquelles les deux partenaires soutiennent le développement spirituel de l'autre au lieu de créer des extrêmes et/ou des dépendances mutuelles.

Le plus souvent, ces personnes auront des relations émotionnelles fondées sur le principe de l'égalité de tous les êtres au sein de la Création manifestée et transmettront le message que tout dans la Création est intrinsèquement inter relié et interdépendant. Autrement dit, nous devons nous efforcer d'être en harmonie et en équilibre avec la nature et l'ensemble de la Création manifestée.

La Lune : Quelle structure émotionnelle et quelle image de soi l'âme a-t-elle créé ? Comment la Lune va-t-elle servir de pont entre le passé et l'avenir et devenir un moyen d'atteindre la sécurité personnelle ?

La Lune dans la 2ème maison indique que l'image que l'âme a d'elle-même est centrée sur le besoin émotionnel d'indépendance, d'autonomie et qu'elle veut subvenir à ses besoins sans l'aide d'autrui. Dans la meilleure expression la sécurité émotionnelle est liée à l'indépendance et à la conviction que « je peux me débrouiller tout seul ».

Le plus souvent, l'âme ressent un besoin cyclique de se retirer en elle-même et de s'isoler de l'impact de l'environnement extérieur parce que cet isolement lui apporte une stabilité émotionnelle et lui permet aussi de prendre soin d'elle-même, de se ressourcer et d'identifier les ressources intérieures dont elle dispose pour assurer son autosuffisance et sa survie.

Le signe du Taureau/2ème maison correspond à l'instinct de survie qui comprend l'instinct de procréation puisque celui-ci est lié au besoin de survie de l'espèce. Ainsi, le signe reflète également les valeurs sexuelles de l'âme, ses besoins et sa relation intérieure à la sexualité. Il en découle que l'autonomie sexuelle de la Lune en Taureau/2ème maison est un besoin émotionnel naturel ; sentir que ses besoins sexuels ne dépendent pas d'un partenaire. Selon moi, cela renforce l'estime de soi et un espace intérieur positif en rapport avec la façon dont l'âme se rapporte à sa sexualité.

Avec la Lune en Taureau /2ème maison, l'âme favorisera la transition du passé au futur en créant un espace intérieur d'indépendance, en se fortifiant et en matérialisant ses ressources intérieures par l'effort personnel. Ce faisant, elle renforcera l'estime de soi et le sentiment d'être enracinée.

Compte tenu du nœud sud en 7ème maison, la Lune dans la 2ème maison reflète le besoin d'appliquer, par le biais d'un effort personnel, ce que l'on a appris en initiant des relations et vice versa. De cette façon, l'âme intériorisera la sécurité émotionnelle au lieu de compter sur les autres.

La clé de cette démarche est de n'initier des relations qu'avec des personnes qui partagent les mêmes valeurs que l'âme et qui ont la capacité d'être indépendantes dans les relations (Lune dans la 2ème maison). L'âme évaluera par comparaison et contraste (nœud sud dans la 7ème maison) avec qui être relié et avec qui ne pas l'être. En somme, il s'agit d'apprendre que l'âme ne doit être en relation que si celle-ci est fondée sur un espace d'indépendance, d'égalité et d'épanouissement de soi mutuellement partagé.

En revanche, l'âme peut tirer sa sécurité émotionnelle de l'extérieur en entretenant des relations de codépendance. Dans ces conditions, elle devient le prolongement indirect des valeurs et des attentes des autres ou inversement, les autres vivront à travers elle par procuration (nœud sud dans la 7ème maison, Lune dans la 2ème maison). L'âme tentera d'éviter ses insécurités sous-jacentes et de contrecarrer sa progression de la manière décrite.

Le stade du consensus : Au stade du consensus, cela se manifestera sous la forme d'une image de soi enracinée dans le besoin d'identifier les ressources intérieures qui vont permettre de devenir autonome au sein de la société conventionnelle. L'individu cherchera à se sécuriser en manifestant les ressources nécessaires pour progresser à travers les couches sociales. L'essentiel à noter ici est que ce processus est réalisé par l'effort personnel de l'âme, sans recourir à l'aide de qui que ce soit.

Elle intégrera sa sécurité émotionnelle en évaluant quelles sont, au sein du courant dominant, les relations et le travail qui manifestent l'actualisation de ses ressources intérieures et soutiennent sa non-dépendance et ce qui ne va pas dans ce sens. Autrement dit, elle ne doit s'engager que dans des relations qui favorisent le développement actif de son autonomie et qui sont en accord avec ses valeurs au sein du courant dominant.

Par exemple, compte tenu du nœud sud dans la 7ème maison, l'individu peut vouloir conseiller les autres dans un cadre traditionnel et avoir la capacité innée à le faire. Avec la Lune dans la 2ème maison, l'effort nécessaire pour y parvenir peut devenir un moyen de subvenir à ses besoins.

Cependant, certaines personnes ne feront que l'effort minimum, se contentant d'un travail qui leur permet juste de s'en sortir ou de survivre et elles peuvent vivre par procuration à travers les ressources d'autrui en raison de la sécurité émotionnelle associée à cette dynamique.

Le stade d'individuation : Au stade d'individuation cela indique que, dans la vie antérieure, l'image de soi était enracinée dans le besoin de se sécuriser en manifestant des ressources intérieures qui permettent d'être autonome dans la société alternative. L'âme acquiert la sécurité personnelle à mesure qu'elle fait l'effort nécessaire pour actualiser les ressources et les capacités qui manifestent sa propre individualité, ce qui devient alors un moyen de se libérer du courant dominant. Par exemple, le désir de conseiller les autres peut désormais s'inscrire dans un domaine alternatif.

L'âme doit cultiver un espace intérieur d'indépendance par rapport aux autres afin de se dégager du courant dominant et cultiver son besoin d'autonomie de la manière décrite précédemment. Elle ne doit nouer des relations qu'avec des personnes qui partagent le même désir de se libérer et qui ont la capacité de soutenir émotionnellement l'indépendance et l'égalité mutuelles.

L'âme apprend à s'estimer elle-même en fonction de son individualité et à donner du sens à partir d'elle-même, indépendamment des valeurs et des « réalités » générales promues par le courant dominant. La clé de cette démarche est qu'elle va se libérer des valeurs dominantes et exprimer les ressources intérieures qui manifestent son individualité (nœud sud dans la 7ème maison, Lune dans la 2ème maison).

Le stade spirituel : Au stade spirituel, la structure émotionnelle et l'image de soi de l'âme sont fondées sur une relation intérieure primordiale avec la Source de Toutes les choses. Cette relation primordiale avec le Divin permet de renforcer un espace émotionnel d'autonomie et d'indépendance et de nourrir l'estime de soi.

L'âme va cultiver l'autonomie en manifestant des ressources intérieures en harmonie avec la capacité de servir le Divin et qui reflètent les lois universelles intemporelles. Par exemple, le désir de conseiller sera basé sur la connaissance intérieure des lois naturelles qui a été acquise en se développant spirituellement. L'important à considérer c'est que, lors de la transition du passé au futur, cela devient un moyen d'assimiler la sécurité émotionnelle et de se sécuriser.

Nœud nord dans la 1ère maison : Quelle façon de voir et quelle structure émotionnelle en devenir l'âme va-t-elle créer ? Le nœud nord dans la 1ère maison symbolise que ce devenir tourne autour du développement d'une voix indépendante et de ce qui est en faveur de l'indépendance émotionnelle afin de permettre la découverte de soi. Il est essentiel de cultiver la capacité de poser ses propres questions et d'y répondre soi-même et de voler de ses propres ailes, indépendamment de toute relation. L'âme se sentira alors en sécurité pour exprimer ce dont elle a besoin dans les relations.

Compte tenu du nœud sud dans la 7ème maison, cela créera un espace intérieur d'équilibre émotionnel dans les relations, d'égalité et d'harmonie entre donner et recevoir. En cultivant une autonomie réciproque dans les relations (nœud sud dans la 7ème maison, Lune dans la 2ème maison), l'individu favorisera la découverte de sa propre identité en dehors de toute relation. Un nouveau cycle d'évolution dans les relations sera alors mis en mouvement (nœud sud dans la 7ème maison, nœud nord dans la 1ère maison).

L'individu apprendra à n'engager des relations qu'avec ceux qui ont la capacité d'être indépendants par rapport à l'autre et d'actualiser leur vie personnelle par leurs propres moyens, les deux personnes pouvant développer une indépendance émotionnelle dans une relation. Ainsi, le besoin de relation (nœud sud dans la maison 7) et celui de liberté (nœud nord dans la maison 1) sont tous deux satisfaits et le paradoxe émotionnel lié aux relations est résolu.

L'attitude relationnelle sous-jacente devient : « Je suis ici parce que je le veux, et non parce que j'en ai besoin ».

A mesure que ce changement évolutif se produit, l'âme attire à elle des personnes qui sont également autonomes (Lune dans la 2ème maison) et qui peuvent soutenir le besoin émotionnel d'indépendance réciproque (nœud sud dans la 7ème maison) de manière égale. Inversement, l'individu peut recréer des relations de codépendance dans le futur (nœud nord dans la 1ère maison) en raison de la sécurité émotionnelle liée à ces relations. Les relations de codépendance mutuelle deviennent alors le principal moyen d'assurer la survie et la stabilité émotionnelle (nœud sud dans la 7ème maison, lune dans la 2ème maison).

Le stade du consensus : Au stade du consensus, le nœud nord dans la 1ère maison indique que la structure émotionnelle et la vision de soi évoluent vers un besoin de développer une voix indépendante au sein de la société traditionnelle et d'avoir la liberté nécessaire pour entreprendre toutes les actions jugées nécessaires à sa progression dans le système. Par exemple, l'individu peut se sentir poussé à innover dans un domaine donné, ce qui manifeste que sa sécurité intérieure croit à mesure que sa propre voix s'exprime. Ce processus se développe indépendamment de toute relation et de toute dépendance à l'égard d'autrui. (nœud sud dans la 7ème maison, Lune dans la 2ème maison, nœud nord dans la 1ère maison).

Par exemple, l'âme peut instaurer au sein de la société conventionnelle une nouvelle façon de conseiller qui est basée sur la matérialisation des valeurs intérieures d'autonomie et d'estime de soi. Elle peut encourager les autres à prendre soin d'eux émotionnellement pour manifester leurs propres ressources dans le but de progresser d'un point de vue sociétal. Cela manifeste qu'un nouveau cycle d'évolution au sein des relations a commencé.

L'âme n'est plus dépendante des autres dans ses relations pour progresser dans le domaine social. Elle est maintenant capable d'identifier ses propres ressources (Lune dans la 2ème maison) et possède la sécurité intérieure pour exprimer sa voix indépendante au sein du courant dominant (nœud nord dans la 1ère maison). Cependant, certains peuvent agir en comptant sur les ressources des autres ou se contenter du minimum d'efforts pour assurer leur propre subsistance. Bien entendu, les autres peuvent devenir dépendants de l'individu de la même manière. La dynamique relationnelle du passé est alors reportée dans l'avenir à cause de la sécurité émotionnelle qu'elle procure.

Le stade d'individuation : Au stade d'individuation, le nœud nord dans la maison1 se manifeste par la formation d'une structure émotionnelle et d'une vision de soi enracinées dans le besoin de liberté et d'indépendance pour s'affranchir du courant dominant. Développer sa propre voix au sein de la société alternative permettra de cultiver sa sécurité intérieure. Par exemple, l'individu désirera une liberté émotionnelle pour générer de nouvelles expériences en dehors de la société dominante, ce qui lui permettra de se découvrir.

Dans une expression positive, l'âme nourrira le besoin de liberté et de découverte de sa propre voix en initiant des actions indépendantes motivées par le besoin de s'individualiser en dehors de toute relation et sans attendre ni demander le consentement d'autrui. Ce faisant, l'individu crée un espace intérieur de liberté et d'indépendance, cultive sa sécurité personnelle et met en route un tout nouveau cycle d'évolution.

Le nouveau cycle relationnel commence lorsque l'âme attire des partenaires qui partagent le même désir d'individualisation et qui ont le courage émotionnel de voler de leurs propres ailes, indépendamment de toute relation. La transition émotionnelle du passé vers le futur se reflète dans des relations centrées sur le soutien de l'autonomie mutuelle (nœud sud dans la 7ème maison, Lune dans la 2ème maison) et l'épanouissement indépendant des deux partenaires (nœud nord dans la 1ère maison) dans une démarche d'individuation progressive par rapport au courant dominant.

Le stade spirituel : Au stade spirituel, le nœud nord dans la 1ère maison se manifestera sous la forme d'une structure émotionnelle et d'une vision de soi en cours d'évolution, ancrés dans le besoin de liberté et d'indépendance pour générer toutes les expériences nécessaires au développement spirituel. Par exemple, l'âme peut désirer fusionner avec la Source en faisant l'expérience directe de la nature et des principes naturels qui s'y trouvent. En initiant des actions dans lesquelles la connaissance réelle des principes intemporels de la nature se révèle, la sécurité intérieure est favorisée et l'âme peut se développer spirituellement. En somme, un espace émotionnel de liberté et d'indépendance est créé en nourrissant le besoin d'agir en fonction de toute expérience jugée nécessaire pour fusionner avec le Divin.

Dans une expression positive, l'âme attirera des partenaires qui partagent le désir d'évoluer spirituellement de manière indépendante, capables de se soutenir mutuellement dans cette démarche et qui cultivent une relation primordiale avec le Divin. (Lune dans la 2ème maison, nœud nord dans la 1ère maison). Dans sa meilleure expression, elle encouragera les autres à faire ce qu'ils doivent faire afin d'expérimenter par eux-mêmes les lois naturelles et intemporelles qui manifestent l'ensemble de la Création. De cette façon, elle renforcera sa sécurité intérieure et le courage émotionnel de poser ses propres questions et d'y répondre, en dehors de toute relation, de tout groupe, toute communauté ou tout enseignant spirituel. Lorsque l'âme déploie sa voix par le biais d'un développement spirituel indépendant, un nouveau cycle d'évolution peut commencer (nœud nord dans la 1ère maison)

Pour poursuivre notre étude de cas, ajoutons des signes au nœud sud, à la Lune et au nœud nord. Le nœud sud est en Cancer dans la 7ème maison, la Lune est en Verseau dans la 2ème maison et le nœud nord est en Capricorne dans la 1ère maison. Souvenez-vous que le signe « conditionne » la maison. Comment les signes mentionnés conditionnent-ils l'expression de cette signature natale ?

Le nœud sud en Cancer dans la 7ème maison indique que l'initiation des relations s'est faite au sein de la famille ou avec des personnes qui étaient dans l'environnement proche et immédiat. Le plus souvent, l'âme est très sensible aux attentes de ses parents et à « l'empreinte » globale de son entourage durant sa petite enfance.

En général, l'âme est devenue émotionnellement dépendante de l'un des parents ou des deux, et de ceux qui font partie de son environnement proche et personnel. Rappelez-vous que l'une des principales intentions du signe du Cancer est d'apprendre la sécurité intérieure et de savoir ainsi faire la différence entre la sécurité qui est extérieure, et donc dépendante, et la sécurité intérieure. Avoir un parent ou les deux émotionnellement indisponibles ou incapables de répondre à nos besoins émotionnels est une des façons d'apprendre cette leçon. En conséquence, les émotions déplacées de l'enfance seront le plus souvent reportées dans la vie adulte.

Inversement, l'âme peut créer une expérience dans sa petite enfance dans laquelle la famille et son entourage l'asphyxient émotionnellement. Par exemple, elle peut attirer des parents qui ne lui permettent jamais vraiment de grandir et de mûrir émotionnellement en dehors de leur influence. Ou bien cela peut également se manifester par le fait que l'on attend toujours d'elle qu'elle réponde aux besoins émotionnels de l'un ou l'autre de ses parents à l'exclusion des siens propres. Les deux cas induisent la même leçon évolutive : développer une sécurité émotionnelle intérieure et minimiser les attentes que l'âme peut avoir envers ceux de son entourage.

Une façon possible de se mettre en sécurité consiste à attirer des personnes tout aussi en manque et peu sûres d'elles que l'âme elle-même. Certains peuvent attirer des personnes qui désirent devenir émotionnellement dépendantes en créant *de facto* une dynamique de conseiller/consultant (nœud sud dans la 7ème maison/Cancer). Somme toute, l'âme compense sa vulnérabilité émotionnelle et son insécurité en attirant ceux qui sont ou semblent être plus dans le besoin qu'elle. Encore une fois, la leçon clé est de cultiver la sécurité en soi et de se débarrasser de toutes les sources de sécurité émotionnelle externe qui empêchent la croissance.

Le stade du consensus : Au stade du consensus, cela se manifeste par une vision et une image de soi enracinées dans la conformité aux attentes des membres de la famille ou de l'entourage proche. L'empreinte familiale s'ancre dans les valeurs et les attentes conventionnelles et dans la façon dont traditionnellement les rôles sont attribués en fonction des genres dans la société de naissance. Cette empreinte impactera fortement l'image de soi de l'âme dès son entrée dans la vie (nœud sud en Cancer/7ème maison).

Dans une expression positive, l'âme attirera un environnement familial qui favorise le développement de la sécurité personnelle. Par exemple, la famille peut aider l'âme à développer sa sécurité émotionnelle intérieure dans les relations en l'encourageant à prendre soin d'elle-même et à établir sa propre voix, indépendamment de la famille. Cela permettrait de promouvoir les leçons de maturation émotionnelle, d'autodétermination et d'autonomie (nœud nord en Capricorne/1ère maison). Dans une expression négative, elle tentera de se sécuriser en étant dépendante émotionnellement dans ses relations y trouvant sa sécurité émotionnelle.

Le stade d'individuation : Au stade d'individuation, l'âme initie des relations qui lui permettent de nouer des liens étroits avec des personnes partageant les mêmes idées. Du point de vue de la vie antérieure, les personnes de l'entourage sont, le plus souvent, devenues une source de sécurité émotionnelle extérieure et ont fortement façonné l'image que l'âme avait d'elle-même.

Elle aura alors le sentiment d'être très différente de ceux qui font partie de la majorité de la société mais ne se sentira pas en sécurité sur le plan émotionnel avec son individualité. Par exemple, elle ne va pas s'identifier aux attentes du courant dominant en matière de relations et d'assignations de genre culturellement définies par la société dans laquelle elle est née. Ce qui peut conduire à une situation dans laquelle les parents, incapables de comprendre son individualité inhérente, n'ont pas été en mesure de répondre à ses besoins émotionnels.

L'insécurité profonde en rapport avec son individualité peut conduire à une compensation mutuelle au sein de la relation et à des émotions déplacées liées à l'environnement de la petite enfance. Cette dynamique s'élimine lorsque l'âme développe sa sécurité émotionnelle interne et fait confiance à son besoin croissant de s'individualiser. Elle nouera alors des relations avec des personnes qui désirent elles aussi se sécuriser de la même manière, et qui peuvent nourrir et soutenir le besoin d'individuation de l'autre de manière indépendante. Les rôles au sein des relations deviennent alors égaux et interchangeables.

Le stade spirituel : Au stade spirituel l'âme entamera des relations étroites et personnelles avec des personnes qui désirent également connaître le Divin et fusionner avec lui. Dans une expression positive, la sécurité émotionnelle est progressivement intégrée grâce à une relation essentielle avec la Source de Toutes choses. Cette connexion permet à l'âme de prendre soin d'elle-même, de dynamiser un espace émotionnel de sécurité intérieure et, par extension, de prendre soin des autres.

Dans une vie antérieure, l'âme est devenue dépendante des autres dans ses relations par rapport à son besoin de se spiritualiser, si bien que les autres ont pu assumer le rôle d'enseignant, et vice-versa. La recherche de la fusion et de l'union avec le Divin cultive la sécurité trouvée en soi et non plus à travers une relation extérieure. L'équilibre et la stabilité émotionnels sont ainsi atteints.

Dans cette phase évolutive, l'âme commence à intégrer la dynamique anima/animus (nœud sud en Cancer). En d'autres termes, elle nourrit l'expression des principes masculin et féminin tout à la fois de telle sorte qu'elle se sentira en sécurité pour manifester les deux côtés du genre de manière égale, en dépit du sexe dans lequel elle est née.

Ce faisant, un état d'androgynie, ou d'expression égale du masculin et du féminin au sein de l'âme, peut prendre place (nœud sud dans la 7ème maison). Ces personnes peuvent alors jouer le rôle de mère et père simultanément et encourager les autres à se nourrir et à se sécuriser intérieurement de la même manière.

La Lune en Verseau dans la 2ème maison symbolise le besoin d'autonomie et d'indépendance qui se manifestera par un espace intérieur de non-attachement, d'objectivité et de libération des dépendances émotionnelles du passé dans les relations (nœud sud en Cancer/7ème maison).

Le détachement émotionnel va engendrer l'objectivité nécessaire et la libération de toute dépendance à l'égard de groupes sociaux, d'associations ou d'amitiés qui ne soutiennent pas le besoin grandissant de devenir autonome dans les relations.

Dans ce cas, l'affinité d'esprit s'inscrit dans le contexte des valeurs innées et de l'individualité de l'âme. La sécurité est cultivée en nourrissant le besoin d'autonomie et de libération, et en faisant l'effort nécessaire pour concrétiser les ressources intérieures qui reflètent l'essence unique de l'âme.

Pouvoir se positionner en tant que groupe d'une seule personne lorsque c'est nécessaire favorise aussi cette sécurité intérieure et l'âme peut se libérer des attachements émotionnels du passé. Elle se sécurise grâce au changement émotionnel du passé vers l'avenir.

Le signe du Verseau correspond au traumatisme. Compte tenu de la Lune en Verseau et du nœud sud en Cancer dans la 7ème maison, l'âme peut avoir vécu des traumatismes dans ses relations. L'âme a créé cette expérience pour lui permettre de tirer les leçons nécessaires en matière d'autonomie émotionnelle, d'indépendance et d'objectivité et pour se libérer de tout attachement émotionnel qui freine sa croissance. Elle est renvoyée à ses propres ressources et doit apprendre à se soutenir elle-même dans la traversée d'un tel traumatisme (Lune en Verseau dans la 2ème maison). Si on y répond positivement, on acquiert l'objectivité et on se libère de nos dépendances émotionnelles et de nos attachements dans les relations (nœud sud en Cancer/7ème maison, Lune en Verseau dans la 2ème maison).

Une manifestation possible de la Lune en Verseau dans la 2ème maison est de se libérer de ceux qui tentent de vivre à nos dépens et vice versa. Une autre variante de ce thème consiste à se détacher des groupes sociaux, des amitiés et des associations qui ne sont pas en accord avec les valeurs de la personne, du sens qu'elle donne à la vie ou de son style de vie en général. De cette façon, elle apprend l'autonomie émotionnelle et à définir ses valeurs et son sens de la vie à partir d'elle-même et de ses propres critères plutôt qu'à travers ceux des autres. Cela traduit le passage progressif d'une sécurité émotionnelle externe à une sécurité émotionnelle interne.

Inversement, l'âme peut vivre aux dépends des autres de telle sorte qu'elle devient une simple extension de la réalité des autres et vice-versa, ceci pour se sentir en sécurité émotionnelle. L'essentiel est de gagner en sécurité intérieure en favorisant un espace intérieur de non-attachement fondamental envers tout groupe, toute amitié ou toute relation personnelle. La capacité de se positionner en tant que groupe d'une seule personne lorsque c'est nécessaire devient un moyen de soutien et d'autonomie émotionnelle. La transition du passé vers l'avenir s'ensuit.

Le stade du consensus : Au stade du consensus, la Lune en Verseau dans la maison 2 s'exprimera sous la forme d'une vision de soi et d'une structure émotionnelle fondées sur des liens au sein de groupes sociaux du courant dominant, constitués de personnes partageant les mêmes idées. Ces groupes sociaux auront les mêmes valeurs que l'âme et lui serviront le plus souvent à matérialiser ses ressources intérieures pour progresser dans les différentes couches sociales. Pour que cette progression se fasse, elle doit faire l'effort d'actualiser les ressources qui correspondent à un besoin socialement pertinent au sein du courant dominant. Le besoin d'indépendance, la capacité de développer ses ressources intérieures sans l'aide d'autrui et la libération émotionnelle de toute dépendance à l'égard d'une relation ou d'un groupe social permettront de développer la sécurité intérieure.

Par exemple, dans une expression positive, l'âme pourrait avoir la capacité de se relier à des personnes qui ont subi des inégalités et des injustices et elle pourrait plaider en faveur d'un changement social regardant les inégalités. Cela pourrait alors devenir un moyen de créer l'autosuffisance (nœud sud en Cancer/7ème maison, Lune en Verseau dans la 2ème maison) au sein du courant dominant, ce qui permet à la sécurité émotionnelle de passer progressivement de l'extérieur à l'intérieur et à la transition du passé vers l'avenir de s'ensuivre. Cependant, certaines âmes peuvent tenter de se sécuriser à travers des groupes sociaux de même esprit. Dans ce cas, l'âme devient le prolongement indirect du groupe de pairs en ce qui concerne ses valeurs et son style de vie, ceci par sécurité.

Le stade d'individuation : Au stade d'individuation, la Lune en Verseau dans la 2ème maison se traduit par une image de soi enracinée dans les liens avec des groupes sociaux composés de personnes partageant les mêmes idées dans la société alternative. Le plus souvent, le besoin de s'individualiser par rapport au courant dominant y est fortement valorisé. En somme, l'âme apprend à se détacher des schémas de sécurité émotionnelle liés aux valeurs et aux types de relations socialement acceptés dans la société conventionnelle (nœud sud en Cancer dans la 7ème maison, Lune en Verseau dans la 2ème maison).

Dans cette phase évolutive, pour servir son besoin d'individualisation l'âme doit se libérer de toute dépendance à l'égard d'un groupe social et cultiver un espace émotionnel de sécurité en rapport avec ses propres valeurs et son individualité. Ce faisant, elle acquiert l'autonomie et la capacité de se positionner en tant que groupe d'une seule personne si nécessaire. L'âme développe le non attachement et promeut la libération de l'attachement émotionnel à tout groupe social ou à toutes relations qui bloquent l'individuation progressive.

L'individu encouragera également les autres à faire de même. Il devient alors essentiel que l'âme fasse l'effort de manifester ses ressources intérieures uniques dans un domaine alternatif (nœud sud en Cancer dans la 7ème maison, Lune en Verseau dans la 2ème maison). Cela manifeste le passage progressif de la sécurité émotionnelle externe à la sécurité émotionnelle interne. De cette façon, la transition du passé vers le futur s'installe.

Le stade spirituel : Au stade spirituel, la Lune en Verseau dans la 2ème maison se manifeste par une structure émotionnelle et une image de soi fondées sur la culture d'une relation essentielle avec la Source de Toutes choses ; ce qui est pour l'âme un moyen de nourrir son besoin d'autonomie et de se libérer de toute dépendance émotionnelle envers un groupe, une organisation ou une communauté spirituelle.

L'âme doit faire l'effort de manifester ses ressources intérieures qui sont en accord avec les principes intemporels et universels et qui répondent à un besoin socialement pertinent. Par exemple, elle pourrait conseiller d'autres personnes qui ont vécu des événements traumatisants en utilisant sa connaissance des lois naturelles et universelles. Elle attirera alors des relations dans lesquelles le désir de spiritualisation est partagé et où chacun soutient l'autre dans sa recherche d'autonomie au sein de la relation (nœud sud en Cancer, Lune en Verseau en 2ème maison).

Dans cette phase évolutive, l'âme appréciera généralement beaucoup les communautés spirituelles individualisées dans lesquelles la fusion avec le Divin, le service aux autres et l'alignement sur les lois naturelles et intemporelles constituent le lien qui relie les membres entre eux. L'âme encouragera les autres à matérialiser leurs propres ressources intérieures uniques en développant une relation primordiale avec la Source. En créant un espace intérieur de non-dépendance à l'égard d'un groupe, d'une communauté ou d'une relation spirituelle, l'âme acquiert la capacité de se positionner en tant que groupe d'une seule personne lorsque c'est nécessaire et de subvenir à ses besoins émotionnels et physiques.

Somme toute, une relation primordiale avec le Divin devient un moyen de nourrir un espace émotionnel d'autonomie, de non-attachement et d'objectivité, ce qui permet à l'âme de se libérer des vieux schémas de sécurité émotionnelle décrits ci-dessus. La transition émotionnelle du passé évolutif vers le futur s'effectue.

Nœud nord en Capricorne dans la 1ère maison : Comment le signe du Capricorne conditionne-t-il l'expression du nœud nord dans la 1ère maison ? En bref, il correspond simplement au besoin d'apprendre comment la société est structurée et comment elle fonctionne, si bien que le développement d'une voix indépendante, la capacité de poser ses propres questions et d'y répondre de l'intérieur et le maintien d'une liberté et d'une indépendance fondamentales deviennent un moyen pour l'âme d'établir son autorité personnelle au sein de la société, de mûrir émotionnellement et de devenir responsable d'elle-même.

Compte tenu de la Lune en Verseau dans la 2ème maison, la volonté d'indépendance au sein d'un groupe ou d'une communauté devient un véhicule qui permet à l'âme de développer une voix indépendante en dehors de toute relation et de devenir mature sur le plan émotionnel (nœud nord en Capricorne dans la 1ère maison). Au fur et à mesure que l'âme devient suffisamment confiante pour entreprendre des actions qui lui permettent d'être autonome et de se responsabiliser, les vieilles dynamiques relationnelles liées aux codépendances, aux extrêmes et à une vie par procuration à travers les autres, seront éliminées (nœud sud en Cancer dans la 7ème maison). La transition du passé vers l'avenir pourra s'opérer. A l'inverse, l'âme peut tenter de se sécuriser à travers les liens sociaux et les relations obsolètes décrites ci-dessus.

Le stade du consensus : Au stade du consensus, le nœud nord en Capricorne dans la 1ère maison traduit une vision et une image de soi en formation enracinés dans le développement d'une voix indépendante au sein de la société conventionnelle et dans l'initiation d'actions qui permettent à l'âme d'établir sa propre autorité dans le courant dominant, ce qu'elle désirera faire par le biais d'une position sociale ou d'une profession. Ce faisant, elle deviendra émotionnellement mature et responsable.

Par exemple, dans cette phase évolutive, l'âme peut développer son propre point de vue unique ou individualisé (Lune en Verseau dans la 2ème maison) en utilisant les connaissances acquises dans la famille ou l'entourage en matière de structure et de fonctionnement de la société (nœud sud en Cancer dans la 7ème maison). Cela se produit de telle manière qu'elle devient sûre de sa propre autorité au sein de la société et progresse dans les strates sociales. Il s'agit également de trouver sa propre voix, indépendamment de l'influence de la famille. Un nouveau cycle d'évolution sera alors mis en mouvement (nœud nord en Capricorne dans la 1ère maison).

Inversement, la sécurité émotionnelle peut être obtenue en établissant une autorité personnelle qui reflète la structure familiale et le conditionnement qui a modelé l'âme dans sa petite enfance. En d'autres termes, l'âme développera une autorité qui manifestera la façon dont son identité a été façonnée par l'empreinte de la famille.

Le stade d'individuation : Au stade d'individuation, le nœud nord en Capricorne dans la 1ère maison se manifeste par une image de soi et une structure émotionnelle en évolution qui sont enracinées dans le développement d'une voix indépendante au sein de la partie alternative de la société. L'âme désirera agir de manière indépendante sur l'impulsion de l'individuation et exercer un rôle social ou une profession qui symbolise son individualité. Elle développera sa maturité émotionnelle de manière à ne pas être définie par les rôles prescrits par sa culture ou sa société d'origine (y compris les rôles de genre).

L'essentiel est que l'âme devienne indépendante de tout groupe social et de son entourage familial. Pour ce faire, elle doit cultiver un espace intérieur de sécurité avec ses propres ressources intérieures qui manifestent son individualité et qui s'alignent sur un besoin socialement pertinent dans un domaine alternatif. Par exemple, dans cette phase évolutive, elle peut satisfaire son besoin d'autonomie en se dégageant émotionnellement et en se libérant (Lune en Verseau dans la 2ème maison) de relations qui renforcent la conformité aux valeurs, aux attentes et à tout le mode de vie de la société dominante (nœud sud en Cancer dans la 7ème maison).

Elle se sentira alors en sécurité pour exprimer sa propre voix indépendante dans un domaine alternatif. Elle initiera des relations basées sur l'indépendance mutuelle en matière de libération et de déconditionnement du courant dominant. Ce faisant, elle se libérera des vieux schémas de compensation émotionnelle et de codépendance symbolisés par le nœud sud.

Un nouveau cycle d'évolution est mis en mouvement alors que l'âme favorise le développement de sa propre voix authentique au sein de la société, indépendamment des normes, valeurs et attentes socialement acceptées par le courant dominant et l'environnement familial (nœud nord en Capricorne dans la 1ère maison). En revanche, l'âme peut tenter de se sécuriser émotionnellement par des relations obsolètes basées sur une compensation mutuelle et des liens sociaux entre personnes partageant les mêmes idées.

Le stade spirituel : Au stade spirituel, le nœud nord en Capricorne dans la 1ère maison se manifestera comme une image de soi et une structure émotionnelle en formation fondées sur la nécessité d'agir de façon indépendante pour se développer spirituellement et fusionner avec la Source. L'âme établit son autorité personnelle quand elle agit pour se spiritualiser selon ses propres modalités, sans dépendre d'un groupe, d'une communauté, d'un enseignant spirituel, etc. (nœud sud en Cancer dans la 7ème maison).

Somme toute, en cultivant un espace intérieur d'autonomie qui est indépendant de tout groupe ou de toute communauté spirituelle et une sécurité intérieure (Lune en Verseau dans la 2ème maison), l'âme contribuera au développement de sa propre autorité. A ce titre, elle aura besoin de liberté émotionnelle et d'indépendance pour générer toutes les expériences jugées nécessaires afin de s'aligner sur les lois naturelles intemporelles et pour se développer spirituellement (nœud nord en Capricorne dans la 1ère maison).

Dans cette phase évolutive, l'âme commencera à intégrer l'anima/l'animus. Ceci est manifesté par le nœud sud en Cancer dans la 7ème maison et le nœud nord en Capricorne dans la 1ère maison. Par exemple, l'individu peut jouer le rôle de mère et celui de père dans la famille ou assumer un rôle dans la société qui manifeste à la fois les qualités du masculin et celles du féminin. Cela symbolise le fait qu'il devient suffisamment sûr de lui pour manifester le masculin tout comme le féminin intérieur ou l'autre aspect du genre de manière égale et équilibrée.

Un nouveau cycle d'évolution se met en place alors que l'âme intègre émotionnellement les deux genres en elle-même et devient intérieurement assez sûre d'elle-même pour exprimer les principes masculin et féminin de façon égale dans le monde extérieur (nœud sud en Cancer/7ème maison, nœud nord en Capricorne dans la 1ère maison). Inversement, l'âme peut tenter de se sécuriser à travers des relations obsolètes du passé liées à des groupes, des enseignants spirituels et à la famille comme mentionné précédemment.

Cette étude de cas est intégrée afin d'illustrer comment la Lune natale, par maison et signe dans le thème de naissance, agit comme un pont entre le passé (nœud sud) et le futur (nœud nord). Elle devient un véhicule par lequel l'âme retourne à sa source originelle ou à son image telle qu'elle a été créée par le Divin.

L'essentiel à comprendre ici est que la vision et l'image de soi manifestées par la Lune natale sont structurées de manière à ce que la transition du passé vers le futur soit plus facile à intégrer émotionnellement. La force gravitationnelle de cette transition nous éloigne des dynamiques du passé (nœud sud) qui ne soutiennent plus notre croissance et nous attire vers de nouveaux schémas qui représentent l'avenir souhaité par l'âme (nœud nord). De cette manière la sécurité émotionnelle est progressivement intégrée au fur et à mesure que l'âme entretient une relation avec la Source de Toutes choses et retourne à ses origines.

Dans cet exemple, pour traverser le changement, la cliente s'est aidée sur le plan émotionnel en faisant l'effort nécessaire pour matérialiser ses propres ressources intérieures sans avoir besoin du soutien des personnes avec lesquelles elle était en relation. Cela lui a permis de s'appuyer sur elle-même plutôt que sur les autres en général et de créer un espace émotionnel d'autonomie. Elle s'est détachée de relations obsolètes pour faciliter ce changement émotionnel ; par exemple, elle a rompu les relations avec des personnes qui partageaient les mêmes idées qu'elle et avec qui elle avait eu des liens étroits. Ceci est manifesté par le nœud sud en Cancer dans la 7ème maison et la Lune en Verseau dans la 2ème maison.

Elle a fini par arrêter son travail de thérapeute traditionnel et s'est lancée dans un nouveau domaine qui incorporait des pratiques moins conventionnelles comme l'hypno thérapie et l'application de la psychologie et des techniques jungiennes. Dans le cadre de la première phase du stade d'individuation, ceci indique l'intention de se libérer du courant dominant et de s'individualiser. Elle a exprimé que ce changement lui avait permis d'harmoniser son rôle dans le monde avec ses valeurs et sa nature spécifique. S'établir dans le monde d'une nouvelle manière, libérée de l'influence des relations personnelles et sociales passées, est devenu un moyen de se soutenir elle-même et a ainsi favorisé sa maturation émotionnelle qui était nécessaire. C'est ce qu'indique le nœud nord en Capricorne dans la 1ère maison.

Chapitre 4

Études de cas de personnalités publiques

Dans ce chapitre, nous allons synthétiser les principes exposés jusqu'à présent en utilisant des études de cas approfondies de personnalités réputées. Les exemples sont destinés à illustrer comment la Lune sert de pont pour faire la transition du passé (nœud sud) au futur (nœud nord). La Lune représente l'endroit où nous ressentons au quotidien l'éloignement du passé. A ce titre, elle correspond à la façon dont nous allons gérer l'insécurité que de tels changements déclenchent le plus souvent et comment nous allons cultiver un espace de sécurité interne à mesure que nous abandonnerons les vieux schémas de sécurité émotionnelle devenus obsolètes.

Nous inclurons les diverses circonstances atténuantes telles que le stade d'évolution, le pays d'origine, la situation économique et le conditionnement culturel/religieux. Ces facteurs fournissent le contexte indispensable pour interpréter la carte du ciel de façon précise d'un point de vue évolutif.

Martin Luther King Jr.

La première étude de cas porte sur Martin Luther King Jr. célèbre pour l'impact et l'influence considérables qu'il a eu sur l'établissement de l'égalité raciale et sociale des Afro-Américains aux États-Unis, en étant le pionnier d'un mouvement pour les droits civiques inspiré par les principes de non-violence enseignés par le Mahatma Gandhi.

Il a organisé et participé à de nombreuses manifestations et marches pacifiques contre les lois injustes et la discrimination envers les Afro-Américains. Le mouvement a créé un changement durable et a finalement

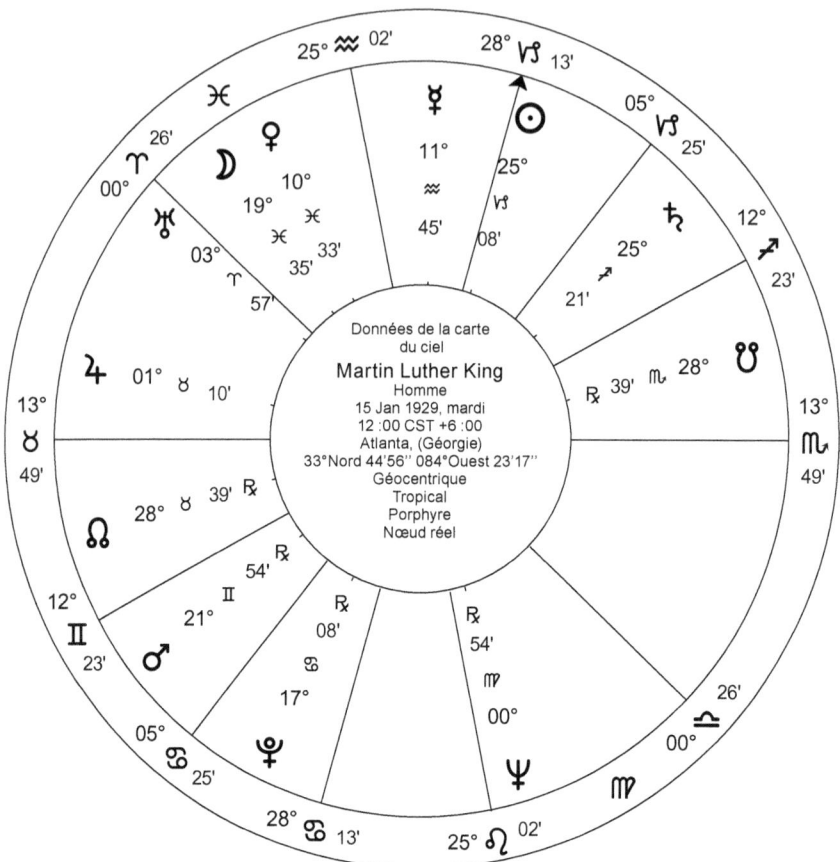

conduit à l'inclusion sociale et à l'intégration des Caucasiens et des Afro-Américains aux États-Unis. King, qui était dans le stade d'individuation a grandi dans un milieu où le niveau de vie peut être considéré comme allant de faible à moyen ; il a reçu une éducation de baptiste du sud, son père étant pasteur baptiste.

Dans son thème natal, King a Pluton rétrograde en Cancer dans la 3ème maison, ce qui indique que le désir et l'orientation de l'âme dans la vie antérieure étaient de recueillir et de communiquer des informations provenant de l'environnement extérieur. En somme, cela traduit l'intention de se développer par le biais de l'intellect et de l'esprit logique. Il est réputé pour ses discours puissants et mobilisateurs. Dans l'un de ses plus célèbres, intitulé « J'ai un rêve », il a exprimé avec passion sa vision de la justice, de l'égalité et de l'unité en optant pour l'intégration sociale :

> « Je rêve qu'un jour, notre pays se lèvera et vivra pleinement la véritable réalité de son credo : « Nous tenons ces vérités pour évidentes par elles-mêmes que tous les hommes sont créés égaux. Je rêve qu'un jour sur les collines rousses de Géorgie les fils d'anciens esclaves et ceux d'anciens propriétaires d'esclaves pourront s'asseoir ensemble à la table de la fraternité. Je rêve qu'un jour, même l'État du Mississippi, un État où brûlent les feux de l'injustice et de l'oppression, sera transformé en une oasis de liberté et de justice. Je rêve que mes quatre petits-enfants vivront un jour dans une nation où ils ne seront pas jugés sur la couleur de leur peau mais sur la valeur de leur caractère. J'ai un rêve aujourd'hui ! »

Pluton en Cancer symbolise les intentions fondamentales du passé associées au besoin d'intérioriser la sécurité émotionnelle et de prendre soin de soi-même. En outre, l'intention est de prendre conscience des sources de sécurité émotionnelle externes qui sont à l'origine des limitations et de la stagnation. De cette manière, la différence entre la sécurité interne et la sécurité externe, donc dépendante, est intégrée.

Comme mentionné précédemment, le père de King était pasteur et il a eu une grande influence sur lui dans sa petite enfance ; cependant, à l'adolescence, King a commencé à douter et il a rejeté de nombreux enseignements littéralistes du christianisme. Il a continué à étudier le divin tout au long de ses études secondaires puis a suivi des cours de théologie systémique à l'université de Boston où il a obtenu un doctorat le 5 juin 1955. Il a travaillé comme pasteur baptiste et a continué à s'exprimer contre la ségrégation raciale, défendant les droits civiques et les réformes sociales.

Le nœud sud de King est en Scorpion dans la 7ème maison. Le maître du nœud sud est donc Pluton en Cancer dans la 3ème maison. Le nœud sud en Scorpion met à nouveau l'accent sur le pouvoir de la parole et la capacité innée à communiquer d'une manière profonde et transformationnelle. Le nœud sud dans la 7ème maison reflète le besoin de justice, d'égalité et de fair-play. Il s'est également battu pour la liberté civile et la justice sociale pour tous ; tous les gens sont créés égaux et doivent être traités en conséquence.

Il a encouragé les protestations non violentes et la désobéissance civile pacifique comme moyen de déclencher un changement social durable, essayant souvent de motiver ceux qui se sentaient désemparés par leur situation en reprenant les mots de Gandhi : « Ne coopérez pas avec ce qui est injuste ». Les marches, et le refus de suivre les politiques sociales discriminatoires de la ségrégation, quelles qu'en soient les conséquences, sont devenues un moyen essentiel de protester contre ces politiques de manière non violente. Par exemple, le refus de monter à l'arrière d'un bus et de céder leur place à un passager blanc était un moyen pour les Afro-Américains de manifester leur désaccord envers les inégalités sociales.

Le nœud sud en Scorpion dans la 7ème maison gouverné par Pluton rétrograde en Cancer dans la 3ème indique la remise en question des informations qu'il a recueillies dans son entourage familial, plus précisément, des enseignements chrétiens littéralistes de l'église de son père. Selon moi, cela traduit un « approfondissement » intellectuel via l'élimination des schémas mentaux et psychologiques dépassés véhiculés par sa famille et son entourage.

Il a ainsi développé une sécurité intérieure qui lui a permis d'être en désaccord parfois sur un point particulier lorsque cela s'avérait nécessaire. En affrontant les limites de sa propre pensée et de ses schémas mentaux et en s'élevant contre la passivité, les extrêmes du passé indiqués par le nœud sud dans la 7ème maison sont rééquilibrés. Voici des paroles qui illustrent ce point :

> « J'en suis presque arrivé à la regrettable conclusion que la plus grosse pierre d'achoppement du Négro dans sa marche vers la liberté n'est pas le Conseiller du Citoyen Blanc ou le Ku Klux Klan mais le blanc modéré qui est plus attaché à l'ordre qu'à la justice, qui préfère une paix négative qui est l'absence de tension à une paix positive qui est la présence de la justice, qui ne cesse de dire : « Je suis d'accord avec

vous sur le but que vous poursuivez, mais je ne peux pas être d'accord avec vos méthodes d'action directe » ; qui, en bon paternaliste, croit qu'il peut décider du calendrier libérateur d'un autre homme ; qui vit selon un concept mythique du temps et qui conseille constamment au Négro d'attendre un « moment plus propice ».

King a résisté aux pressions exercées par d'autres organisations de défense des droits civiques et des Afro-Américains qui voulaient riposter par des méthodes violentes. Il a plutôt encouragé à s'élever contre l'injustice et l'inégalité et à revendiquer l'égalité des droits en manifestant pacifiquement et en ne coopérant pas avec des lois injustes comme décrit précédemment. À mon avis, cela se manifeste par le nœud sud en Scorpion dans la 7ème maison, gouverné par Pluton rétrograde en Cancer dans la 3ème maison. King a persisté dans son engagement non-violent afin d'obtenir un changement social durable, malgré l'insistance de certains à dire qu'à moins de recourir à la force, aucun changement n'interviendrait.

Le point de polarité de Pluton est en Capricorne dans la 9ème maison. Le nœud nord est en Taureau dans la 1ère maison. Le maître du nœud nord est Vénus en Poissons dans la 11ème maison et la Lune est en Poissons dans la 11ème maison.

Le point de polarité en 9ème maison indique que pour la vie actuelle, l'âme a l'intention de développer l'intuition, de s'aligner sur sa vérité personnelle et de se concentrer sur la signification profonde, ou « vérité » de tous les faits qu'elle a recueillis. Il s'agit d'apprendre que l'intellect en lui-même ne sait pas ce qui est vrai et ce qui ne l'est pas ; c'est une fonction de l'intuition. Ce faisant, elle acquiert une compréhension holistique de tous les faits ainsi que la capacité de discerner ce qui est vrai et ce qui est faux.

Le point de polarité Capricorne indique que dans cette vie, l'âme a l'intention d'établir sa propre autorité, d'accepter la responsabilité de ses actes et, ce faisant, de mûrir sur le plan émotionnel. En général, l'âme manifeste son autorité dans le monde par son rôle social ou sa profession. En outre, le point de polarité exige que l'âme développe une conscience réflective centrée sur l'acceptation de ses conditions de vie et sur la responsabilité de ses propres actions.

Dans ce cas, King a rejeté les enseignements chrétiens littéralistes de l'église de son père et a incarné un rôle social qui manifestait sa vérité personnelle et sa vision de l'égalité sociale, de l'inclusion, de la non-violence et de la justice, actualisant ainsi son autorité personnelle dans la société.

Son rôle social est devenu un moyen de s'aligner sur la loi naturelle et d'enseigner aux autres des principes universels et naturels. Par exemple, grâce à son rôle de pasteur baptiste, à propos de l'utilisation de méthodes violentes pour lutter contre la discrimination, il a enseigné la conséquence naturelle qui veut qu'un extrême conduise à l'extrême suivant ; il a aussi enseigné l'égalité inhérente de tous les individus, classes, races, etc... C'est ce qu'indique le nœud sud en Scorpion dans la 7ème maison gouverné par Pluton rétrograde en Cancer/3ème maison. Il a défendu l'idée que nous avons tous la responsabilité de dénoncer l'injustice et de ne pas coopérer avec des lois injustes.

On lui prête les paroles suivantes : « L'injustice, où qu'elle soit, est une menace pour la justice dans le monde entier » et « A la fin, nous nous souviendrons non pas des mots de nos ennemis, mais des silences de nos amis ».

Dans son thème natal, la Lune en Poissons dans la 11ème maison fait un trigone à Pluton rétrograde en Cancer/3ème maison. À mon avis, cela manifeste la métamorphose de la structure émotionnelle et de la vision qu'il a de lui-même à mesure qu'il s'identifie à une cause ou à un but plus élevé. Par exemple, lorsqu'il s'est concentré sur les droits civiques et qu'il a été le fer de lance des manifestations et des marches non violentes pour la justice civile, il s'est détaché émotionnellement de son rôle de pasteur d'un point de vue égocentrique.

En s'associant à une cause humanitaire collective, King s'alignait sur la loi universelle et naturelle comme l'indique la Lune en Poissons/11ème maison. Le trigone à Pluton en Cancer dans la 3ème maison manifeste la transformation de l'image de soi et de la structure émotionnelle au fur et à mesure que la transition s'opère et permet d'adopter des plans de plus en plus vastes, de fusionner avec le Divin en s'alignant sur un objectif universel ou supérieur. Dans ce cas, l'identification personnelle au rôle s'est dissoute au fur et à mesure qu'il s'associait à un mouvement social pertinent : les droits civiques et la justice. La cause elle-même a pris le dessus sur son rôle personnel, ce qui a déclenché la libération nécessaire et la fin des attachements émotionnels dépassés.

Le trigone reflète également la transition progressive vers une sécurité intérieure qui lui permet de communiquer ses idées et ses informations de nature universelle et intemporelle. Par exemple, en défendant l'égalité, la justice et les droits civiques, King a exprimé la nécessité de changer les choses par des moyens pacifiques et non violents. Il a souvent cité Gandhi qui disait « œil pour œil rendra ce monde aveugle ». Selon moi, cela reflète la loi naturelle selon laquelle deux maux ne font pas un bien.

Le trigone de la Lune à Pluton signifie qu'un événement traumatique a servi de catalyseur pour la croissance et la transmutation des dynamiques passées qui créaient des limitations et des blocages. En somme, son identification à son rôle de pasteur et à son rôle au sein de la famille a pu évoluer. Par exemple, lorsqu'une bombe a été posée dans une église afro-américaine, il a dénoncé le fait de garder le silence sur les violences faites aux personnes de couleur et a encouragé l'action directe. La bombe a tué trois enfants et a déclenché un tollé en faveur de la justice au sein de la communauté.

Cependant, King n'a pas abordé les conséquences négatives des représailles et de la violence. Au lieu de cela, il a commencé à ouvrir de nouvelles voies dans la lutte pour les droits civiques en organisant des manifestations pacifiques et des boycotts contre des pratiques injustes. Il a incité d'autres personnes à agir de ces façons en prononçant des discours passionnés sur le courage, la justice et la liberté. Par exemple, il a transmis qu'il n'était plus justifié de rester silencieux ou caché pour se protéger en disant : « Un homme n'a pas vécu tant qu'il ne sait pas pourquoi il va mourir ».

La Lune dans la 11ème maison indique la libération et le déconditionnement des modèles de comportement obsolètes et cristallisés. King s'est dissocié des autres groupes afro-américains qui cherchaient à se venger des injustices par la violence. À mon avis, cela manifeste la libération des liens émotionnels et des dépendances du passé.

L'une des principales leçons à en tirer est qu'il faut pouvoir se positionner en tant que groupe d'une seule personne si nécessaire. A la lumière de la Lune dans la 11ème maison, cela manifeste le passage du passé à l'avenir à travers l'individuation progressive, la libération des liens émotionnels dépassés et le retrait émotionnel périodique qui va permettre de gagner en objectivité et de traiter les expériences traumatisantes.

Le signe du Verseau symbolise le besoin d'objectiver une dynamique comme moyen de promouvoir la libération et le déconditionnement. Les chocs émotionnels et les traumatismes déclenchent souvent la libération et l'objectivité nécessaires à la croissance. Par exemple, l'événement traumatisant de l'attentat à la bombe dans l'église a poussé King à privilégier une cause et un objectif plus élevé plutôt que de rester, comme avant, identifié à son rôle de pasteur. C'est ainsi qu'il a renforcé la sécurité émotionnelle qui lui a permis d'agir seul.

Le nœud nord en Taureau dans la 1ère maison symbolise que la structure émotionnelle en évolution s'enracine dans le besoin de liberté, d'indépendance et de découverte de soi. L'intention sous-jacente est de poser ses propres questions et d'y répondre de l'intérieur. Le besoin émotionnel qui en résulte est de prendre l'initiative de sa propre vie, indépendamment de toute relation, et de prendre les rênes sans attendre que les autres agissent en premier. De cette manière, les codépendances et les déséquilibres relationnels sont surmontés et l'orientation d'indépendance mutuelle et de coégalité se développe.

King est sorti d'un schéma relationnel obsolète en exprimant sa propre vérité lorsque sa femme lui a demandé de se retirer de son rôle dans le mouvement des droits civiques afin d'assurer sa propre sécurité et sa survie, mettant en avant le fait qu'il avait la responsabilité de s'occuper de sa famille d'abord et avant tout. King a répondu à cette attente en affirmant que, plutôt que de se contenter de sa propre survie, les conditions sociales actuelles exigeaient une nouvelle approche. Il voulait lutter pour un avenir meilleur pour ses propres enfants et pour les Afro-Américains en ouvrant la voie nouvelle des manifestations non violentes et des boycotts. Il est clair que cela mettait King et sa famille en danger d'être pris pour cible par ceux qui voulaient maintenir la ségrégation. Cependant, il avait décidé d'être à la tête du mouvement des droits civiques en raison de l'impact à long terme qu'il pensait pouvoir obtenir ; un véritable changement.

Avec le nœud nord dans la 1ère maison, l'âme doit initier des expériences qui permettent d'actualiser ses ressources intérieures innées, ce qui permet de consolider et de développer sa voix indépendante ; King y est parvenu en menant le mouvement des droits civiques d'une manière qui correspondait à son essence profonde et à ses valeurs.

Comme nous l'avons mentionné précédemment, en se libérant des schémas émotionnels et des attachements obsolètes et en se présentant comme un groupe d'un seul homme, il a progressivement établi des liens avec d'autres personnes partageant les mêmes idées au sein de la communauté ; ceci est également indiqué par la Lune en Poissons/11ème maison.

Le maître du nœud nord est Vénus en Poissons dans la 11ème maison, ce qui réitère les thèmes de la libération, du positionnement comme groupe d'un seul homme si besoin et de l'harmonisation avec les lois intemporelles et naturelles. En somme, cela symbolise le fait qu'à mesure que sa relation intérieure avec la Source ou le Divin s'est renforcée, King a acquis la capacité d'agir par lui-même et de devenir autonome.

Jane Goodall

L'exemple suivant est celui de la célèbre primatologue Jane Goodall. Son travail avec les chimpanzés en Afrique fit d'elle une pionnière dans le domaine de la primatologie. Elle est née dans une famille de la classe moyenne, n'a pas eu de conditionnement religieux/culturel spécifique et se trouvait au stade d'individuation.

La Lune et ses nœuds en Astrologie Évolutive

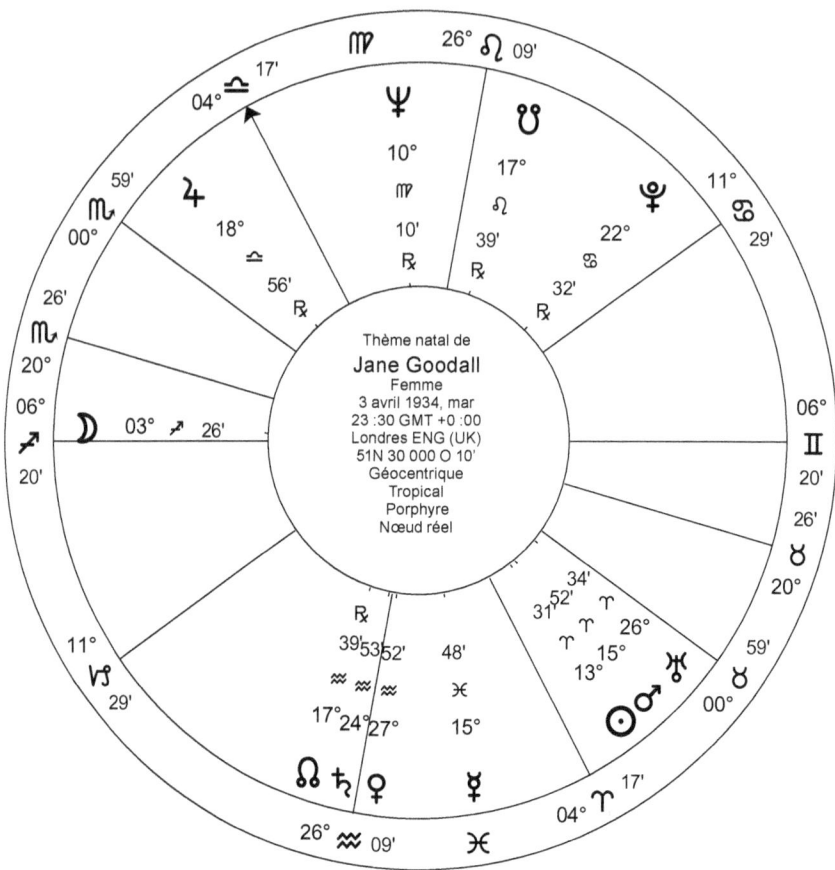

Dans son thème natal, elle a Pluton rétrograde en Cancer dans la 8ème maison, le nœud sud en Lion dans la 8ème maison, et le maître du nœud sud est le Soleil en Bélier dans la 4ème maison, conjoint à Mars. La Lune est en Sagittaire dans la 12ème maison. Le point de polarité de Pluton est en Capricorne dans la 2ème maison, le nœud nord est en Verseau dans la 2ème maison, son maître, Uranus en Bélier est dans la 5ème maison. Uranus est carré à Pluton.

Pluton natal dans la 8ème maison symbolise qu'avant cette vie-ci, l'âme a voulu transmuter les limitations actuelles, acquérir une compréhension psychologique générale c'est-à-dire comprendre le « pourquoi » des choses, et fusionner avec une source supérieure de pouvoir. Dans ce contexte, on trouve des expériences de pouvoir et d'impuissance et les limites naturelles de son propre pouvoir.

Les dynamiques d'abandon, de trahison et de perte sont mises en évidence. Ces expériences ont pour causes profondes le besoin d'apprendre à qui faire confiance et à qui ne pas le faire et on trouve la nécessité de se libérer de toutes les sources de dépendance. En somme, l'intention est de faire découvrir à l'âme sa psychologie profonde et d'éliminer toutes les arrière-pensées, les plans et les schémas de manipulation. L'âme veut fusionner avec une source de pouvoir plus élevée pour métamorphoser ses limitations et grandir. C'est là qu'elle s'est « arrêtée » et qu'elle « reprendra » tout naturellement en arrivant dans la vie actuelle.

Pluton en Cancer symbolise le fait que les limitations du passé sont liées à des facteurs externes de sécurité émotionnelle, au besoin d'intégrer progressivement la sécurité émotionnelle en soi et de se débarrasser des réponses émotionnelles dépassées. Le Pluton de la 8ème maison intensifie ou magnifie ces leçons et réitère l'intention fondamentale de cultiver la sécurité en soi. Le plus souvent, l'âme « programme » des situations qui servent à déclencher cette leçon en retirant des sources externes de sécurité. Ainsi elle développe puis acquiert la capacité de prendre soin d'elle-même et de transmuter les schémas du passé qui causent des blocages et la stagnation.

Dès son plus jeune âge, Jane Goodall a ressenti un lien profond avec les plantes, les animaux et le monde naturel. En fait, elle explique qu'elle se sentait plus chez elle dans le monde de la nature que dans la société où elle avait l'impression d'être étrangère dans une grande mesure. Elle s'est nourrie principalement de ce lien avec la nature, ce qui lui a permis de transmuter les schémas émotionnels dépassés d'une sécurité émotionnelle tirée de l'extérieur. Somme toute, en développant sa relation avec la nature et la source universelle, elle a déplacé la source de sécurité émotionnelle de l'extérieur vers l'intérieur.

Ceci est symbolisé par la Lune en Sagittaire dans la 12ème maison, avec le nœud sud en Lion dans la 8ème maison et le maître du nœud sud, le Soleil, en Bélier dans la maison 4. Cela manifeste sa connexion avec la nature et le Divin comme un moyen privilégié de cultiver un espace émotionnel de sécurité intérieure et d'exprimer sa véritable voix/sa vérité personnelle ; elle a dit : « Le moins que je puisse faire est de prendre la parole pour ceux qui ne peuvent pas s'exprimer pour eux-mêmes ».

Compte tenu du nœud sud en Lion dans la 8ème maison, le but créatif est associé à ses connaissances en psychologie qui transcendent la compréhension traditionnelle des primates et de la faune en général. Plus précisément, elle a mis en évidence leur capacité à créer et à utiliser des outils, ce qui, jusqu'alors, n'avait jamais été démontré par des recherches antérieures. Il s'agit bien sûr d'une découverte révolutionnaire qui a changé du tout au tout la vision et l'attitude qui prévalaient à l'égard des primates et des animaux en général.

Elle a donné différents exemples montrant que les primates ont des émotions et peuvent ressentir la douleur, la joie, etc. tout comme les humains. Par exemple, elle a décrit son observation d'un chimpanzé qui venait de perdre son bébé ; la mère a porté le corps de son bébé pendant près d'une semaine jusqu'à ce qu'elle puisse enfin s'en séparer. Elle écrit que la réaction émotionnelle de la mère semblait identique au chagrin que nous ressentons lorsque nous faisons l'expérience de la perte. En d'autres termes, Jane Goodall a fourni des exemples d'histoires réelles dans lesquelles les chimpanzés ont exprimé des émotions et elle a démontré qu'ils ont une vie émotionnelle. Cela lui a permis de s'ouvrir et d'accéder à sa propre nature émotionnelle, ce qui est mis en évidence dans sa carte du ciel par Pluton rétrograde en Cancer dans la 8ème maison et la Lune en Sagittaire dans la 12ème maison.

La dynamique d'émancipation et d'actualisation de soi est indiquée par le nœud sud en Lion dans la 8ème maison. L'intention est de prendre en main son but/destin spécial et de lui donner forme par la force de sa volonté. Le maître du nœud sud est le soleil en Bélier dans la maison 4. Cela symbolise le fait qu'un nouveau cycle d'évolution vient de commencer et souligne le besoin de liberté et d'indépendance pour découvrir la nature de ce nouveau cycle. La découverte de soi s'ensuit alors que l'âme initie les actions nécessaires pour mettre le nouveau cycle en mouvement.

Mars et le soleil sont conjoints en nouvelle phase, dans la même maison et le même signe. Cela fait ressortir l'idée qu'un nouveau cycle d'évolution vient de commencer et réitère les dynamiques de découverte de soi et de besoin de liberté et d'indépendance pour initier toutes les actions que l'âme jugera nécessaires pour découvrir la nouvelle direction/le nouveau cycle. Par ce processus, Jane Goodall découvre de nouvelles dimensions et de nouveaux aspects d'elle-même et elle va de l'avant s'éloignant du passé.

Le Soleil dans la maison 4 valorise le besoin d'intérioriser la sécurité émotionnelle, de prendre soin de soi par soi-même et de se libérer des sources externes de sécurité émotionnelle qui empêchent la croissance. La relation avec le nœud sud en Lion dans la 8ème maison, indique un besoin de se valider soi-même et d'éliminer les modèles psychologiques obsolètes, tels que décrits précédemment. Jane Goodall avait un lien affectif profond avec sa mère Val qui a soutenu et nourri son amour de la nature et de la vie sauvage depuis sa plus tendre enfance. En fait, Val l'a accompagnée à Gombe en tant que bénévole pour aider à la recherche. Cette relation a servi à faciliter les leçons de sécurité intérieure et d'émancipation signifiées par le nœud sud en Lion dans la 8ème maison et le soleil en Bélier dans la 4ème maison.

Le point de polarité de Pluton est en Capricorne dans la 2ème maison. Le nœud nord est en Verseau dans la 2ème maison, conjoint à Saturne. Le maître du nœud nord est Uranus en Bélier dans la 5ème maison, au carré de Pluton natal.

Le point de polarité de Pluton dans la 2ème maison symbolise le besoin de renforcer l'autonomie, l'indépendance et la confiance en soi. Il s'agit ici de matérialiser les ressources intérieures qui permettent de subvenir à ses propres besoins et de survivre. Ce faisant, toute la vie se simplifie. Le plus souvent, l'individu est renvoyé à lui-même d'une manière ou d'une autre pour induire ces leçons.

Dans notre cas, avant son expédition, Jane Goodall travaillait comme secrétaire pour subvenir à ses besoins car sa famille avait des moyens limités et ne pouvait se permettre de l'envoyer à l'université. Lorsqu'elle s'est rendue à Gombe, elle a décrit la grande joie que lui procurait la simplicité de son mode de vie. Par exemple, elle se réveillait tôt le matin pour observer les chimpanzés et restait là toute la journée qu'à l'approche du crépuscule lorsque le soleil commençait à se coucher. Cela lui a permis de faire avancer ses recherches et de développer de nouvelles compétences. La matérialisation de ses ressources intérieures est devenue un moyen de subvenir à ses besoins. L'expédition a connu des problèmes de financement qui ont failli mettre fin à la recherche. Cependant, Jane Goodall est restée inébranlable dans son travail et a continué à documenter ses découvertes pour que le financement perdure.

Le point de polarité de Pluton est en Capricorne. Cela signifie que l'autonomie, l'actualisation des ressources intérieures et l'assurance sont développées en établissant son autorité personnelle et par la détermination. Au cours de ce processus, une maturation essentielle s'opère en acceptant la responsabilité de ses propres actions.

Comme il a été dit précédemment, Jane Goodall est restée concentrée, déterminée et a utilisé toutes les ressources dont elle disposait pour s'assurer que le travail puisse continuer. Ce faisant, elle a développé son autorité personnelle et a acquis une maturité émotionnelle. Elle a fondé l'Institut Goodall qui promeut la conservation du monde naturel et se bat pour protéger les droits des chimpanzés. La mission déclarée de ses membres est la suivante : « Nous sommes une communauté mondiale de conservation qui fait progresser la vision et le travail du Dr. Jane Goodall. En protégeant les chimpanzés et en incitant les gens à conserver le monde naturel que nous partageons tous, nous améliorons la vie des gens, des animaux et de l'environnement ».

Le nœud nord est en Verseau dans la $2^{\text{ème}}$ maison conjoint à Saturne, mettant en évidence que les leçons de cette vie consistent à apprendre l'autonomie, l'assurance et la concrétisation. La relation intérieure de Jane Goodall avec elle-même a radicalement changé à mesure que, pour mener à bien ses recherches, son mode de vie se simplifiait.

Études de cas de personnalités publiques

En relation avec le nœud sud en Verseau, elle décrit la libération des schémas émotionnels et mentaux obsolètes résultant de la simplification générale de son mode de vie et l'expérience de devenir progressivement une autorité reconnue dans le domaine de la primatologie. Saturne conjoint au nœud nord indique l'intention de s'établir sur la base d'un corpus unique et individualisé qui s'inscrit dans la société alternative. Étant donné la troisième phase évolutive du stade d'individuation, cet ensemble de travaux peut servir à aider le courant dominant à évoluer au fil du temps.

Par exemple, elle a documenté une découverte révolutionnaire selon laquelle les chimpanzés peuvent inventer et utiliser des outils. Cette découverte a considérablement modifié l'opinion dominante selon laquelle seuls les humains avaient cette capacité et cette intelligence. Ce qui est illustrée par la citation suivante : « Dès l'école, on m'avait enseigné que la meilleure façon de définir l'être humain était de le considérer comme un fabricant d'outils- alors que je venais d'observer un chimpanzé en train de fabriquer des outils. Je me souviens de ce jour comme si c'était hier ».

Un point essentiel à considérer dans cet exemple est que la force de son travail est fondée sur la science naturelle basée sur l'observation et la corrélation au lieu de l'être sur la théorie, l'endoctrinement ou la croyance. Un aspect central du processus d'actualisation créative est lié à l'enseignement ou à la transmission de la connaissance des lois universelles naturelles d'une manière objective ; en se contentant de présenter ses découvertes et de documenter ce dont elle a été témoin en observant les chimpanzés dans leur état naturel/ non-dérangé. Ceci est indiqué par le nœud sud en Lion dans la 8ème maison, la Lune natale en Sagittaire dans la 12ème maison et le nœud nord en Verseau dans la 2ème maison.

Jane Goodall n'a pas reçu de formation universitaire spécifique et ne s'est donc pas appuyée ou référée aux théories acceptées mais a plutôt observé et rapporté ses observations de manière objective. Elle est devenue une autorité reconnue sur la base de cette recherche alternative et novatrice. Ceci est indiqué par le point de polarité de Pluton en Capricorne dans la 2ème maison et le nœud nord en Verseau dans la 2ème maison conjoint à Saturne.

Compte tenu de la Lune natale en Sagittaire dans la 12ème maison, on peut dire que l'immersion dans le monde naturel et son travail auprès des chimpanzés en Afrique lui ont permis de prendre son destin en main, de s'autonomiser (nœud sud en Lion dans la 8ème maison), d'intérioriser la sécurité émotionnelle et d'enseigner la connaissance des lois naturelles et universelles (Lune en Sagittaire dans la 12ème maison) d'une manière unique et révolutionnaire (nœud nord en Verseau dans la 2ème maison). La transition entre le passé et l'avenir s'est faite en nourrissant le lien avec le monde naturel et en intégrant la sécurité émotionnelle grâce à une relation avec la Source Universelle ou le Divin (Lune en Sagittaire dans la 12ème maison).

Amelia Earhart

Amelia Earhart, aviatrice, pionnière et auteure américaine, est un exemple de personnalité inspirante renommée, qui était au stade d'évolution d'individuation. Elle fut la première femme à obtenir une licence d'aviateur et à traverser l'océan atlantique en solitaire ainsi que les États-Unis.

Voulant d'abord devenir infirmière, elle a fréquenté l'école de médecine de Columbia pendant un an avant de l'abandonner lorsqu'elle a effectué son premier vol et décidé de poursuivre sa passion pour l'aviation. Elle a grandi avec un niveau de vie faible /moyen auprès de grands-parents très stricts et conventionnels, une mère refoulée et un père alcoolique.

Dans son thème natal, elle a Pluton en Gémeaux dans la 2ème maison, conjoint à la Lune, Vénus et Neptune. La Lune est en conjonction balsamique avec Pluton et Vénus et Neptune sont dans une nouvelle phase avec Pluton. Le nœud sud est en Lion dans la 4ème maison conjoint au Soleil qui est maître du nœud sud. Le point de polarité de Pluton est en Sagittaire dans la 8ème maison et le nœud nord est en Verseau dans la 10ème maison. Le maître du nœud nord est Uranus rétrograde en Scorpion dans la 7ème maison en conjonction balsamique avec Saturne dans la même maison et le même signe.

Pluton dans la 2ème maison indique des intentions fondamentales d'autosuffisance, d'autonomie et d'indépendance. L'âme apprend à identifier

Études de cas de personnalités publiques

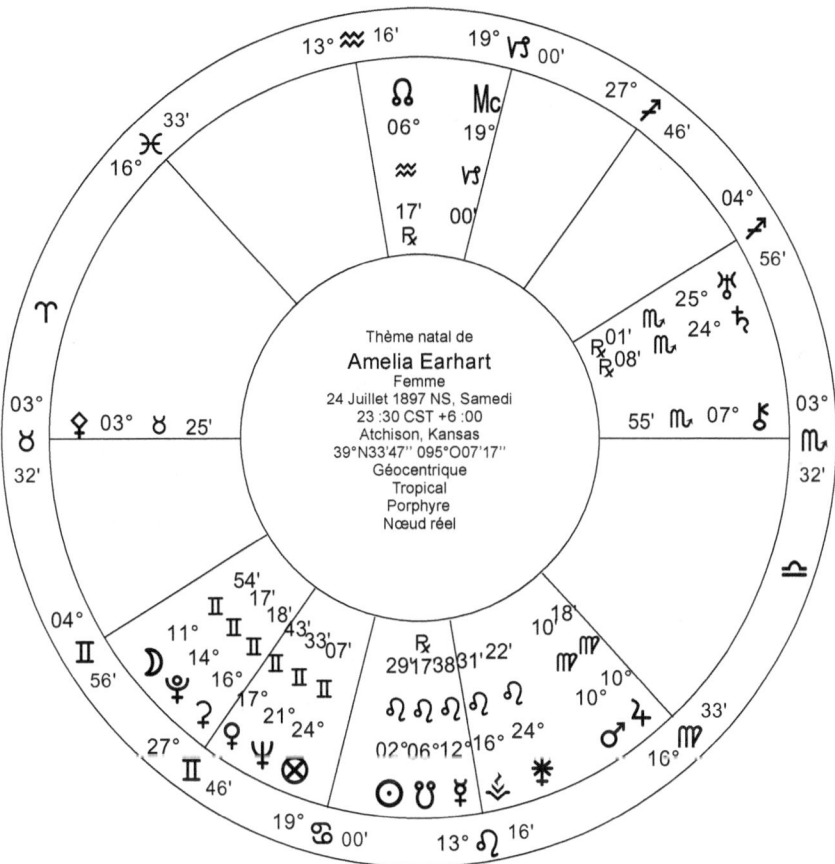

ses propres ressources intérieures pour cultiver son autonomie. La plupart du temps, elle crée des situations dans lesquelles elle est renvoyée à elle-même d'une manière ou d'une autre pour déclencher l'apprentissage de ces intentions fondamentales.

Pluton en Gémeaux correspond au besoin de croître en se développant intellectuellement et, par conséquent, en recueillant toutes sortes d'informations, de données et de faits. Somme toute, en se renforçant elle-même et en se retirant de l'impact de l'environnement extérieur, Earhart peut déterminer quelles informations accepter et lesquelles laisser de côté : « Qu'est-ce qui peut m'intéresser et qu'est-ce qui ne peut pas m'intéresser ? »

De cette façon, elle peut communiquer des informations qui lui sont uniques et qui reflètent sa nature propre ou son essence.

Amélie Earhart avait naturellement des pensées avant-gardistes et innovantes. Cela se manifeste par le troisième stade de la phase évolutive d'individuation, et par son Uranus natal rétrograde conjoint à Saturne lui aussi rétrograde, tous deux en Scorpion dans la 7ème maison. Pluton dans la 2ème maison met l'accent sur la relation intérieure avec soi-même et sur ce que nous valorisons. L'intention du 3ème stade d'évolution est d'intégrer le génie de l'âme et ses capacités uniques dans le courant dominant, de manière à aider ce dernier à évoluer et à progresser.

Par exemple, elle a profondément valorisé l'égalité des sexes et elle est devenue une figure de soutien pour les personnes défavorisées. C'est ce que montre Jupiter natal conjoint à Mars en Vierge dans la maison 5 et Uranus rétrograde conjoint à Saturne rétrograde en Scorpion dans la maison 7. Le message central qui est transmis ici est de ne pas brider ses capacités innées en se basant sur des rôles de genre conventionnels. En d'autres termes, les hommes et les femmes sont intrinsèquement égaux et ont les mêmes capacités, et nous ne devrions pas nous limiter en fonction de notre sexe. C'est pourquoi elle préconise de donner aux femmes les mêmes chances de réaliser leur potentiel que celles données aux hommes. Voici une de ses citations inspirantes qui illustre cette orientation intérieure : « Tout le monde a des océans à traverser, s'il en a le cœur ».

Le nœud sud est en Lion dans la 4ème maison, conjoint au Soleil, lui-même maître du nœud sud, ce qui met l'accent sur les dynamiques d'accomplissement personnel et d'autonomisation. Cela signifie qu'avant cette vie-ci, elle a souhaité prendre le contrôle de son destin en manifestant ses dons et ses ses talents. En outre, son sentiment de destinée spéciale était lié au fait d'encourager les autres à s'actualiser indépendamment des normes sociales et de l'assignation de genre, à suivre leur passion, quelles que soient les opinions ou la mentalité dominante. En commençant cette vie, elle était naturellement attirée par ces dynamiques.

Comme il a déjà été dit, sa nature révélait une aptitude à aider les autres à penser d'une nouvelle manière, à se déconditionner des normes sociales dominantes et à se libérer des entraves de leur propre vie. Ceci est manifesté par Pluton, Vénus, Neptune et la Lune en Gémeaux dans la 2ème maison, et l'axe nodal en Lion (4ème maison) et en Verseau (10ème maison). Elle a été une pionnière dans des domaines traditionnellement considérés comme masculins, et en tant que première femme aviatrice, elle a soutenu d'autres femmes qui voulaient prendre cette orientation.

La Lune est en conjonction balsamique avec Pluton en Gémeaux dans la 2ème maison, ce qui intensifie les dynamiques de base d'autonomie, de renforcement de soi et de matérialisation des ressources intérieures pour cultiver l'autonomie. On trouve aussi l'aboutissement des schémas de sécurité mentale et émotionnelle obsolètes.

La transition du passé vers l'avenir se fera en cultivant un espace émotionnel d'autonomie, de renforcement de soi et de sécurité intérieure qui permettra de communiquer de nouvelles façons de penser. Ces nouvelles idées aident à s'affranchir des vieux schémas relationnels intérieurs liés aux normes sociales en vigueur et à l'attribution des rôles en fonction des sexes.

Elle a déclaré par exemple, : « Je crois qu'une fille ne devrait pas faire ce qu'elle pense devoir faire, mais devrait découvrir par l'expérience ce qu'elle veut faire ». Et : « Les femmes doivent essayer de faire des choses tout comme les hommes ont essayé. Si elles échouent, leur échec doit être un défi pour les autres ». À mon avis, cela reflète un message en faveur de l'égalité des sexes et une incitation à avoir le courage de prendre notre destin en main afin de manifester notre plein potentiel.

En d'autres termes, il ne s'agit pas de prouver aux autres ce que l'on peut faire, mais plutôt de ne pas définir nos capacités et notre rôle social en fonction des idées et des attitudes socio-culturelles.

Le passage d'une sécurité externe à une sécurité interne s'est imposé lorsque Amélie Earhart a utilisé ses compétences et ses capacités naturelles pour l'aviation et l'écriture comme moyen de transmettre des idées non conventionnelles et novatrices destinées à aider les autres à se libérer des limitations inutiles dans leur vie. Cela manifeste un nouvel état d'esprit qui a renforcé sa confiance en elle et la capacité qui en a découlé à ouvrir de nouvelles voies. C'est ainsi qu'elle est devenue un modèle pour d'autres personnes désireuses de se libérer de la même manière et a établi de nouvelles perspectives pour l'avenir. Ceci est indiqué par le nœud nord en Verseau dans la 10ème maison gouverné par Uranus Rx en Scorpion conjoint à Saturne Rx dans la même maison et le même signe.

Cela s'est notamment traduit dans sa relation et son mariage avec George Putnum. Amelia lui a fait comprendre qu'ils étaient des partenaires égaux et l'a démontré en gardant son propre nom lorsqu'ils se sont mariés - ce qui, à l'époque, était considéré comme radical. À mon avis, elle a joué un rôle unique et transformateur qui est signifié par le nœud nord en Verseau dans la 10ème maison.

Le point de polarité de Pluton en Sagittaire se trouve dans la 8ème maison. Le nœud nord est en Verseau dans la 10ème maison, et son maître Uranus est en Scorpion dans la 7ème maison, conjoint à Saturne dans la même maison et le même signe. Le point de polarité de Pluton dans la 8ème maison manifeste une évolution de la compréhension qui se propose de passer des rouages et du « comment » des choses à leur « pourquoi ». Il symbolise que dans cette vie-ci, l'âme a l'intention de s'ouvrir à des niveaux de conscience plus profonds et, à ce titre, elle développera progressivement une compréhension psychologique de la vie en général. Ce qui permettra la métamorphose nécessaire pour dépasser les limites actuelles, et un « approfondissement » au sein de l'âme résultera de cette croissance. Somme toute, la personne est exposée à ses limites afin de les dépasser. Ce faisant, elle développe son intuition et s'aligne sur sa vérité personnelle et la loi naturelle, symbolisé par le point de polarité de Pluton en Sagittaire. De cette manière, tous les faits peuvent être interprétés de manière cohérente et holistique.

En éliminant ses vieux schémas mentaux et relationnels décrits précédemment, Amelia est arrivée au point culminant d'un cycle évolutif, et elle a progressivement intériorisé la sécurité émotionnelle. La libération et le déconditionnement ont pris place et elle a pu manifester le rôle spécifique

Études de cas de personnalités publiques

qui reflétait son individualité. C'est ce qu'indique la conjonction balsamique de Pluton à la Lune en Gémeaux dans la 2ème maison, compte tenu du nœud sud en Lion (4ème maison) et du nœud nord en Verseau (10ème maison).

L'intégration du masculin et du féminin est signifiée par le nœud sud dans la maison 4 et le nœud nord dans la maison 10. Le maître du nœud nord est Uranus dans la 7ème maison, ce qui met l'accent sur la nécessité de manifester à partir d'elle-même, les deux aspects du genre, le masculin et le féminin, de manière égale. À mon avis, cela se manifeste dans sa relation avec Putman, puisqu'elle décrit son mariage comme un partenariat dans lequel les rôles sont égaux et interchangeables. Ce sont là les dynamiques centrales par lesquelles elle a transmuté les limitations du passé, a développé une compréhension psychologique de la vie en général et s'est alignée sur sa vérité personnelle, en rapport avec le point de polarité de Pluton en Sagittaire dans la 8ème maison.

Autres œuvres de Deva Green

Evolutionary Astrology - Pluto and your Karmic Mission

Sous la direction de Deva Green

Essays on Evolutionary Astrology: The Evolutionary Journey of the Soul

Œuvres de Jeffrey Wolf Green

Pluto Volume I – The Evolutionary Journey of the Soul
Pluto Volume II - The Soul's Evolution Through Relationships

www.ingramcontent.com/pod-product-compliance
Lightning Source LLC
Chambersburg PA
CBHW062025220426
43662CB00010B/1482